S. FISCHER

Lenn Kudrjawizki
mit Andreas Püschel

FAMILIEN-BANDE

Vom Leben, Lieben und Loslassen

FISCHER

Aus Verantwortung für die Umwelt hat sich der S. Fischer Verlag zu einer nachhaltigen Buchproduktion verpflichtet. Der bewusste Umgang mit unseren Ressourcen, der Schutz unseres Klimas und der Natur gehören zu unseren obersten Unternehmenszielen.

Gemeinsam mit unseren Partnern und Lieferanten setzen wir uns für eine klimaneutrale Buchproduktion ein, die den Erwerb von Klimazertifikaten zur Kompensation des CO_2-Ausstoßes einschließt.

Weitere Informationen finden Sie unter: www.klimaneutralerverlag.de

Originalausgabe

Erschienen bei FISCHER Taschenbuch
Frankfurt am Main, März 2023

© 2023 S. Fischer Verlag GmbH,
Hedderichstr. 114, D-60596 Frankfurt am Main

Lektorat: Sabine Jürgens
Satz: Fotosatz Amann, Memmingen
Druck und Bindung: GGP Media GmbH, Pößneck
Printed in Germany
ISBN 978-3-596-70840-6

Ich widme dieses Buch meiner Familienbande,
die ich liebe und die mir Halt gibt. Den Menschen,
die mich inspiriert und gefördert haben. Den Freunden,
die mir die Chance gegeben haben, Anteil an ihrem Leben
zu nehmen. Ich widme es den Lieben, die nicht mehr
unter uns sind, und denen, die ich hoffentlich noch lange
begleiten darf.

INHALT

»I'm losing myself!« **9**

Stawropoler Abende **15**

Von Zaren und Bolschewiki **41**

Der Anfang von Allem **55**

Schwere Zeiten **81**

Die Wende? **113**

Fügung und Schicksal **133**

Vergeigt – was nun? **145**

Flucht ins Spiel **159**

Liebe ist stärker als der Tod **185**

Der Weg der Heilung **197**

Der letzte (Kraft-)Akt **243**

Frieden schließen **259**

Danke sagen **270**

»I'M LOSING MYSELF!«

Die Panikattacke traf mich mit voller Wucht.

Ich hatte mich zu einem Workshop des amerikanischen Schauspielers Bjorn Johnson angemeldet, bei dem es um Entspannungsübungen und Techniken ging, die helfen können, nach einer emotional sehr fordernden Rolle wieder zur eigenen inneren Balance zu finden. Wer sich als Schauspieler in die Tiefe einer Figur begibt, muss jedes Mal auch den Rückweg kennen, um nicht dort gefangen zu bleiben. Und da mir eine extrem schwierige Rolle bevorstand, wollte ich gewappnet sein.

Im Workshop bereiteten wir verschiedene Szenen vor, zu zweit oder zu dritt, dann arbeitete Bjorn mit uns. Die Grundvereinbarung war absolute Offenheit von allen Seiten. Ich merkte bald, um wirklich von der Zeit mit ihm profitieren zu können, musste ich ganz unverstellt sein, bereit, in mein Inneres hinabzusteigen, es vor mir und den anderen öffentlich zu machen.

Das versuchte ich, aber genau hier lag auch mein Problem. Im Innersten. Und nun hatten mich die Übungen offenbar komplett aus der Bahn geworfen. Ich erlebte eine Panikattacke, eine psychische Alarmreaktion ohne objektiven äußeren

Anlass: Ich stand im wahrsten Sinne des Wortes neben mir, war nicht mehr ich selbst.

Schon Tage zuvor war ich mehr und mehr von einer eigenartigen Unruhe erfasst worden, und es gelang mir nicht, mich zu beruhigen. Weder kannte ich diesen Zustand bisher, noch wusste ich, wohin er mich führen würde. Am dritten Tag des Workshops, in der Pause zwischen den Übungen – ich ging im Flur auf und ab – steigerte sich die Unruhe auf den Höhepunkt. Ich blieb am Fenster stehen, sah in den Hof und versuchte krampfhaft, mich abzulenken. Doch ich konnte noch so angestrengt nach unten blicken, im Grunde nahm ich gar nicht wahr, dass sich dort Leute bewegten, ein Auto einparkte, Arbeiter sich etwas zuriefen. Alles schien wie in Watte gepackt. Und ich empfand meine Umgebung als fremd und unwirklich.

Die Szene, auf die ich mich vorbereitet hatte, war intensiv, die Figur, die ich spielen sollte, böse, eindringlich und einnehmend. Ich bin kein besonders spiritueller Mensch, aber ich hatte plötzlich das Gefühl, meine Seele zu verlieren. Ich wollte diese schlechte Energie nicht spüren und konnte sie trotzdem nicht von mir fernhalten. Es fühlte sich schrecklich an. Sämtliche Abwehrmechanismen schienen zu versagen. Ich lief zurück in den Übungsraum, damit Bjorn mir hilft:

»*Bjorn, I need your help!*«

»*What's going on?!*«

»*I'm losing myself!*«

»*Oh, that's good: I help you to come back!*«

Bjorn knöpfte mein Hemd auf, nahm meine Hand und forderte mich auf, mich zu berühren. Ich wusste in diesem Moment nicht, was das sollte, tat aber, was er sagte. Und es war wirklich, als kehre ich, als kehre meine Seele zu mir zurück. Die Gefahr war abgewendet. Die Panik überwunden. Zunächst.

Wenn es so etwas gibt, wie die maximale emotionale Achterbahnfahrt, dann erlebte ich sie innerhalb von ein paar Monaten in den Jahren 2004 und 2005. Liebe, Leid und Leidenschaft. Tod, Panik, Angst und Flucht. Flucht vor mir, vor all dem, was da in mir ist.

Privat befand ich mich nach fast 15-jähriger Freundschaft plötzlich in einer Liebesbeziehung mit meiner besten Freundin Nora wieder. Bisher hatten wir etwas, was man platonisch nennt, also nicht sinnlich ist, sondern rein seelisch-geistig. Nun also Liebe, Emotion, Nähe, Intimität. Und das mit einem Menschen, den man schon ewig zu kennen glaubte. Der immer da war. Eine völlig neue Lebenssituation überrumpelte mich, ich spürte eine andere Verantwortung und die Sorge, wenn es mit meiner »neuen« Freundin nicht klappt, dann verliere ich auch die »alte«. Nora war mein Herzensmensch aus Kinder- und Jugendtagen. Und nun hatte es uns erwischt. Aus heiterem Himmel. Schnell waren wir im Eifer der überschwänglichen Gefühle zusammengezogen, doch ich war mit der ganzen Sache völlig überfordert. Vielleicht doch erst mal keine gemeinsame Wohnung? Ich zweifelte. Schließlich hatte ich fast zehn Jahre allein gelebt, rastlos, unabhängig, frei. Doch Nora stellte mich vor die Entscheidung: Wenn ich ausziehe, dann ist es auch mit unserer Beziehung vorbei!

Ganz schön verwirrend das alles, und mein Zustand war nicht gerade als stabil zu bezeichnen. Zudem befand ich mich beruflich in einem Hamsterrad, ich arbeitete ohne Ende und kannte keine Pausen: ein Leben auf der Überholspur.

Aus heutiger Sicht also kein Wunder, dass mich plötzlich Panik durchflutete, deren wahren Ursprung ich jedoch erst sehr viel später entdecken sollte.

Bjorn Johnson hatte mir in jenem Moment geholfen und kurzfristig die Symptome gelindert, doch gegen die Wucht der Ereignisse, die mich kurz darauf in der Realität treffen sollten, konnten niemand und nichts mich schützen.

»Es ist was Furchtbares passiert!« Meine jüngere Stiefschwester ist am Telefon kaum zu verstehen, so sehr weint sie. »Lenn, du musst sofort kommen. Bitte!«

Ich versuche herauszubekommen, was passiert ist, doch es scheint unmöglich, von der total aufgelösten jungen Frau etwas zu erfahren. Also setze ich mich ins Auto und rase durch die abendliche Stadt zum Haus meiner Stiefmutter.

Es ist der Abend des 19. Dezember 2005. Berlin gleitet in die bevorstehenden Feiertage, überall leuchtet und blinkt es, überall Weihnachtsmusik, Glühweinduft und gelöste Stimmung. Bis vor wenigen Minuten bin auch ich drauf und dran gewesen, mich davon anstecken zu lassen. Jetzt, in der düsteren Ungewissheit, was passiert sein könnte, ist davon nichts mehr zu spüren.

»Jan ist tot!« Meine Stiefschwester fällt mir in die Arme, als sie die Wohnungstür öffnet. Ihre Mutter sitzt bewegungslos in der Küche und starrt wie in Trance vor sich hin.

Jan, mein gut zehn Jahre jüngerer Halbbruder, ist einem grausamen, brutalen Verbrechen zum Opfer gefallen.

Seiner Mutter, seiner Schwester, der ganzen Familie standen schreckliche Wochen und Monate bevor, die sich niemand vorstellen kann, der es nicht am eigenen Leib erfahren hat.

Auf Jans Beerdigung spielte ich auf meiner Geige ein jiddisches Liebeslied. Ich sang unter Tränen und flüchtete in mein Spiel. Nur die Musik gab mir in jenem Augenblick die Kraft und die Möglichkeit, meine Gefühle für ihn auszudrücken und meine unendliche Trauer in eine Melodie zu legen. Vielleicht wird deshalb in unserer Familie seit Generationen musiziert, weil es immer wieder Momente gab, in denen das zu Sagende nicht sagbar war.

Der sinnlose gewaltsame Tod meines Bruders war nicht die erste große Katastrophe in meinem Leben, doch er zog mir den Boden unter den Füßen weg. Es war der fulminante Höhepunkt, danach war nichts mehr, wie es einmal war. Bis zu diesem Zeitpunkt war ich rastlos auf der Flucht gewesen, vor mir, vor meiner Familiengeschichte, meiner Kindheit, meiner Vergangenheit. Nun war es vorbei …

Ich war ausgeknockt und in die Knie gezwungen. Ich hatte meine Seele verloren. Und diesmal reichte es nicht aus, mich selbst zu spüren, wie ich es im Workshop gelernt hatte, um wieder zu mir zurückzufinden. Da war zu viel Verdrängtes, das ans Tageslicht wollte. Ich war dreißig Jahre alt und hatte bereits Erlebnisse hinter mir, die man durchaus als traumatisch bezeichnen konnte. Ich musste auf eine Reise gehen. Zurück an die Orte meiner Kindheit, zu dem kleinen Jungen mit der Geige, zu meinen Eltern, die ihre Zukunft und ihr Glück in der DDR gesucht hatten, zu meinem Großvater in den kaukasischen Bergen.

STAWROPOLER ABENDE

Mit meinem Opa, Moses Jakob Kudrjawizki, und meiner Oma, Bronja-Jakovlevna, in Stawaropol Mitte der 1980er-Jahre. Foto: privat

Zurück zu meinen Wurzeln. Zu mir. Zu meiner Familienbande. Doch wo sollte meine Reise beginnen?

Wie von allein schweiften meine Gedanken zurück zu einer ganz realen Reise, an die ich so viele Erinnerungen habe; eine Zeit, in der ich dem Wort Vergangenheitsbewältigung zum ersten Mal begegnet bin. Zu einer Zeit, als ich noch nicht ahnen konnte, dass auch ich mich irgendwann mit meiner Vergangenheit würde auseinandersetzen müssen. Ich würde sie nicht nur bewältigen, sondern annehmen und mich mit ihr versöhnen müssen.

In den langen Sommerferien, die mir damals endlos erschienen, weil sie nahezu den gesamten Juli und August andauerten, fuhr ich mit meinem Vater zu den Großeltern in den Kaukasus. Das erste Mal fuhren wir, als ich zehn Jahre alt war, und dann jedes Jahr wieder. Ich fieberte dem Tag unserer Abreise schon Monate zuvor entgegen, denn dieser Urlaub war etwas ganz Besonderes. Mein Vater hatte unsere Reisen immer lange im Voraus geplant, denn er musste bei seinem Arbeitgeber dafür einen außergewöhnlich langen Urlaub beantragen. Bei Entfernungen wie dieser lohnte eine normale Vierzehntagereise einfach nicht. Wir wollten dafür die vollen acht Wochen Schulferien nutzen. Im Auto wären es mehr als 2600 Kilometer gewesen, einmal quer durch Polen und die Ukraine, die damals noch als Unionsrepublik zur Sowjetunion gehörte; also fuhren wir mit der Bahn. Mal eben eine Flugreise zu buchen war in der DDR kompliziert, und wenn, dann bei einer Strecke wie dieser allenfalls zu horrenden Preisen. Billigflüge gab es damals noch nicht, und eine lange Zugreise versprach mehr Abenteuer als ein paar Flugstunden.

Erst einmal ging es von Berlin aus ungefähr zwei Nächte und einen Tag lang bis nach Moskau. Dort mussten wir umsteigen und fuhren, wenn ich mich richtig erinnere, vom Kasaner Bahnhof aus noch einmal zwei Tage bis Stawropol.

Das Abenteuer beginnt schon am Fernbahnsteig im Berliner Ostbahnhof. Hier steigt man nicht einfach in einen gewöhnlichen D- oder Personenzug nach Dresden, Gera oder Rostock, hier gehen Züge ab, die weit über die Grenze fahren – nach Polen, tief in die Sowjetunion oder, wie der schnittige, stromlinienförmige Vindobona über Prag, ins allerfernste, weil für uns unerreichbare Wien; obwohl »Wien« sich hier im Bahnhofslautsprecher so anhört, als läge es gleich nebenan.

Schon ein Zug, der abends losfährt und erst am Morgen darauf irgendwo ankommt, strahlt in einem kleinen Land wie der DDR etwas Exotisches aus. Aber in meine Aufregung und Vorfreude mischt sich zunächst leichtes Unbehagen. Auf die Reise mit der Sowjetischen Staatsbahn werden wir nämlich besonders eingestimmt. In den Eingängen der Abteilwagen stehen streng blickende Frauen, *Deschurnajas* (Diensthabende), als Bahnbedienstete uniformiert und von einer Entschlossenheit, als gälte es, die Eisenbahnwaggons wie ein Stück heimatlichen Boden gegen jeden Aggressor zu verteidigen. So passen sie zum Beispiel auf, dass keiner am falschen Ende des Zuges oder etwa in den falschen Wagen einsteigt und dann im Inneren durch Suchen und Herumlaufen für Staus und Unordnung sorgt.

Ihre hoheitliche Ausstrahlung demonstriert schon vor Antritt der Reise eindrucksvoll, dass hier in den nächsten Tagen alles seine sowjetisch-bürokratische Ordnung haben wird. Ich fürchte mich ein wenig vor diesen Frauen, aber mein Papa ist – besonders, was die Route Berlin-Moskau anbelangt – natürlich souveräner als ich.

Mit einem Augenzwinkern zeigt er auch gleich auf eine der oberen Pritschen im Vier-Personen-Schlafwagenabteil; ein Privileg, dessen Vorteile ich bald erkennen werde. Denn hier kann ich den ganzen Tag auf dem Bauch liegend aus dem Fenster schauen und die wechselnden Landschaften Polens, Weißrusslands und Russlands an mir vorüberziehen lassen. Wenn wir durch Ortschaften kommen, denke ich mich in das Leben der Menschen hinein, die ich an der Strecke sehe, oder male mir aus, was hinter den erleuchteten Fenstern der Städte oder Dörfer vor sich geht. Ich sehe Birkenwälder, eine einsame Holzhütte, irgendwo lodert ein Feuer, und all das erinnert mich an die Geschichten von Alexander Puschkin, dessen Erzählungen und Romane ich als kleiner Träumer mit einer grenzenlosen Phantasie über alles liebe.

Wir sind nicht allein im Abteil, sondern teilen es uns mit zwei sowjetischen Dienstreisenden, die auf dem Weg zurück in die Heimat sind und mit denen sich mein Vater lange unterhält. Zwischendurch laufe ich immer mal wieder zu dem großen Samowar im Nachbarabteil, um uns mit heißem Tee zu versorgen. In weiter entfernt liegenden Abteilen scheinen noch andere Getränke gereicht zu werden. Dort wird lautstark gefeiert, natürlich nur, bis die zuständige *Deschurnaja* einschreitet und dem losen Treiben ein Ende bereitet.

Trotz der hohen Geschwindigkeiten, die der Zug streckenweise erreicht, lassen sich die Fenster der Abteile oben noch öffnen. Strecke ich die Hände hinaus, füllt der wilde Fahrtwind sie wie kleine Segel, und sie tanzen und taumeln, ohne dass ich sie bewegen muss. Halte ich dann den Kopf aus dem Fenster, nimmt er mir den Atem, aber ich kann in den Kurven der Strecke die Spitze oder das Ende des Zuges sehen. Mein Vater muss mich ermahnen: Wer auf diese Art zu lange so aus dem Fenster sieht, hat am nächsten Tag mit großer Wahrscheinlichkeit eine Bindehautentzündung – und deutlich gedehnte Hamsterbacken!

Was meine launige Stimmung während der Bahnfahrt etwas trübt und noch unbehaglicher in Erinnerung bleibt als die *Deschurnajas*, ist das Erscheinen der Zoll- und Grenzbeamten am Ende jeder Etappe: Ihr martialisches Auftreten, das auch bei denen, die nichts schmuggeln oder sonst wie Bedenkliches mit sich führen, sofort für Angst und Schrecken sorgt, ihr unfreundliches Gebaren, der knappe militärische Gruß und der argwöhnische Blick schon beim Betreten des Abteils, die Untersuchung des Gepäcks, das missmutige Blättern in den Pässen, dann schließlich das beinahe befreiende Knallen von Stempeln lassen mich ängstlich zu meinem Vater sehen. Auch er wirkt zurückhaltend, bleibt aber die Ruhe selbst, die sofort auf mich ausstrahlt, das Gefühl, dass mir an seiner Seite nichts geschehen kann.

Die technische Sensation der Reise erwartet mich in Brest, an der polnisch-sowjetischen Grenze. Als mein Vater mir vor unserer ersten Reise davon erzählte, war es für mich kaum vorstellbar, und auch in den späteren Jahren faszinierte es mich immer wieder: Hier wird, damals so wie heute, der gesamte Zug vom europäischen Schienenmaß (Spurweite 1435 mm) auf Räder der sowjetisch/russischen Spurweite (1520 mm) gestellt.

Während zu früheren Zeiten dazu alle Passagiere den Zug verlassen mussten, um mehrere Stunden lang im Bahnhofsgebäude zu warten, geschieht dieser Wechsel zu unserer Reisezeit in den

1980er Jahren schon bei voll besetzten Waggons – für die Reisenden, vor allem aber für die Kinder immer ein Erlebnis. Es ist für einen kurzen Moment so, als würde mir der Boden unter den Füßen weggezogen. Dann wird das europäische »Untergestell« nach vorn herausgerollt und das sowjetische von hinten untergeschoben.

Schließlich erreichen wir Moskau, wo wir einen Zwischenstopp einlegen. Die Stadt in all ihrer Größe und Schönheit ist immer ein unfassbares Erlebnis für mich. Der Arbat, auch das Moskauer Saint-Germain genannt, früher Adels- und Nobelviertel, später beliebte Wohngegend für Künstler, der Rote Platz oder einfach nur das legendäre Kaufhaus GUM (*Glawny Universalny Magasin* – Hauptwarenhaus), wo sich Kundschaft aus beinahe allen Sowjetrepubliken zu drängen scheint –, ich sauge alles in mich auf.

Mit einem Porträt von mir im Gepäck, das Papa für ein paar Rubel von einem Straßenkünstler zeichnen ließ, geht es am nächsten Tag weiter in Richtung Kaukasus. Das Gebirge zwischen Schwarzem und Kaspischem Meer erstreckt sich über mehr als tausend Kilometer und sein höchster Gipfel, der Elbrus, ragt bis auf 5642 Metern in den Himmel. Mönchsgeier und Steinadler ziehen majestätisch ihre Kreise, und ich liege auf meinem Aussichtsposten, schaue, staune und träume. Angefüllt mit diesen Eindrücken kommen wir nach zwei weiteren Tagen Zugfahrt in Stawropol an. Die Begrüßung zwischen meinem Papa und meinem Opa ist herzlich und liebevoll. In meiner Erinnerung schauen sie sich auf dem Weg durch die Stadt immer wieder lange in die Augen, um ihre Verbundenheit zu beleben, oder sich einfach aufs Neue einer im anderen zu erkennen.

Erst viel später habe ich verstanden, wie wichtig unsere Besuche für meinen Großvater waren – für seinen Seelenfrieden.

Stawropol, die Stadt, in der er lebte, wurde im letzten Drittel des 18. Jahrhunderts gegründet, als das russische Zarenreich seine südliche Grenze mit einer ganzen Reihe von Festungsstädten schützen wollte, und liegt an den Nordausläufern des Kaukasus, sanft eingebettet zwischen seinen Hügeln und Tälern. Der Überlieferung nach stieß man bei Grabungsarbeiten zum Bau der Festung auf ein steinernes Kreuz. Weil man in Russland zu dieser Zeit für neue Ansiedlungen oft griechische Ortsnamen wählte, soll es zu Stawropol, »Stadt des Kreuzes«, vom griechischen *stavro* (Kreuz) und *polis* (Stadt), gekommen sein.

Die Familie meines Vaters stammte eigentlich aus Dnjepropetrowsk in der Ukraine. Mein Großvater, 1905 geboren, kam über Orscha (Belarus) dorthin. Er und all seine jüdischen Freunde hatten ihre Heimat wegen des immer schlimmer um sich greifenden Antisemitismus verlassen und waren nun in der ganzen Welt verstreut. Opa lernte in Dnjepropetrowsk meine Oma Anja kennen, und 1932 kamen meine Tante Rosa und sieben Jahre später mein Papa Felix zur Welt. Später bei Kriegsbeginn musste Großvater als Offizier an der polnisch-sowjetischen Grenze dienen, und wie es bei Offizieren üblich war, seine ganze Familie mit dorthin nehmen.

Erst nach dem Krieg kamen sie nach Stawropol, damals eine geschundene Stadt. Stawropol war im Zweiten Weltkrieg von August 1942 bis Januar 1943 von deutschen Truppen besetzt. Viele Häuser sind bei schweren Kampfhandlungen in Schutt und Asche versunken, weitere beim Rückzug der deutschen Wehrmacht ab 1943 in Brand gesetzt worden. Nach dem Krieg wurde – wie in anderen zerstörten Ländern auch – versucht, die Stadt in aller Eile wieder aufzubauen, um Wohnraum für die Bevölkerung zu schaffen.

So wohnten auch meine Großeltern später in einem Neubauviertel, im Hochparterre der *Uliza Dzerzhinskogo* 176, einem Block mit verglasten Loggien, der zur Straße hin mit einem Streifen junger, inzwischen wohl hochgewachsener Bäume gesäumt war.

Opas erste Frau, meine »echte« Großmutter Anja, starb an Krebs, als ich sechs Jahre alt war. Ich habe nur wenige Erinnerungen an sie. Einige Zeit später heiratete er die 13 Jahre jüngere Bronislava-Jakovlevna (der Zweitname war ihr immer sehr wichtig), eine Russischlehrerin. Auch sie hatte im Zweiten Weltkrieg in der Armee gedient. Als Sanitäterin war sie mit ihrem Regiment bis nach Berlin marschiert. Wie mein Großvater mit hohen militärischen Auszeichnungen geehrt, arbeitete sie nach dem Krieg wieder als Lehrerin an einer Stawropoler Schule.

Mein Opa, Moses Jakob Kudrjawizki, der Einfachheit und sicher auch der Unauffälligkeit halber Michail genannt, war Buchhalter gewesen. Nach dem Krieg hat er als Sachverständiger für Qualitätssicherung in der Lederindustrie gearbeitet. Zu meiner Zeit aber lebte er längst als Pensionär. Bewahrt hatte er sich sein phänomenales Zahlengedächtnis und seine Liebe zur Mathematik. Wann immer es ging, bezog er mich in seine Zahlenspiele ein. Oft blieben wir dann an der Straße oder auf einer Brücke stehen und rechneten um die Wette: Bei allen Autos, die an uns vorbeikamen, bildeten wir blitzschnell die Quersumme der Zahlen auf dem Nummernschild. Er blieb zeitlebens unbesiegt.

Die Vorstellung, sich in seiner freien Zeit – noch dazu in den großen Ferien – mit Mathematikaufgaben zu beschäftigen, mag auf den ersten Blick wenig Faszination haben. Opa aber schaffte es, mich spielerisch dafür zu begeistern. Um auch physisch gesund und in Bewegung zu bleiben, brach er jeden Morgen in den nahe gelegenen Wald auf, und ich durfte ihn begleiten. Eigentlich fragte ich gar nicht um Erlaubnis, tatsächlich folgte ich ihm auf Schritt und Tritt, wie eine Klette hing ich an meinem Opa Mischa, wie ich ihn nannte.

Ich sehe uns noch, fast ununterbrochen in Gespräche vertieft, von der *Uliza Dzerzhinskogo* aus eine knappe halbe Stunde in den Wald laufen. In seiner Tiefe erreichten wir die *Cholodniye Rodniki* (Kalte Quellen), wo wir unter dem grünen Blätterdach alter Bäume ein von ihm vorgegebenes Frühsportprogramm absolvierten. Anschließend sprangen wir in das eiskalte klare Quellwasser, das mitten im Wald durch ein großes, mit Sandstein eingefasstes und blau gefliestes Bassin geleitet wurde.

Zurück in der Stawropoler Wohnung, versorgte uns Oma Bronja, mit einem üppigen Frühstück bestehend aus Blini, Würstchen, Bratkartoffeln und Kascha, einem einfachen Milchbrei. Unermüdlich umsorgte und bewirtete sie uns, vor allem mit ihren wunderbaren Pelmeni, kleine gefüllte Teigtaschen, von denen ich später als Pubertierender Unmengen verdrückte. Sogar nachts stellte sie mir Essen ans Bett, damit ich nicht verhungerte, wenn ich wach würde. Bronja hatte eine unbändige Energie und noch mehr Liebe in ihrem großen Herzen. Mit Bronja konnte Opa Mischa, der ja leider seine erste Frau verloren hatte, seine zweite große Liebe erleben, und für mich waren die beiden ein unschlagbares Team.

Die Liebe und Verbundenheit zu meinem Großvater in diesen Urlauben schienen unauslöschlich und hielten auch in Zeiten danach, wenn uns wieder beinahe dreitausend Kilometer trennten, unvermindert an. Das lag auch an den vielen Geschichten, die mir mein Opa abends auf dem Balkon erzählte, wenn er nach draußen ging, um zu rauchen. Ein Ritual, das sich mir für alle Zeiten eingeprägt hat. Gebannt beobachtete ich jede seiner Bewegungen, wenn er mit dem Daumen das kleine Metallrad an seinem Sturmfeuerzeug bewegte, und war beeindruckt, wenn ich die kräftige Flamme schlagen sah und für Sekunden den intensiven Geruch des Feuerzeugbenzins wahrnahm, der in einer kleinen, warmen Wolke zu mir herüberwehte.

Es hat ihn durch die Jahre des Krieges begleitet, und er benutzte es bis zu seinem Tode. So ging seine Generation mit den Dingen um.

Ich bin mir gar nicht sicher, ob und wie man Kindern heute von den Ereignissen berichten kann, die ich an diesen lauen Sommerabenden von meinem Opa hörte. Es waren nicht die abgewogenen, jahrzehnteweit entfernt scheinenden Schilderungen aus dem Krieg, wie man sie von sogenannten Zeitzeugen aus dem Fernsehen kennt; es waren unmittelbare Lebensberichte eines Menschen, so plastisch geschildert, dass sie vor meinem inneren Auge wie ein Film abliefen. Ausgelöst wurden diese Geschichten meist von meinen Fragen und vor allem den Fundstücken, die ich in den alten Schränken entdeckt hatte. Das Haus meiner Großeltern war für mich eine wahre Schatzkiste. Neugierig durchstöberte ich die Wohnung, vollgestellt mit alten Möbeln, und entdeckte in den Schränken und Schubladen immer wieder neue Dinge:

ein altes Messer, Feldbesteck, eine seltsame ausziehbare Tasse, eine Feldflasche oder imposante Orden. Jedes Teil war wie ein kleiner Schatz, der eine Geschichte in sich barg.

Vielleicht war es für meinen Großvater auch eine Form der Vergangenheitsbewältigung, die ich damit unbewusst in Gang setzte: das Reden über die Erlebnisse, die so tiefe Spuren und Narben auf der Seele hinterlassen hatten.

Mein Opa hatte die ganze Gewalt des Krieges erfahren, der auch Frauen und Kinder nicht verschont hatte, mit den Gefechten und Bombenangriffen und dem mörderischen Vordringen der Front, das viele Familien, auch seine eigene, zur Flucht zwang. Was mein Opa mir berichtete, war für mich, der ich 1975 geboren bin, also immerhin drei Jahrzehnte nach dem Krieg, auf eine Art unwirklich, auf die andere aber von brutaler Gegenwärtigkeit, denn mein geliebter Opa, neben dem ich abends auf dem kleinen Balkon stand, hatte sie im wahrsten Sinne des Wortes am eigenen Leib gespürt: die Geräusche und die Gerüche dieses Krieges, die er nie vergessen konnte und die er nun mit seinen Geschichten an mich weitergab. Das Rauchen dabei war Nebensache und medizinisch stark reglementiert. Der Arzt hatte Opa verordnet, sich eine einzige Zigarette über den gesamten Tag einzuteilen! Entsprechend oft wurde sie in Brand gesetzt und nach ein paar Zügen behutsam wieder ausgedrückt. Dazwischen war viel Zeit zum Erzählen. Nach dem Rauchen zogen Opa und ich uns in die behagliche Loggia zurück, wo unsere Gespräche fortgeführt wurden. Fragen hatte ich genug. Und er tauchte mit mir in die Vergangenheit ein.

Die Loggia war groß genug für ein Bett und einen Sessel. An den warmen Sommerabenden war es ein Glück für mich, dort auch schlafen zu dürfen. Die großen Fenster gaben mir das Gefühl, im Freien zu liegen.

Manchmal kam auch Papa zu uns heraus und setzte sich in den Sessel, oft aber schlief er schon nach wenigen Minuten ein. Wollte ich ihn dann wecken, damit auch er die Geschichten seines Vaters hören konnte, hielt dieser mich davon ab. Er setzte sich zu mir aufs Bett, und wir schauten seinen Sohn, meinen Papa, liebevoll an.

»Lass ihn nur schlafen, Lenn«, sagte er. »Du kriegst ihn jetzt sowieso nicht wach.« Ich widersprach ihm, aber Opa wusste es besser und schüttelte den Kopf: »Weißt du, als dein Papa noch viel kleiner war als du, ist er sogar während der Bombenangriffe immer tief und fest eingeschlafen.« Er ahmte leise das Geräusch der Stukas und Messerschmidts nach, und erstaunlicherweise musste ich wirklich keine Angst haben, dass Papa davon aufwachen könnte.

Als die Deutschen im Juni 1941 in der zweiten Phase des Zweiten Weltkriegs auch die Sowjetunion überfielen, Polen, Dänemark, Norwegen, die Benelux-Länder und Frankreich – der Balkan und Nordafrika waren bereits Kriegsschauplätze –, wurde mein Großvater aus seinem Zivilberuf an die Front einberufen. Er war 36 Jahre alt, sein Sohn, mein Vater, war zwei, die Tochter Rosa neun Jahre alt.

In unserer gemütlichen Loggia war es still geworden, ich hielt seine alte Feldflasche in meinen Händen. Großvaters Blick schweifte in die Ferne hinaus in das nächtliche Stawropol, er begann zu erzählen, und ich versuchte, mir den jungen Familienvater Michail vorzustellen, der nun eine Uniform trug und in den Krieg ziehen musste. Mit Feldbesteck und einer ausziehbaren Tasse in seinem Rucksack.

Mein Großvater steht im Hauptmannsrang. Als Verbindungsoffizier ist er mit einem Adjutanten zwischen sowjetischen Einheiten an der sowjetisch-polnischen Grenze unterwegs – zu Pferde. So kann er sich unauffälliger bewegen als mit einem Militärfahrzeug, ist leiser und mobiler. Nachts werden die zu bewältigenden Strecken zurückgelegt, tagsüber verstecken sie sich im Wald oder in Scheunen.

Die schnell vorrückenden deutschen Wehrmachtsverbände bringen ihn neben der Gefahr, bei Kampfhandlungen zu sterben, noch auf ganz andere Weise in eine lebensbedrohliche Lage: die Aussicht, als jüdischer Offizier den Deutschen in die Hände zu fallen!

Für meinen Opa als überzeugten Kommunisten und Mitglied der Kommunistischen Partei ist die Tatsache, Jude zu sein, weit in den Hintergrund getreten. Als er Kind war, spielten jüdische Rituale und Traditionen in seinem Leben noch eine Rolle. In Belarus lebte er mit seiner Familie in einem Schtetl, einer Siedlung mit hohem jüdischen Bevölkerungsanteil. Opa Mischa lernte Jiddisch und Hebräisch, schon allein durch die Feste, auf denen jüdische Lieder gesungen wurden. Erst später, als er Kommunist und durch das Militär automatisch umgezogen wird, spielt das alles keine Rolle mehr. Opa ist kein gläubiger Jude, aber er bleibt immer Jude, weil es seine Nationalität ist. Im sowjetischen Vielvölkerstaat tragen die Bürger nämlich in ihren Papieren einen Vermerk über ihre religiöse Herkunft. Können sowjetisch-nichtjüdische Soldaten, wenn sie sich ausgehungert und entkräftet ergeben, zu Anfang des Krieges noch hoffen, von den Deutschen nur entwaffnet und dann fortgeschickt zu werden, gibt es für jüdische Soldaten kein Erbarmen: Sie werden immer sofort und auf der Stelle erschossen oder erhängt.

So ist ziemlich schnell klar, wer keinesfalls aufgeben oder in Gefangenschaft geraten darf. Zwei Cousins meiner Mutter sollten später am eigenen Leib diese Erfahrung machen: Einem gelingt es, im buchstäblich letzten Moment vor der Gefangennahme seine Papiere zu vernichten. Er überlebt. Der andere, zu stolz dazu, wird von den Deutschen erschossen.

Ich lauschte atemlos Opas Berichten und fragte mich schon als kleiner Junge: Was hätte ich gemacht? Ich fühlte mich in diese jungen jüdischen Männer hinein, der eine stolz, der andere zu Recht voller Angst. Nicht ein einziges Mal habe ich über die monströsen Handlungen der Nazi-Deutschen nachgedacht, ich war mit meinen Gedanken immer bei meinen Leuten und damals überzeugt: Lieber würde ich sterben, als mich und meine Herkunft zu verleugnen! Heute, als Familienvater, denke ich anders: Warum wegen einer Formalie sterben? Ich bin ja deshalb nicht weniger Jude, nur weil ich etwas verschweige und dadurch mich und meine Familie beschütze.

Meine (unbewusste) Auseinandersetzung mit dem Holocaust begann sicherlich an jenen Stawropoler Abenden, später in der Schule und bei Besuchen im KZ Sachsenhausen trug ich Opas Geschichten in mir und hatte daher natürlich auch einen ganz anderen Zugang zu dieser grausamen Vergangenheit als andere Kinder in meiner Klasse. Die Opfer, von denen man dort sprach, das waren meine Leute. Ich war einer von ihnen.

Eines Abends, so erzählt mein Großvater weiter, reiten er und sein Adjutant auf ein Dorf zu. Vorsichtig nähern sie sich den ersten Häusern. Alles scheint ruhig, dann sehen sie im schimmernden Mondlicht einige Silhouetten, Männer, die rauchend an einer Hausecke stehen.

»*Kto tam?*«, wer ist da, ruft Opa von seinem Pferd herunter – und erkennt in der Dunkelheit zu spät, dass es sich um deutsche Wehrmachtssoldaten handelt.

Der Adjutant und er tragen wichtige militärische Unterlagen in ihren Meldetaschen. Sekundenschnell wenden sie die Pferde und galoppieren davon – heftig beschossen von den Deutschen. Offenbar hat die Frontlinie sich seit ihrem letzten Kontakt mit den eigenen Leuten weiter ins Landesinnere bewegt, so dass sie unwissentlich tief in deutsch besetztes Gebiet geraten sind.

Sie jagen die Pferde die ganze Nacht hindurch in Richtung der sowjetischen Linien. Die Tiere sterben am Morgen darauf an Erschöpfung. Mein Großvater und sein Adjutant überleben.

Noch heute schlägt mein Herz schneller, wenn ich an diese Geschichte denke. Die Todesangst, jeden Tag als allgegenwärtiges Gefühl, ist eine Vorstellung, die sich mir verschließt, aber ich ahne, wie tief es sich in die Seele einbrennt.

Großvater konnte auch diese Dinge ganz ruhig erzählen. Er hielt die Stimme gesenkt, zögerte, suchte nach einem Wort. In seiner Sachlichkeit wirkten die Erlebnisse noch eindringlicher, als wenn er große Gesten oder pathetische Worte benutzt hätte. Es schien, als müssten die Geschichten genau von diesem Pathos und Drama befreit werden, als wäre diese Reise in die Vergangenheit nur so möglich gewesen. War das Opas Form der Aufarbeitung? An nichts dergleichen habe ich früher natürlich gedacht. Aber heute stellen sich mir diese Fragen, wenn ich meine eigenen Geschichten erzähle. Wahrscheinlich mussten auch sie irgendwann vom Drama befreit werden. Doch bis dahin war es noch ein langer Weg.

Der kleine Lenn von damals war in Gedanken versunken, sah die erschöpften sterbenden Pferde vor sich und fragte sich, was gewesen wäre, wenn Opa und sein Gehilfe es nicht geschafft hätten. »Wollt ihr beide nicht mal ins Bett?« Oma Bronja brachte Tee und Matroschka-Kekse, die wunderbar nach Zitrone und Honig schmeckten. Doch ich schüttelte nur den Kopf.

Ich spürte, dass Opa Mischa noch mehr zu erzählen hatte. Er musste sich nur einen Moment sammeln, bevor er zu sprechen begann. Ich schaute in sein trauriges, aber konzentriertes Gesicht und hatte selbst als kleiner Junge das Gefühl, dass er mit jedem Wort kämpfte.

Als die Front immer weiter ins Landesinnere rückt, soll die Familie meines Großvaters von der polnisch-sowjetischen Grenze mit der Bahn in Richtung Osten evakuiert werden. Seine Frau Anja, die kleinen Kinder, Rosa und Felix, und seine Schwiegereltern müssen sich auf einen langen, beschwerlichen und vor allem gefährlichen Weg machen und ihr Haus und sämtliches Hab und Gut aufgeben. Doch die deutsche Luftwaffe, so hört man, soll jeden Zug angreifen, auch die, die weg von der Front führen. Von all dem ahnt Opa nichts, als er zum Politkommissar seiner Kompanie befohlen wird. Auf dem Weg dorthin ist er unruhig und geht im Kopf alle Möglichkeiten durch, die zu dieser Vorladung geführt haben könnten.

Gespräche mit dem Politkommissar können damals Auftakt der sonderbarsten Veränderungen im Militärleben sein; Soldaten, Unteroffiziere oder Offiziere werden urplötzlich versetzt oder verschwinden auf andere Weise spurlos. Denn der Politkommissar verkörpert in mancher Hinsicht mehr Macht als der militärische Kommandeur einer Einheit. Das ist eine feste Tradition in der sowjetischen Armee und hat einen simplen Grund: Nach der Oktoberrevolution dienten dort auch ehemals zaristische Offiziere. Weil die politische Führung ihnen nie richtig traute, gab sie jedem militärischen Kommandeur einfach einen Politkommissar zur Seite, der – ganz nach dem Lenin'schen Grundsatz »Vertrauen ist gut, Kontrolle ist besser!« – die Einhaltung der Parteilinie auch im Kriegsfall und bei allen militärischen Entscheidungen zu überwachen hat.

Mein Großvater betritt das Büro des Kommissars. Der erhebt sich und strafft den Rücken. Es ist sichtbar nicht das erste Gespräch dieser Art, das er zu führen hat. Er räuspert sich und sagt, um Sachlichkeit bemüht: »Genosse Kudrjawizki, ich muss dir eine traurige Mitteilung machen.«

Er sieht meinen Großvater an, aber dieser lässt keine Regung erkennen. Traurige Nachrichten im Kriegsfall, was wird das wohl sein?

»Der Zug, in dem deine Familie evakuiert werden sollte, ist auf freier Strecke von der deutschen Luftwaffe heimtückisch angegriffen und bombardiert worden.« Der Kommissar macht eine kurze Pause und versucht zu erkennen, wie die Worte auf meinen Großvater wirken. Als er sich wieder nicht rührt, fährt er mit gesenkter Stimme fort: »Alle Insassen des Zuges sind dabei umgekommen. Auch deine Familie.«

Stille im Raum. Jetzt ist mein Großvater wirklich unfähig zu irgendeiner Reaktion. Die beiden Männer stehen sich gegenüber. Der Politkommissar lässt einen angemessenen Moment verstreichen und sagt: »Wir werden den feigen faschistischen

Horden dieses Verbrechen an deinen Leuten und an unserem sowjetischen Volk nicht verzeihen. Ich schwöre dir, dass wir sie bestrafen werden, wo immer sie sich verkriechen ...«

Großvater ist sich nicht sicher, ob die Anteilnahme echt ist, oder sind es einfach die Worte, die er zu solchen Anlässen immer benutzt?

»Möchtest du etwas sagen, Genosse Kudrjawizki?«

Der Hauptmann Moses Jakob Kudrjawizki schüttelt wortlos den Kopf. Der Politkommissar nickt: »Dann geh jetzt und versieh weiter deinen Dienst, Genosse!«

Als mein Großvater das Büro des Politkommissars verlässt, ist sein Mund trocken, und das Gefühl, das ihm beinahe das Bewusstsein raubt, kommt langsam näher – jetzt, gerade mal Mitte dreißig, steht er ganz allein in der Welt und hat keinen Menschen mehr. Seine Frau, seine beiden kleinen Kinder, die Schwiegereltern – alle tot. Und was mit seinen Eltern ist, weiß Michail schon lange nicht mehr. Es gibt keine Verbindung. Zu niemandem.

An diese Geschichte erinnere ich mich besonders intensiv, und es kommt mir vor, als hätte ich sie erst gestern gehört. Noch heute habe ich seine Stimme im Ohr: »Und der Krieg«, sagte Opa traurig, »ging einfach immer weiter, als wäre das alles gar nicht geschehen. Keine Zeit zur Besinnung, kein Genesungsurlaub, keine Pause ...«

Dann, Wochen später, mein Großvater hätte inzwischen bei mehreren gefährlichen Einsätzen sterben können, erreichte ihn eine neue Nachricht: Seine Angehörigen seien durch irgendeinen Zufall auf einen späteren Zug umgelenkt worden. Sie waren also gar nicht in dem von den Deutschen bombardierten Transport. Sie lebten.

Ich weiß nicht, ob es wiederum derselbe Politkommissar war, der ihm diese Wendung mitteilte. Meinen Großvater interessierte das in diesem Moment wohl auch nicht. Er war durch die Hölle gegangen, und nun fiel es ihm fast schwer zu glauben, dass seine Frau und seine beiden Kinder am Leben waren.

Oma Anjas Eltern, meine Urgroßeltern, überlebten nicht. Am Ende ihrer Kräfte weigerten sie sich, weiter Richtung Osten vor den Deutschen zu fliehen. Alles Flehen und Zureden halfen nicht. Sie blieben da, wo sie waren, auf dem Weg von der polnisch-sowjetischen Grenze Richtung Kasachstan.

»Es wird vielleicht gar nicht so schlimm kommen, wenn die Deutschen da sind«, sagten sie. Doch keiner der anderen wollte daran glauben. Und so blieben sie als Einzige in Charkiw zurück. Ihre Spuren haben sich für immer verloren. Heute wissen wir, dass viele Juden teilweise vor den Augen ihrer Nachbarn und Freunde an öffentlichen Plätzen exekutiert und in Massengräbern verscharrt wurden. Und es ist umso schmerzhafter und unfassbarer, dass nun wieder Teile meiner Familie, die in Charkiw leben, im Ukrainekrieg in großer Lebensgefahr sind.

1943 wurde mein Großvater bei einem Bombenangriff verschüttet und wie durch ein Wunder aufgespürt und gerettet. Dabei waren Bombensplitter in seinen Kopf gedrungen, und eine militärärztliche Kommission verfügte schließlich seine Ausmusterung.

Als Kind vom Krieg und seinen Folgen in dieser tiefen Vertrautheit und Emotionalität zu erfahren hatte auf mich eine ganz andere Wirkung als Jahrzehnte später der entsprechende Schulstoff. Denn während mir die Geschichten so persönlich und eindringlich erzählt wurden, konnte ich sie nachempfinden. Sie berührten mich im wahrsten Sinne des Wortes.

Meinen letzten Stawropoler Abend mit Opa Mischa erlebte ich 1995. Ich war damals zwanzig und löcherte ihn wie in Kindheitstagen mit Fragen über sein Leben und unsere in alle Winde zerstreute Familienbande. Bis zu seinem Tode, auch in den Gesprächen mit mir, seinem Enkel, wird ihn der Gedanke verfolgen, wieso ausgerechnet er überleben durfte, wo doch so viele aus seiner Familie, Freunde und Kameraden sterben mussten. Michail war kein religiöser Jude, aber er fühlte sich als Teil der jüdischen Gemeinschaft. Auf seinem Sterbebett wird er nach über fünfzig Jahren wieder Hebräisch sprechen. Er war zu seinen Wurzeln zurückgekehrt.

Die »Überlebensschuld«, von der Psychologen in diesem Zusammenhang sprechen, ist eine seelische Verletzung, die vielen Kriegsteilnehmern nachgeht bis an ihr Ende, egal, wo und auf welcher Seite der Front sie gekämpft haben – an der Ostfront, in El-Alamein, bei der Landung der Alliierten in Dünkirchen oder in all den späteren Kriegen bis zum heutigen. Auch wer nie etwas von William Faulkner gelesen hat, kennt vielleicht eines seiner bekannteren Zitate: »Das Vergangene ist nicht tot; es ist nicht einmal vergangen.«

Ich glaube, die Abende mit meinem Großvater, das Leben mit meinem Vater und mein eigener Weg stehen für diesen Gedanken. Durch all die Erlebnisse und Gespräche habe ich das Gefühl, dass das, was mein Opa, mein Vater und all die anderen aus meiner Familie erlebt und erlitten haben, in mir so präsent ist, als hätte ich es selbst erlebt. Das ist einerseits ein ungeheurer Schatz, aber manchmal belastet es mich auch sehr, weil ich andererseits die Verantwortung spüre, das große Leid, das damit verbunden ist, von meinen eigenen Kindern fernzuhalten.

Als Jugendlicher sprach ich auch mit meinem Vater über die Jahre seiner Kindheit und seiner Jugend. An viel konnte er sich nicht erinnern. Die Kriegsjahre, die Flucht, die Ängste und Entbehrungen waren Erlebnisse in seinem Unterbewusstsein. Er erzählte mir aber die Geschichten, die er von seiner Schwester Rosa kannte, die ja sieben Jahre älter war. Daher wusste er, dass, wenn es Bombardements gab und Panik ausbrach, er stets in einen tiefen Schlaf gefallen war und seine große Schwester ihn auf den Arm nahm und in Sicherheit brachte. Papa selbst konnte mir nur von der Nachkriegszeit berichten, als sie mit der Familie noch zwei Jahre in ärmlichen Verhältnissen in Kasachstan lebten. Sein Vater war nach seiner Rückkehr ein schwerkranker Mann, körperlich und seelisch versehrt. Opa Mischa hatte Narben davongetragen, nicht nur unter der schlimmen Kopfverletzung würde er sein Leben lang leiden, auch seine Seele hatte gelitten. Er war verschüttet und verletzt worden, was zu einem schweren Trauma geführt hatte. Er litt unter Ängsten, Albträumen und sogenannten Flashbacks, die ihn immer wieder in die Schützengraben katapultierten und die Bombardierung wieder und wieder durchleben ließen.

Zu seiner Zeit wurde das nicht in der Ausführlichkeit und der Tiefe reflektiert, wie wir es heute tun. Auch Opa hatte damit erst spät angefangen. Das Leben musste sich einfach stärker an den unmittelbaren Erfordernissen des Alltags orientieren, für vieles war keine Zeit, es gab kein ausgebildetes psychologisches Personal, das sich mit Kriegstraumata auskannte, oder die Politik hatte gerade wieder mal etwas ganz anderes mit den Leuten vor. Und so lagen all die schmerzlichen Erinnerungen und traumatischen Erlebnisse tief in den Seelen der Menschen vergraben. Als es nach dem Krieg meinen Großvater mit Frau und Kindern nach Stawropol verschlug, erlebte Papa dort natürlich eine friedvollere Kindheit. Er wurde zwar streng, aber liebevoll erzogen, seinen Eltern ging nichts über eine gute Bildung und einen respektvollen Umgang miteinander. In unserer ukrainisch-weißrussisch-russisch-jüdischen Familie spielten Kunst und Kultur eine große Rolle. Opa liebte klassische Musik, und seine Kinder lernten schon früh die wunderbare Welt der Töne kennen und lieben.

Papa war Mitglied im Komsomol, der sowjetischen Jugendorganisation, bei der er einmal an einer Schulung teilnahm und mit einem Funktionär der Stawropoler Parteileitung ins Gespräch kam. Dieser acht Jahre ältere Genosse, der meinen Papa sehr beeindruckte, weil er so zielstrebig und selbstsicher auftrat, wurde später Generalsekretär des ZK der KPdSU und dann Staatspräsident der Sowjetunion. Sein Name war Michail Sergejewitsch Gorbatschow. Für den jungen Gorbatschow war mein Papa damals auch bestimmt nicht irgendwer, sondern der Sohn eines ehemaligen sowjetischen Offiziers, und die wurden in der UdSSR wie Helden verehrt. Und sicher hat es auch meinen Vater tief beeindruckt, wenn Opa Mischa am Jahrestag der Befreiung vom Nationalsozialismus seine stattliche Uniform anzog. Schwer mit Orden dekoriert. Doch die Kindheit und Jugend meines Vaters wurden nicht nur von Politik und Militär bestimmt. Schon 1947, mit acht Jahren, hatte er begonnen, Geige zu spielen.

Musik hat in unserer Familie schon immer eine große Bedeutung, und da die Geige in jüdischen Liedern immer eine besondere Rolle spielt, war seine Wahl auf dieses Instrument gefallen. Seine Eltern hatten eigentlich kein Geld für eine Geige, geschweige denn für eine Ausbildung, aber am Ende schafften sie es doch, ihn an einer Musikschule anzumelden. Mein Papa war so gut, dass er dort ganze Jahrgänge übersprang. Trotzdem schienen ihm die frühen Jahre für die Entwicklung zum Virtuosen zu fehlen: In der Sowjetunion begannen förderungswürdige Talente normalerweise mit fünf Jahren an der Geige. Diese Zeit hatten ihm Krieg und Nachkriegszeit geraubt. Als er nach dem Abitur schließlich doch ein Musikstudium aufnehmen wollte, wäre ihm das nur unter einer Bedingung möglich gewesen: Ohne Umschweife teilte man ihm mit, er müsse erst einmal drei Jahre in der sowjetischen Armee dienen und eine Ausbildung zum Offizier absolvieren!

Für meinen Vater hatte sich dieser Wunsch damit erledigt, denn das war kein Plan für ein großes musikalisches Talent. So spielte er zwar weiterhin mit großer Begeisterung und einiger Meisterschaft auf seiner Geige, entschied sich aber für ein Studium in Leningrad und Baku (Aserbaidschan), um Ingenieur für mikrobiologische Verfahrenstechnik zu werden.

Es wirft irgendwie ein bezeichnendes Licht auf unsere Familie, in der man nach Krieg und Vertreibung nicht wusste, wohin es die anderen verschlagen hatte und ob sie überhaupt noch am Leben waren, dass in Baku zur gleichen Zeit ein Cousin von ihm Maschinenbau studierte, ohne dass einer vom anderen wusste. Sie hatten in manchen Fächern dieselben Lehrer, und verrückterweise überschnitten sich sogar ihre Freundeskreise. Persönlich aber sind sie sich in Baku nie begegnet. Das fanden sie erst Jahrzehnte später heraus, nach dem Fall der Mauer, bei einem Treffen in Berlin.

Im Herzen ist ein sicherer Ort, umso mehr, als der Stawropoler Zweig der Kudrjawizkis sich mit dem Wechsel der Zeitläufte weltweit verstreut hat, ganz als wäre die Stadt ein Startplatz in alle vier Himmelsrichtungen: Meine Tante Rosa ist mit ihrer Familie ein paar Jahre nach dem Krieg in das knapp zweihundert Kilometer südlicher gelegene Pjatigorsk (»fünf Berge«) gezogen und lebte dort mit ihrer Familie, bevor sie schließlich nach Israel auswanderten.

Ihre Tochter Albina, meine Cousine, ihren Mann Volodja und deren Tochter Stella habe ich 2021 in New York wiedergefunden – allerdings ohne mein direktes Zutun. Sie hatten mich in der Rolle des Prinzen Dir in der Amazon-Produktion »Vikings« erkannt und dann über die sozialen Netzwerke ausfindig gemacht und kontaktiert. Kunst kann also nicht nur völker-, sondern auch familienverbindend sein: Für mehr als ein Vierteljahrhundert hatten wir uns aus den Augen verloren.

Die Wohnung in Stawropol, in der mein Vater seine Kindheit verbracht hatte, existiert heute noch. Nach dem Tod meines Opas 1998 wohnte Oma Bronja dort allein.

Bronja-Jakovlevna wurde bald vom Stadtsowjet eine jüngere Frau mit Kind zugewiesen – ein Mehrgenerationenhaushalt per Erlass, der der allgemeinen Wohnungsnot geschuldet war. Für Oma war es ein Segen. Die junge Frau unterstützte Bronja bis zu ihrem Tode und bekam später die Wohnung zugesprochen.

2022 war ich zu einem Filmfest nach Sotschi an der Schwarzmeerküste eingeladen. Näher würde ich in nächster Zeit nicht an den Ort meiner Kindheit heranrücken können, und so war ich fest entschlossen, die knapp fünfhundert Autokilometer auf mich zu nehmen, die man von Sotschi bis Stawropol fährt. Ich wollte meine Gefühle und die liebevollen Erinnerungen an meine Großeltern an den vertrauten Orten neu beleben. Ob das Feuerzeug noch in der Schreibtischschublade liegt und darauf wartet, von mir abgeholt zu werden?

Doch die Ereignisse seit dem 24. Februar, der russische Überfall auf die Ukraine, und der Krieg, der seitdem dort herrscht, haben es mir unmöglich gemacht. Das macht mich sehr traurig; aber ich trage Oma Bronja und Opa Mischa in meinem Herzen, und kaum ein Tag vergeht, an dem ich nicht an sie denke. Man kann nicht allzu viele Menschen so in sich bewahren, und im glücklichsten Fall ist jemand aus der Familie darunter.

VON ZAREN UND BOLSCHEWIKI

Mein Opa, der Hauptmann Moses Jakob Kudrjawizki (rechts),
und sein Adjudant (links) an der sowjetisch-polnischen
Grenze um 1941. Foto: privat

Gehe ich in der Geschichte meiner Familie Generation um Generation zurück, fällt mir auf, dass fast immer jemand unterwegs ist – zur Liebe seines Lebens, auf der Flucht vor den Pogromen der Zarenzeit, vor der vorrückenden Frontlinie im Zweiten Weltkrieg, vor den Deutschen, aus der Sowjetunion in die DDR, die USA oder später nach Israel.

Auch die Familie meiner Mutter hat sich mindestens seit dem 19. Jahrhundert quer durch Europa bewegt. Mein Urgroßvater Bernhard hatte vermutlich griechische Wurzeln. Er kam irgendwann nach den 1880er Jahren über Deutschland ins Baltikum, um dort Medizin zu studieren. Das war zu dieser Zeit nicht einfach, weil es eine Art negativer Quote gab; der Anteil der jüdischen Studenten war dadurch auf drei Prozent begrenzt.

Nach erfolgreich absolviertem Studium beschlichen ihn plötzlich starke Zweifel, ob er wirklich Arzt werden sollte. Er ging zunächst nach Sankt Petersburg, und hier traten karrieretechnische Erwägungen erst einmal in den Hintergrund. Manchmal sind andere Dinge einfach wichtiger.

Es ist ein glänzender Abend in der Oper, eine Szenerie, wie ich sie mir nach Tolstois Roman *Anna Karenina* ausmale. Die Damen tragen Abendroben, die sich an der westeuropäischen Mode orientieren, in Teilen aber auch *à la Russe* gestaltet sind, mit aufwendigen typisch russischen Stickereien und edlen Stoffen. Am Ende des 19. Jahrhunderts sind die Bälle des russischen Adels nämlich trendbestimmend auch für Couturiers in Paris.

Bernhard, ein Musik- und Opernfreund, ist noch kurzfristig an ein Billett gekommen und sitzt elegant im Frack als einzelner Herr in der Loge, die an diesem Abend von der Familie meiner

Urgroßmutter dominiert wird. Interessiert beobachtet er die für seine Begriffe ausgesprochen mondän wirkende Gesellschaft und vor allem die Tochter. Vera. Er findet sofort Gefallen an ihr; es muss ein elementarer Augenblick gewesen sein, etwa so, wie man ihn später in Filmen als *Magic Moment* beschreibt.

Da es ohne Musik in unserer Familie nicht geht und Opern zu dieser Zeit nicht selten länger als drei Stunden dauern, haben beide genug Gelegenheit, diskret Blicke zu tauschen. In der Pause spricht er Vera an, am Ende der Vorstellung macht man sich miteinander bekannt.

Die Eltern meiner Urgroßmutter fanden den jungen Mediziner offenbar ganz amüsant. So gab es schon bald eine Einladung zum Tee, wenig später wurde er dann zu weiteren Geselligkeiten gebeten. Die Gesellschaftsschicht, in der meine spätere Urgroßmutter und ihre Eltern verkehrten, bot sonst wenig persönliche Abwechslung, da waren neue Gesichter willkommen. Man lebte aufwendig in *Zarskoje Selo* (Zaren-Dorf), einer der schönsten und prächtigsten russischen Zarenresidenzen, 25 Kilometer südlich von Sankt Petersburg gelegen. Hier führte man ein großes Haus und unterhielt gesellschaftliche Beziehungen bis an den Zarenhof Alexander III.

Nachdem Bernhard erfolgreich um die Hand der Tochter angehalten hatte, zahlten sich diese guten Kontakte ins russische Herrscherhaus auch für das junge Eheglück aus: Obwohl er Jude war, durfte er in St. Petersburg eine Apotheke eröffnen. Die dafür nötige ausdrückliche Genehmigung kam im wahrsten Sinne des Wortes aus erster Hand und quasi über den kurzen Dienstweg – vom Zaren Alexander persönlich unterzeichnet. Das Dokument findet sich in unseren Familienpapieren.

Die Apotheke erwies sich als wirtschaftlich äußerst erfolgreich. Bernhard und Vera bezogen bald ein eigenes Haus und bekamen fünf Kinder. Und sie lebten glücklich bis ... bis die politischen Zustände wieder einmal allem eine andere Richtung gaben.

Anfang November 1894 starb Alexander III. im Liwadija-Palast auf der Krim, wohin er sich eigentlich zur Erholung begeben hatte. Natürlich standen Bernhard und seine Frau wirtschaftlich längst auf eigenen Füßen. Aber der Übergang der Regierungsgewalt von Alexander III. auf seinen Erstgeborenen Nikolaus II. war mehr als nur eine innerfamiliäre Stafettenübergabe. Veränderungen bahnten sich an, in deren Folge man eine Protektion durch den Zarenhof fortan besser verschwieg.

Das Ende jener Jahre, die in Europa später als *Belle Époque* (Schöne Epoche) in die Geschichte eingehen werden, führte direkt in den Ersten Weltkrieg. Nikolaus II. wurde durch die Februarrevolution 1917 entmachtet und mit Frau und Kindern in der Nacht zum 17. Juli 1918 in Jekaterinburg, etwa vierzig Kilometer östlich des Urals, von den Bolschewiki ermordet. Es dauerte einige Zeit, bis diese Nachricht in St. Petersburg eintraf. Doch die Stadt war das Epizentrum der Oktoberrevolution, und dadurch gab es vor Ort schon genug Veranlassung zu Angst und Unsicherheit.

Die Familie meiner Urgroßeltern und ihre Freunde, besonders die aus dem Dunstkreis der Zarenresidenz, erkannten schnell, dass diese neue Ordnung ihnen nicht gut gesonnen war. Aber wie so oft bei bedrohlichen gesellschaftlichen Veränderungen dämpfte die Hoffnung, allzu schlimm werde es schon nicht kommen, für eine Weile die Angst. Vielleicht konnte man das alles ja mehr oder weniger unbeschadet überstehen. Reichte es am Ende, sich eine Weile unauffällig zu verhalten, bis das drohende Unwetter vorübergezogen war?

Die Desillusionierung traf die Familie schnell und auf schmerzhafte Weise – als Erstes durch die Enteignung ihrer Apotheke. Was die Bolschewiki ihnen oder sich damit beweisen wollten, konnten sie sich beim besten Willen nicht erklären. Sollten denn nicht auch den einfachen Werktätigen Arzneimittel, Tabletten oder Tinkturen zur Verfügung stehen? Das war schon vor der Revolution so gewesen und ja der eigentliche Sinn, eine Apotheke zu eröffnen.

Doch dabei sollte es nicht bleiben.

In der übergroßen Gnade der neuen Machthaber ist es meinem Urgroßvater gestattet, weiterhin als einfacher Angestellter in der Apotheke zu arbeiten, die ihm bislang gehört hat. Zur Mittagspause kommt er wie eh und je nach Hause. Das Bemühen, möglichst viele Rituale aus dem bisherigen Familienleben in die »neue Zeit« hinüberzuretten, soll Halt geben und das Gefühl von Sicherheit vermitteln. Auch dass in der Woche mittags nur eine einfache Suppe gereicht wird, gehört dazu. Einerseits, weil es im Kreise der Familie von jeher eher bescheiden und unprätentiös zugeht, zum anderen, weil die Lebensmittelversorgung in Sankt Petersburg seit Monaten zu Minimalismus und Improvisationstalent zwingt.

Die Familie ist an diesem Tag gerade beim Essen, als heftig an die Haustür gehämmert wird. Alle halten inne. Vera ist geneigt, einfach bei Tisch sitzen zu bleiben, bis der Störer des Wartens überdrüssig wird und wieder abzieht. Bernhard aber spürt an der Art, wie geklopft wird, dass der ungebetene Besucher sich keinesfalls abwimmeln lassen und sich ansonsten eben auf andere Weise Zutritt verschaffen wird.

Er geht zur Haustür.

Gedankenverloren hält er seine weiße Damastserviette in der linken Hand. Sie wird das Erste sein, worauf der Blick des »Gastes« fällt, wenn die Wohnungstür sich öffnet. Allerdings wird der darin nicht die weiße Fahne der Kapitulation erkennen, sondern ein Relikt überkommener bourgeoiser, ewiggestriger Lebens- und Umgangsformen, für die in der neuen Ordnung kein Platz ist.

Ein schlechter Anfang? Bernhard wird bald merken, dass es darauf schon längst nicht mehr ankommt. Er versteht erst einmal gar nicht richtig, als Abgesandter welchen Komitees oder welchen Volkskommissariats der Mann sich und seine zwei bewaffneten Begleiter vorstellt. Aber die Botschaft ist klar.

»Bürger, wir haben Hinweise, dass Sie und Ihre Angehörigen Wohnraum im Übermaß beanspruchen«, geht er kühl ins Gespräch.

Da glaubt Bernhard noch allen Ernstes, das relativieren zu können: »Wir sind sieben Personen. Wir haben fünf Kinder«, wendet er ein.

Wie amüsiert dreht sich der Mann zu seinen Begleitern um, und sein Blick sagt: Hört ihn euch an, Genossen, den Bourgeois! So waren sie immer, und so glauben sie heute noch, uns hinters Licht führen zu können!

»Wie Sie vielleicht aus den Bekanntmachungen wissen, wird der gesamte Wohnraum im Moment erfasst und neu verteilt, gerechter und nach gesellschaftlichen Erfordernissen. Ist Ihnen das bekannt?«

Der Apotheker zuckt die Schultern. Da in jenen Tagen an jeder

Ecke und überall neue, auch einander widersprechende Bekanntmachungen kursieren, ist Bernhard von der vermeintlich neuen Verordnung erst mal nicht sonderlich überzeugt. Aber auch das spielt keine Rolle. Mit einer Geste des Kopfes bedeutet der Revolutionär ihm, die Tür freizugeben. Weil Bernhard zögert, rafft einer der Bewaffneten kurz den Trageriemen seines Karabiners.

Bernhard hat verstanden und geht einen Schritt zur Seite. Die drei treten ein. Einer der Bewaffneten ist noch kurz versucht, sich die Stiefel auf der Matte abzustreichen. Ein scharfer Blick des anderen ruft ihn zur revolutionären Ordnung.

Ihr Vorgesetzter hat inzwischen die offen stehende Flügeltür zum Esszimmer entdeckt und durchschreitet sie. Der Herr des Hauses bleibt dicht bei ihm. Er will hinter ihm im Zimmer auftauchen, um seine Familie ein wenig zu beruhigen. Und so sieht er – über die Schulter des Eindringlings –, welches Bild sich ihm bietet.

Eine Szene wie von einem Gemälde der Tschechow-Zeit: Die hohe Tür zum Balkon, hinaus zum hellen Mittag, ist leicht angelehnt. Ein leiser Windhauch bauscht den Vorhang, am Esstisch sitzen, in hellen Kleidern, die Hausfrau und ihre drei Töchter, die beiden Söhne in etwas, was an Schuluniformen erinnert.

»Guten Tag, meine Herren«, sagt Vera und lässt sich von den Eindringlingen nichts von ihrer würdevollen Haltung nehmen. Sie erhält keine Antwort. Die drei lassen den Blick schweifen, über den weiß gedeckten Tisch und das edle Porzellan, das, auch wenn nur karge Suppe darin bewegt wird, eine einzige Provokation darstellt. Dann wendet sich der Wortführer an Bernhard: »Was ist das hier?«

Er versteht nicht ganz. »Das Esszimmer«, sagt er schließlich, und es ist mehr eine Frage als eine klare Antwort.

»Ess-zim-mer«, lässt der Revolutionär es sich auf der Zunge zergehen, als handele es sich um eine Kuriosität, als wolle er seinen Genossen bedeuten: Ich hab's euch ja gesagt!

Auf sein Kopfnicken schwärmen die beiden Bewaffneten plötzlich aus in die übrigen Räume des Hauses. Vera sieht ihren Mann fragend an: Was wird das?

»Die Wohnung ist zu groß für uns. Ab jetzt«, sagt er zu seiner Frau.

»Ich hatte bislang nicht den Eindruck«, wendet sie sich an den Genossen, obwohl sie längst weiß, dass *Zarskoje Selo* und die ganze alte Welt verblassen und vergehen werden, dass es keine Nachmittage auf dem Tennisplatz mehr geben wird, keine Landpartien und keine lustigen Schlittenfahrten im Winter.

Der Revolutionär geht nicht auf ihren Einwand ein und hakt stattdessen nach: »Wenn Sie ein Esszimmer haben, dann doch ganz bestimmt auch ein Mu-sik-zim-mer?«, erkundigt er sich.

»Ich lasse es Ihnen gern zeigen«, erwidert Vera weiterhin freundlich, ganz Dame des Hauses. Aber da sind die beiden anderen auch schon zurück. Man verständigt sich wiederum durch Kopfnicken. Dann greift der Wortführer in die Brusttasche seiner Uniformjacke und legt ein vorbereitetes Papier mit Amtssiegel auf die weiße Decke des Mittagstisches. Die Familie hat eine Stunde Zeit, die Wohnung zu räumen. Kleidung und persönliche Gegenstände, was immer darunter zu verstehen ist, dürfen mitgenommen werden. Das gilt nicht für Möbel und Haushaltsgegenstände.

»So fegte der Oktoberwind fort alter Mächte Mauern. Die neuen Herren des Landes sind nun Arbeiter und Bauern!« werde ich siebzig Jahre später darüber in der Schule hören.

Heute haben diese Sätze bei mir einen anderen Nachklang. Meinen Vorfahren ist damals großes Unrecht widerfahren. Ich kann da wahrscheinlich nicht aus meiner Haut: Ich bin ein Arbeiter-Bourgeois-Adliger, ich bin ein Mix aus allem, ich kann für die Schwachen auf die Straße gehen, für Gerechtigkeit kämpfen, aber auch nachempfinden, dass ein Leben am Zarenhof durchaus seine Vorteile hatte. Wäre ich ein Zar gewesen, dann ein gerechter.

Urgroßvater Bernhard, meine Urgroßmutter Vera und ihre fünf Kinder kamen schließlich mit knapper Not bei Verwandten unter, sieben Personen in einem Zimmer. Man blieb in Petersburg und begann einfach wieder bei null.

Einschnitte wie diese waren nichts Neues in den Familien der beiden. So sollte es bleiben. Obwohl die Bolschewiki nach außen hin dem Antisemitismus abschworen, wirkte im Inneren der tradierte alte Geist der Pogrome weiter. Auch dieser Begriff stammt schließlich schon aus der Zarenzeit.

Möglicherweise hat mein Urgroßvater diese neuen Machtverhältnisse nie für sich annehmen können; schon wenige Jahre nach der Revolution starb er an Bauchspeicheldrüsenkrebs.

Ich weiß nicht, was aus ihrem großbürgerlichen Petersburger Haus nach der Enteignung geworden ist. Vielleicht wurde es flugs in eine Kommunalka umgewandelt, so hießen seit der Zarenzeit kommunale Wohnungen, in denen vier, fünf oder sechs Familien je ein Zimmer bewohnten und sich Bad und Küche teilen mussten. Denkbar wäre auch, dass es ein einzelner höher gestellter Bolschewiki-Funktionär war, der sich das Haus unter den Nagel riss, um mit Frau und Kindern endlich Einzug in behagliche Verhältnisse zu halten und dafür eine Bagatellmiete an die junge Sowjetmacht abführte. Im Grunde ist es egal. In den Monaten der Leningrader Blockade vom 8. September 1941 bis zum 27. Januar 1944, als deutsche Wehrmachtsverbände Leningrad, das frühere Petersburg, belagerten, wurde es bei Straßenkämpfen niedergebrannt und musste nach dem Krieg abgerissen werden.

Bernhards Tochter Nadja, später die Mutter meiner Mutter, heiratete Jascha Edelstein, der das Familientableau um seine deutsch-italienischen Wurzeln bereicherte. Wie Oma Nadjas Familie hatte auch Jaschas in der Generation zuvor einen intensiven Bezug zum russischen Herrscherhaus gehabt – allerdings aus ganz gegensätzlicher Richtung: Während Bernhard per Zarenerlass seine Apotheke in Petersburg eröffnen durfte, wurde Jaschas Vater von der zaristischen *Ochrana* (Geheimpolizei) verhaftet und nach späterem Gerichtsurteil hingerichtet. Er hatte sich an einem Attentat auf den Zaren beteiligt.

Auch die Edelsteins waren auf der Flucht vor Pogromen quer durch Europa gekommen und irgendwann in Weißrussland angelangt. Sie lebten in Babrujsk in einer großen jüdischen Gemeinschaft. Für viele der Söhne dort stand allerdings fest, dass sie ihr Glück woanders, in den großen Städten würden suchen müssen, besonders wenn man künstlerische oder wissenschaftliche Ambitionen hegte. Mein Großvater Jascha brach nach Leningrad auf und absolvierte erst einmal eine Friseurlehre. Damit bewarb er sich am Theater, wurde eingestellt und war bald nicht mehr nur für Frisuren und Perücken zuständig, sondern auch für die Schminke. Der Maskenbildner Jascha Edelstein war geboren. Weil er sehr umgänglich war, Charme und Esprit besaß, schlug einer der Schauspieler am Theater ihn eines Tages für kleinere Rollen vor. Daraus wurden größere Engagements, und schließlich verkörperte er auf der Bühne sogar den russischen Zaren, mit dem seine Familie auf so schicksalhafte Weise verbunden gewesen war.

Als die junge Nadja dem Schauspieler begegnete, trafen zwei Menschen aufeinander, deren Herkunft und Prägung unterschiedlicher nicht hätten sein können. Der Liebe zwischen den beiden hat es offenbar keinen Abbruch getan. Was sie verband, war die Leidenschaft zur Kunst, zum Theater und zur Musik.

Und mein Stammbaum bekam neue Zweige.

Als der Zweite Weltkrieg begann, wurden Jascha und Nadja mit ihren drei Kindern nach Osten evakuiert. Sie entgingen so den neunhundert Tagen der Blockade von Leningrad, bei der mehr als eine Million Menschen in der Stadt ihr Leben verloren. Die allermeisten davon sollen verhungert sein, denn genau darin lag der teuflische Plan, den die deutsche Heeresleitung mit dem Einschluss Leningrads, einem der schrecklichsten Kriegsverbrechen jener Jahre, verfolgte.

In verschiedenen Etappen gelangte die Familie bis ins beinahe viertausend Kilometer entfernte Nowosibirsk. Zusätzlich zu der knappen halben Million Einwohner lebten um die Zeit des Zweiten Weltkrieges mehr als 140 000 Flüchtlinge in der Stadt. Meine Großeltern und ihre drei Kinder hatten das Glück, zu fünft im Zimmer einer Kommunalka Obdach zu finden. Für viele andere fanden sich nur provisorische Unterkünfte am Stadtrand. Meine Mutter Jevgenia, 1939 geboren, und ihre Geschwister hatten als Kinder viel Schreckliches erlebt, wenngleich sie sich an vieles nicht mehr erinnerte: die Bombardements, die Flucht nach Sibirien im Viehwaggon, wo die Menschen ihre Notdurft auf dem Boden verrichten mussten. Ihre Eltern Jascha und Nadja waren gut situiert gewesen, sie hatten eine schöne Wohnung und ihr Auskommen gehabt, und nun hatten sie alles verloren und kämpften ums blanke Überleben.

Als meine Großeltern nach dem Krieg nach Leningrad zurückkehrten, fanden sie ihre Wohnung unzerstört vor. Die Freude darüber währte allerdings nur kurz – bis sie feststellten, wer seit Monaten darin wohnte. Der höhere Funktionär der Kommunistischen Partei dachte gar nicht dran, die Wohnung für die fünfköpfige Familie zu räumen oder etwa deren Möbel und den Hausrat herauszugeben. Von der Kommunalka in Nowosibirsk ging es direkt in die Wohnung einer nahen Verwandten, wo man wiederum zu fünft in einem Zimmer Quartier erhielt.

Jascha konnte seine Schauspielerlaufbahn nach dem Krieg fortsetzen. Von der Bühne gelangte er schließlich in die großen Leningrader Lenfilm-Studios, abgeleitet von den ersten drei Buchstaben des Städtenamens. Hier kam dann meine Mutter als junges Mädchen auch mit Theater und Film in Berührung, und ihre Liebe zu diesem Genre entflammte.

Mama hat mir meinen Großvater immer als blendende Erscheinung beschrieben, er soll dunkelhaarig und blauäugig gewesen und ich ihm sehr ähnlich sein.

Schon hoch in den Siebzigern und schwer gezeichnet von seiner Herzkrankheit bittet mein Großvater Jascha meine Mutter mit schwacher Stimme: »Kannst du den Kleinen nicht für einen Augenblick zu mir legen? Nur einen Moment ...«

Mama muss tief durchatmen. Vom Arzt weiß sie, dass es

jederzeit schnell zu Ende gehen kann. Vorsichtig legt sie mich, den Säugling, an seine Seite. Opa möchte sich mir zuwenden, aber die fortgeschrittene Erkrankung und seine Schmerzen lassen nicht einmal das zu. Er ist tief unglücklich: »Nun sieh dir das an, Lonja«, haucht er mir zu. »Opa kann sich nicht mal richtig zu dir umdrehen ... Ach, verzeih mir, mein Jungchen ...«

Er entschuldigte sich bei mir – meine Mutter erzählte es mir später, denn ich habe meinen Großvater mütterlicherseits und Schauspielkollegen nicht mehr bewusst erlebt. Er starb kurz darauf, und mein Vater versuchte alles, um meine Mutter über den Verlust hinwegzutrösten. Womit ich auf meiner Reise zu mir selbst bei meinen Eltern angekommen war. Und mir wurde bewusst: Beide, Jevgenia und Felix, hatten, als sie sich kennenlernten, für ihr junges Leben schon viel zu viel Schlimmes erlebt: Krieg, Flucht, Ängste, Demütigung, Entbehrungen, Antisemitismus. Sie hatten die Geschichten ihrer Eltern und Großeltern im Gepäck. Und beide mussten irgendwie damit umgehen. Doch wie so viele Paare dieser Generation schauten sie hoffnungsvoll und zuversichtlich in die Zukunft. Sie wollten leben und lieben, nicht mehr leiden.

Die Liebesgeschichte der beiden begann, als sie einander Anfang der 1970er Jahre begegneten. Diesmal ausnahmsweise nicht (gleich) im Theater oder in der Oper, sondern erst einmal in der Leningrader U-Bahn.

Nach der legendären Moskauer Metro sollte Mitte der 1930er Jahre auch Leningrad so schnell wie möglich eine U-Bahn erhalten. Als Zeichen der Machtentfaltung der Arbeiterklasse ähnlich prachtvoll wie die Moskauer Metro – mit Stationen, deren Marmor, Spiegel und Kristalllüster an den

Prunk der alten Zarenpaläste erinnerten. Wegen der schwierigen Leningrader Bodenverhältnisse hatte man noch tiefer schachten müssen, die Rolltreppen wurden also noch länger und das Dahingleiten auf ihnen, in die Tiefe oder nach oben ans Tageslicht, noch erhabener.

Kein Grund für meine Mutter, die kräftigen, von einem eleganten Ledermantel umspannten Schultern des hochgewachsenen Mannes fünf Rolltreppenmeter unter ihr zu übersehen.

Auf dem Bahnsteig angekommen, beschleunigt sie ihren Schritt, überholt den Unbekannten und findet ihn auch von vorn ausgesprochen attraktiv. Sie achtet darauf, dass auch er sie bemerkt. Eine Umsicht, die belohnt wird: Nach einer Fahrt auf der gleichen Metro-Linie, mit dem gleichen Aussteigepunkt und einem Weg durch die Stadt finden sie sich auf schicksalhafte Weise in der Leningrader Philharmonie wieder, beide mit Konzertkarten. Für meinen Vater mit seiner musikalischen Prägung vertrautes Terrain, seine Kindheit und Jugend war ja schon von klassischer Musik bestimmt, für meine Mutter mit Theaterblut in den Adern und einer bemerkenswerten Singstimme nicht minder.

Geschickt bietet sie ihm Gelegenheit, sie anzusprechen. Sie kommen ins Gespräch, das sie gleich nach dem Konzertabend auf einem langen Spaziergang durch das nächtliche Leningrad fortsetzen. Dann ist klar, dass sie sich wieder treffen werden, dann, dass sie offenbar füreinander bestimmt sind.

Ihr erstes gemeinsames Jahr werden mir beide unabhängig voneinander immer als berauschend schildern – durch eine Liebe, die beide stark macht und ihnen das Gefühl gibt, zusammen alles wagen und bestehen zu können.

Ich bin das Ergebnis dieser Liebe.

DER ANFANG VON ALLEM

Ich war schon immer ein Spielkind, ca. 1976. Foto: privat

Für den Mann, der mit gesenktem Blick sich am Strand auf Rügen immer weiter von uns entfernt, scheint dieses erste berauschende Jahr in Leningrad in weiter Ferne zu liegen. Wenig an meinem Vater erinnert noch an den jungen glücklichen Mann, der er damals gewesen ist. Die Liebesgeschichte meiner Eltern, die so romantisch ihren Anfang genommen und sich zu einer leidenschaftlichen, scheinbar unauflöslichen Beziehung entwickelt hat, ist mittlerweile durch viele tägliche Streitigkeiten und Anfeindungen zu einem Albtraum geworden, aus dem mein Vater immer öfter auszubrechen versucht.

Wir sind alle zusammen zum Baden gefahren, aber es dauert nicht lange, dann kochen die Streitereien wieder hoch. Die Gründe sind für uns Kinder ebenso rätselhaft wie unverständlich, wir nehmen sie wie atmosphärische Störungen wahr: Meine Mutter hat das Sonnenöl vergessen / die falschen Badetücher eingepackt. Mein Vater hat am Strand nicht den richtigen Platz ausgesucht / keine neuen Batterien für das Transistorradio besorgt.

Mama lässt sich nichts anmerken. Sie hat Übung mit solchen Momenten und ist sich offenbar sicher, dass Papa gleich zurückkommen und versuchen wird, Frieden zu schließen, an diesem wunderbaren Sonnentag am Strand, zu dem wir vier noch vor einer halben Stunde gut gelaunt und fröhlich aufgebrochen sind.

Papa aber dreht sich nicht um. Was wird jetzt? Ich leide beinahe körperliche Schmerzen. Einem unmittelbaren Impuls folgend, laufe ich ihm nach. Es ist nur das verschwommene Gefühl, als wäre ich das entscheidende Teilchen für das Gleichgewicht unserer Familie. Ich hole ihn ein, und meine kleine Hand schiebt sich vorsichtig in seine. Er hält kurz inne, ist überrascht, dann wendet er das Gesicht ab. Ohne mich anzusehen, drückt er meine Hand ganz fest, und ich spüre, wie ein warmer Schauer meinen Körper durchläuft. Wir gehen weiter und steigen schließlich den Küstenweg eines Steilhangs hinauf. Der Pfad wird plötzlich so steil, dass ich mich nicht einmal traue, mich umzusehen, geschweige denn nach unten zu schauen. Papa scheint meine Unsicherheit zu spüren; er streicht mir beruhigend über den Rücken. Dann ist seine Schulter an meiner, als wolle er mich so weiter nach oben schieben. Ich fühle mich sicher, wir können sogar lachen.

Zwischen der schicksalhaften Begegnung in Leningrad und jenem Tag am Meer war viel passiert. Wir schrieben das Jahr 1980, es waren gerade einmal sechs Jahre vergangen; eine relativ kurze glückliche Zeit, die nun immer schwieriger wurde.

Wahrscheinlich stellen sich unzählige Paare auf der ganzen Welt, denen es ebenso wie meinen Eltern widerfahren ist, die gleiche Frage: Wo ist sie hin, unsere Liebe? Wann haben wir die Hoffnung, Zuversicht, das Vertrauen verloren? Und vor allem: Warum? Für mich sind diese Jahre meiner Kindheit – und noch hatte die Ehekrise meiner Eltern ihren Höhepunkt nicht erreicht – bis heute prägend.

Dabei hatte die Liebe zwischen Jaschas Tochter und Michails Sohn, meinen Eltern, so wunderbar begonnen. Zwei Seelenverwandte, die nun die Familiengeschichte der Edelsteins und der Kudrjawizkis zusammenflochten und fortsetzten. Unsere kleine Familie hatte alle Zutaten, die es für einen vielversprechenden Start ins Leben brauchte.

Als meine Mutter Jevgenia am 9. Oktober 1975 am späten Abend mit Wehen in die Geburtsklinik der Leningrader Universität eingeliefert wird, hofft sie auf eine Entbindung noch in derselben Nacht. Doch meine Geburt zieht sich. Es wird Mitternacht, Freitag, der 10. Oktober, bricht an. Die Entbindung früh um 6.55 Uhr muss meiner Mutter als Erlösung erschienen sein. In aller Eile wird der glückliche Vater herbeitelefoniert, der noch meinen fünf Jahre älteren Bruder Sascha zu beaufsichtigen hat. Die Anwesenheit des Vaters bei der Geburt seines Kindes ist damals auch im Gesundheitswesen der Sowjetunion noch nicht an der Tagesordnung. Allerdings trifft auch das Klischee nicht zu, werdende Väter hätten zu ebendieser Zeit ausnahmslos delirant an irgendeiner Theke gehangen. Mein Vater jedenfalls betrachtet mich wenig später in der Klinik stolz und überglücklich durch die Glasscheibe im Vollbesitz seiner geistigen Kräfte.

Einen Namen hatte ich auch schon. Bei einem Spaziergang auf dem Leninski Prospekt war Papa das Konterfei Wladimir Iljitsch Lenins aufgefallen, dem in der Sowjetunion kultisch verehrten Führer und Theoretiker der Oktoberrevolution. Ihm kam die Idee, das »i« im Namen einfach wegzulassen, so blieb praktisch Lenn übrig, eine Form zwischen Lenin und Leonid. Im Russischen werde ich ja *Lonja* genannt (Kurzform von Leonid). Später in der DDR dachten die Behörden offenbar, es wäre ein in der UdSSR gängiger Vorname. Sonst waren die dortigen Bediensteten bei der Zulassung ausgefallener Vornamen nämlich nicht gerade großzügig. Zusammen mit Sascha wohnten wir zunächst noch in Leningrad, meine Eltern hatten aber schon vor meiner Geburt geplant, nach Berlin zu gehen. Denn meinen Vater trieb zu dieser Zeit die

Suche nach einer geeigneten und seiner Ausbildung angemessenen Arbeitsstelle um. Er hatte in Baku und Leningrad sein Hochschulstudium mit Auszeichnung abgeschlossen. Sein Fachgebiet war die Umwandlung schädlicher Substanzen in biologisch abbaubare und weiter nutzbare Verbindungen, eine absolute Zukunftsbranche, wie sich heute zeigt.

Doch in den 1970er Jahren war es ihm in der Sowjetunion offenbar unmöglich, eine Arbeit in dieser Richtung zu finden: Der dort trotz nie versiegender gegenteiliger Beteuerungen nach wie vor herrschende Antisemitismus brachte es mit sich, dass eine Stelle, auf die mein Vater sich bewarb, dann irgendwie immer gerade kurz vorher mit jemand anderem besetzt worden war. Natürlich sagte niemand offen, dass er als Jude nicht so leicht in eine Spitzenposition aufrücken würde, aber seine Sensibilität dafür war ja lebenslang trainiert.

Aus diesem Grund hatte meine Mutter, die in früheren Jahren ein paar Semester Medizin an der Berliner Humboldt-Universität studiert und hier auch schon als Dolmetscherin gearbeitet hatte, zum Umzug in die DDR geraten. Obwohl der Begriff Networking damals noch nicht die Runde machte, pflegte sie gute Verbindungen dorthin, kannte Funktionäre und Wissenschaftler und hatte exzellente Kontakte zur Berliner Charité. Einige davon konnte sie auffrischen, und mein Vater wurde ans Institut für technische Mikrobiologie nach Berlin eingeladen; meiner Erinnerung nach befand es sich in Alt-Stralau im Berliner Bezirk Treptow. Dort war man sehr angetan von dem hoch qualifizierten sowjetischen Kollegen, weil schon der Studienort Leningrad hier einen edlen Klang hatte.

Mit kleinem Gepäck, so erzählten meine Eltern es später,

ging es wenige Monate nach meiner Geburt in die DDR, nach Ostberlin. Wir wohnten in einer Dreizimmerwohnung in einem Hochhaus in Lichtenberg, in der Gegend, die man damals Hans-Loch-Viertel nannte. Es war das erste größere Neubauviertel in Ostberlin, benannt nach Hans Loch, einst Vorsitzender der Liberal-Demokratischen Partei und in den ersten Jahren der DDR deren glückloser Finanzminister. Auf achtzig Hektar Fläche lebten hier etwa 15 000 Menschen in zum Teil zehn- und elfgeschossigen Plattenbauten. Im Zentrum unseres Viertels lag die »Passage« mit Kaufhalle, Apotheke, Postamt, einer Gaststätte und was die Bürgerinnen und Bürger sonst noch so zum Leben brauchten. Auch eine Grundschule gehörte zum Viertel, deren Straßen übrigens so sehnsuchtsvolle Namen trugen wie: Moldau, Baikal und Schwarzes Meer.

Mein Bruder und ich teilten uns ein Zimmer. Einige unserer Möbel stammten aus Leningrad, sie wurden zu einem späteren Zeitpunkt hergebracht. Mama fand sofort eine Anstellung in der DDR-Staatsfirma Intertext, die in Berlin und in verschiedenen Bezirksbüros Dolmetscher-, Übersetzer- und Lektorenleistungen anbot. Hier begleitete sie als »Sprachmittlerin«, wie es auf DDR-Deutsch hieß, von Anfang an prominente und politisch hochkarätige Gäste und Delegationen durch die DDR, übersetzte für den Kulturminister oder den Gesundheitsminister bei Reisen in die Sowjetunion. Eine diesbezügliche Ausbildung hat sie nie absolviert, Mama war einfach ein Sprachtalent, sie konnte virtuos zwischen Russisch und Deutsch hin- und herwechseln. Was unsere äußeren Lebensumstände anbelangte, hätten wir also ohne weiteres als durchschnittliche DDR-Familie durchgehen können:

beide Eltern voll berufstätig, die Söhne in Kinderkrippe und Kindergarten und später dann Schüler auf der Polytechnischen Oberschule.

Die ersten Jahre in der DDR waren für meine Eltern eine Zeit des glücklichen beruflichen Neuanfangs. Insbesondere die Tätigkeit meiner Mutter aber rückte uns in den Fokus der Staatssicherheit. So ganz normal und durchschnittlich waren wir eben wohl doch nicht. Andererseits war es für meine Eltern auch nicht die ganz große Überraschung, dass wir ständig unter der »fürsorglichen« Beobachtung des Ministeriums für Staatssicherheit und des sowjetischen Geheimdienstes KGB standen. Mein Vater galt durch seine Arbeit am Institut als Geheimnisträger und war sicherlich nach seiner Übersiedelung von der Sowjetunion in die DDR ein interessantes Objekt für den sowjetischen wie den DDR-Geheimdienst, meine Mutter durch die Orte und den Personenkreis ihrer beruflichen Einsätze. Auch ich wurde schon früh mit dieser »Sonderbehandlung« konfrontiert, die ich mir aber natürlich nicht erklären konnte.

Wir kommen von einem Dolmetschereinsatz meiner Mutter in der Botschaft der USA und warten auf dem S-Bahnhof Friedrichstraße auf unseren Zug. Ich plappere die ganze Zeit, wie sehr das Botschaftsgebäude mich beeindruckt hat und dass sie alle Mitglieder der USA-Delegation beim Namen kennt und wie schnell sie beim Übersetzen war. Plötzlich tippt ihr ein Zivilist auf die Schulter und sagt: »Frau Kudrjawizki, können wir mal Ihre Papiere sehen!?«

Woher kennen der fremde Mann und sein Begleiter unseren Namen?, frage ich mich. Dass meine Eltern »unter Beobachtung« stehen, ist mir natürlich nicht klar. Aber meine Mutter bleibt ruhig. Der Mann weist sich als Mitarbeiter der Staatssicherheit aus und blättert im Personalausweis meiner Mutter. »Worum ging es denn bei Ihrem Besuch in der Botschaft der USA?«, hakt er nach und schaut meine Mutter forschend an.

Doch meine Mutter lässt sich davon nicht beeindrucken oder gar einschüchtern. Im Gegenteil. Da sie ja wirklich für ihre Dolmetscheragentur unterwegs gewesen war, erteilt sie den beiden eine empörte Abfuhr und lässt durchblicken, in wessen Auftrag sie die Botschaft aufgesucht hat. Sie vergisst auch nicht anzudeuten, für welche politischen Größen von diesseits des Eisernen Vorhangs sie dort tätig war. Damit kann man auch Stasileute beeindrucken. Es ist der in der DDR-Bürokratie übliche Mechanismus: Wenn eine Amtsperson sich unvermutet mit einer anderen Amtsperson anlegt und dabei vielleicht noch feststellen muss, dass diese »höher angebunden« ist – wie es damals heißt –, ist es ratsam, den Rückzug anzutreten. Das beherzigen auch flugs unsere beiden Straßenbekanntschaften. Sie geben meiner Mutter ihren Ausweis zurück und wünschen uns noch einen schönen Tag.

Die beiden Mitarbeiter des Ministeriums für Staatssicherheit vermuteten (und befürchteten wohl auch), aber das wird mir erst Jahre später aufgehen, meine Mutter habe für sich und uns Jungs die Ausreise in die USA oder nach Israel in die Wege leiten wollen. Doch diese seltsame Begegnung war nicht die einzige ihrer Art. Immer wieder wurden wir misstrauisch und argwöhnisch beäugt. Dabei waren wir weder durch den Besitz von Devisen, noch durch besondere Reisefreiheiten privilegiert, wenn man von der Möglichkeit – auf ausdrückliche Einladung! –, in die Sowjetunion zu fahren, mal absieht. Möglicherweise aber sollte ihr Kontaktversuch uns auch lediglich zu verstehen geben: Wir wissen, wer ihr seid, und wir haben euch immer fest im Blick!

In unserem Viertel lebten die Menschen in der »Platte«, Wohnung an Wohnung. Die Wände hatten Ohren, und die Kudrjawizkis hatte man offenbar auf dem Schirm: Meine Mutter verreiste oft beruflich, auch ins Ausland, was ja nun nicht gerade jedem und jeder vergönnt war und deshalb auch Neid und Missgunst hervorrief. Also wurden wir einerseits offiziell von der Stasi überwacht und zusätzlich misstrauisch, quasi »ehrenamtlich«, von unseren Nachbarn beäugt, von denen mancher sicher gern bereit war, uns dann und wann einmal zu denunzieren. Die Wege waren ja kurz ...

Von all dem wusste ich natürlich nichts, aber ich hatte schon früh das Gefühl, dass wir doch irgendwie »anders« waren. Natürlich war es für meinen Bruder und mich viel einfacher als für meine Mutter und meinen Vater, in den Ostberliner Alltag hineinzuwachsen. Ich kannte ja nichts anderes, trotz der »Grundausstattung« *sdjelano w CCCP (made in USSR)*, die ich durch meine Eltern erhalten hatte und die auch in Ostberlin weiter gepflegt wurde. Sobald wir die Schwelle zu unserer Wohnung überschritten, wurde ausschließlich Russisch gesprochen. Sprudelte trotzdem mal etwas auf Deutsch oder etwa noch im Berliner Dialekt aus uns heraus, hieß es sofort: »*Tolko po russki!*« (»Nur auf Russisch!«). Außerdem hatte ich einen Nachnamen, den man überall immer wieder buchstabieren musste und der Lehrer und Mitschüler zur Verzweiflung trieb. Das hat sich übrigens bis heute nicht geändert.

Es war aber nicht nur die Sprache, die uns von den anderen unterschied. Mit unserer Mutter gingen wir ab und zu in die Synagoge, weil sie sich zu ihren jüdischen Wurzeln bekannte. Religiös erzogen wurden wir aber nicht. Bei uns gab es russisches Essen, und wir hörten russische Musik. Unsere Eltern nahmen uns regelmäßig mit in die Oper, was im Alltag »normaler« DDR-Kinder eher weniger auf dem Programm stand. Bei uns zu Hause wurde jeden Tag Klavier und Geige geübt, was den Stasioffizier unter uns regelmäßig zur Weißglut und vor unsere Wohnungstür trieb, um sich lautstark zu beschweren.

Doch es gab auch kleine Fluchten. Schon früh hatte unser Vater die Gelegenheit erhalten, ein kleines Bauernhaus mit Schweinestall in Brandenburg zu kaufen, das er zu einem wunderbaren Feriendomizil für uns umbaute. Nahezu jedes Wochenende fuhren wir hinaus, um der Enge, den vielen Menschen und den argwöhnischen Blicken aus der Nachbarschaft für kurze Zeit zu entfliehen. Im Sommer badeten wir in einem See oder streiften durch Felder und Wiesen. Im Winter wagten wir uns aufs Eis, im alten Ofen knisterte das Feuer und an Weihnachten schmückten wir die *Jólka*, unseren Weihnachtsbaum. Und dann holte mein Vater seine Geige heraus und spielte »Ein Tannenbäumchen wurde im Wald geboren«.

Seit ich denken kann, wurde bei uns zu Hause musiziert – eine Art Familienquartett: Mein Vater spielte Geige, mein großer Bruder wurde am Klavier gefördert, um einmal Pianist zu werden, und meine Mutter brachte eine wunderbare Gesangsstimme mit. Es war also beinahe zwangsläufig, dass auch ich mich irgendwann für ein Instrument entscheiden würde. Eine wichtige Rolle spielte dabei mein Bruder, den ich meine ganze Kindheit und Jugend lang am Klavier bewunderte.

Natürlich sollte es auch für mich das Klavier sein! Ich wollte so sein wie Sascha und begann mit vier Jahren zu üben. Aber auf Tuch-, besser gesagt, auf Tasten- und Pedalfühlung mit dem Instrument merkte ich, dass der Funke irgendwie nicht überspringen wollte. Ich konnte bis zur Erschöpfung üben und um die Verfeinerung meiner Technik kämpfen – obwohl ich noch sehr jung war, sagte mir mein Gefühl, dass das Klavier und ich niemals eins werden würden. Allerdings dauerte es bis zu dieser Erkenntnis noch ein paar weitere quälende Monate. Und diesen ganz speziellen Moment werde ich niemals vergessen.

Wieder einmal spiele ich mit wachsender Verbissenheit, wütend darüber, auch nach zwei Jahren nicht wesentlich besser geworden zu sein, traurig, weil ich meinem Bruder gern gezeigt hätte, wie ernst es auch mir mit dem Klavier ist. Mein Vater setzt sich zu mir und hört meinem Spiel aufmerksam zu. Seine musikalische Sensibilität und seine seelische Verbundenheit mit mir lassen ihn fühlen, was in mir vorgeht. Er beobachtet, wie ich mich halte und die Tasten anschlage. Als ich schließlich erschöpft und deprimiert ende, kurz davor, vor Wut in Tränen auszubrechen, sieht Papa mich lange an. Im ersten Moment bin ich enttäuscht. Ich weiß ja, dass er nicht der Vater ist, der seinem Sohn zur Tröstung ein paar gnädige Lügen auftischt, irgendein »Na, das war doch schon sehr schön ...«, kein »Siehst du, langsam wird es ja ...«, aber ein bisschen Anteilnahme hätte sich mein armes Kinderherz in diesem Augenblick schon erhofft.

Ich erhalte sie – aber, wie auch später so oft, auf unerwartete Weise. Als ich ihn ratlos und unter Tränen ansehe, steht Papa einfach auf und holt seine Geige. Wir sprechen nicht. Er setzt sich direkt neben mich und beginnt zu spielen. Es ist wie Liebe auf den ersten Ton. Ich erlebe den Klang und die Schwingungen der Geige so nah und bewusst neben mir, dass es um mich geschehen ist. Dieser Moment, von meinem Vater so unprätentiös und praktisch herbeigeführt, wird alles verändern.

Von nun an bekam ich Geigenunterricht. Ich hatte »mein« Instrument und Sascha »seins«. Doch wann immer ich ihn spielen hörte, war ich tief beeindruckt. Ich bewunderte meinen großen Bruder, der ein absolutes Ausnahmetalent war.

Ich bin noch keine acht, Sascha ist zwölf Jahre alt. An diesem Abend gibt er ein Konzert im Schlüterhof des Museums für Deutsche Geschichte (heute Deutsches Historisches Museum). Der Innenhof ist damals der Ort, an dem die DDR-Fernsehreihe *Serenaden im Schlüterhof* aufgezeichnet wird. Ich habe einen Platz in der ersten Reihe und wage kaum zu atmen, so sehr nimmt mich die Atmosphäre gefangen. Mein Bruder sitzt am Flügel. Er hat langes dunkles Haar, trägt ein schwarzes Samtjackett und wirkt im Gegensatz zu mir völlig gelöst und unbefangen. Weder die historische Kulisse, Andreas Schlüters 22 martialische Steinreliefs sterbender Krieger an den Mauern ringsum, noch die starke Präsenz des anwesenden Publikums scheinen ihm etwas anhaben zu können. Auch als er zu spielen beginnt, bleibt er ausgesprochen locker. Und dann, an einer Stelle löst er sich plötzlich völlig mühelos von den Noten, sieht lächelnd zu mir in die erste Reihe und zwinkert mir lässig zu. Ich bin überwältigt. An diesem Abend erklingen Stücke von Chatschaturjan, Beethoven und Schumann.

Kommen mir heute diese Szenen in den Sinn, ist mir beinahe so, als hätte ich den Umweg über meine unglückliche Beziehung zum Klavier gebraucht, die ich damals als Niederlage empfand, um schließlich bei dem Instrument meines Herzens anzukommen. Auch ist mir später klargeworden, dass die ungewöhnliche »Methode« meines Vaters, mich sanft (und diplomatisch) von dem Klavier zu lösen, das ich scheinbar krampfhaft beherrschen wollte, eine große Fähigkeit und Teil seines beeindruckenden Charakters war. Mein Vater war immer ruhig und besonnen, nichts konnte ihn wirklich erschüttern oder verzweifeln lassen. Zumindest schien es nach außen so. Für diese Ruhe, Kraft und Besonnenheit bin ich dankbar, sie hat mir in vielen Zeiten meiner Kindheit und Jugend geholfen. Vor allem bin ich ihm bis heute dankbar für diesen entscheidenden musikalischen Moment. Denn fortan genoss ich die wunderbare Stimmung, die die Geige in mir auslöste, wann immer ich auf ihr spielte. Ich brachte erst sie gewissermaßen in Stimmung und dann sie mich. Schon bei den einfachsten Übungen, vom ersten Ton an, war es, als würde sie ein Teil von mir und ließe mich zu etwas Besonderem werden. Darum, ob ich jemals ein erfolgreicher Musiker sein würde, ging es damals noch gar nicht. Es war ganz allein das Musizieren.

Bis heute ist das Geigenspiel für mich eine Art innere Einkehr, eine Rückbesinnung auf mich selbst. Ich glaube, dass jeder, der leidenschaftlich Musik macht, egal ob als Solist in der Philharmonie, als Drummer einer Garagenband, als Singer / Songwriter oder als Schlagersänger, weiß, wie unmittelbar er Stimmungen und Emotionen mit seinem Instrument oder seiner Stimme mitteilen und auslösen kann. Durch diese Erfüllung hat man als Musiker gewissermaßen lebenslänglich, auch wenn der Ruhm verrauscht, die Stimme verbraucht ist oder Fingerfertigkeit und Virtuosität im Alter nachlassen. Die Häme im Publikum oder bei Kritikern, wenn Künstler die besten Jahre ihrer Karriere hinter sich haben, weiß nichts von dieser anhaltenden Selbstverpflichtung zum Üben und Trainieren, auch wenn kein Konzert ansteht. Vielleicht bekam ich schon damals eine vage Ahnung von dieser lebenslangen Partnerschaft und übte mit wachsender Freude. Nur wenn ich geübt hatte, hatte ich Seelenfrieden. Ich weiß allerdings nicht, was unsere Nachbarn, mal abgesehen vom Stasioffizier unter uns, von meinem Motivationsschub hielten.

Auch bei meinen Mitschülern löste der kleine Violinist unterschiedliche Gefühle aus. Mit solchen Besonderheiten gehen Kinder wohl überall auf der Welt ähnlich um: Sie fühlen sich davon angezogen, oder aber es verunsichert sie, und sie lehnen es ab, finden es irgendwie komisch. Ich genoss einen gewissen Schutz, einfach dadurch, dass mein fünf Jahre älterer Bruder an derselben Schule war wie ich und ich jederzeit in der Pause zu ihm hätte gehen und petzen können, wenn sie mich ärgerten. Diese Option nahm ich allerdings nie in Anspruch, weil ich mich allein durchsetzen wollte. Als meine Lehrerin eines Tages auf die Idee kam, mich auf dem morgendlichen Fahnenappell Geige spielen zu lassen, hat das mich wohl einigen meiner Mitschüler nähergebracht, andere mögen mich dadurch noch mehr als Exoten gesehen haben.

Seit diesem Auftritt, dem weitere folgten, war ich sozusagen der Junge mit der Geige. Das trug mir Anerkennung ein – aber auch heftige Ablehnung.

Zu Hause genoss ich den Schutz und die Liebe meiner Eltern, in der Schule war ich ein Sonderling. Ein Fremder. Und ein willkommenes Opfer. Sendete ich diesbezüglich über das Geigenspiel hinaus irgendwelche Signale aus? Und wenn ja, welche? Ich weiß bis heute nicht genau, auf welche Weise meine Mitschüler sie empfingen und was sie bei ihnen auslösten. Lag es an vermeintlichen Privilegien, die meine Eltern durch ihre Berufe hatten? Lag es an unserer russisch-jüdischen Herkunft? Ich wusste es nicht. Und letztendlich war es auch egal. Tatsache war, dass ich den Launen einiger Kinder gnadenlos ausgeliefert war.

Mich erstaunt heute noch, mit welch dumpfer Regelmäßigkeit mich zwei Jungen in der ersten und zweiten Klasse verfolgten und wie sie es immer wieder schafften, mich irgendwo allein anzutreffen, mit mir bis zum Schluss im Klassenraum oder in der Sportumkleide zu bleiben, um mich dann unbarmherzig beinahe ritualhaft zu verprügeln. Sicherlich gibt es heute ein ganzes Instrumentarium für derartige Fälle, Leitlinien, nach denen Lehrer, Erzieher, Schulpsychologen oder Sozialarbeiter verfahren. Damals war der Begriff »Mobbing« noch nicht erfunden, aber ich bin mir sicher, hätte ich jemandem von diesen Begegnungen erzählt, wären daraus keine nennenswerten Konsequenzen für die »Prügelknaben« erwachsen. Auch meine Eltern hätten mich erst einmal auf die Möglichkeit der Selbstverteidigung hingewiesen. »Wehr' dich!«, lautete die Devise. Damit sollte ich aber erst Jahre später Erfolg haben.

Trotz dieser Anfeindungen hatte ich den Eindruck, ein weitgehend normales, unbeschwertes Leben zu führen. Es würde jetzt auch ein falsches Bild entstehen, wenn man sich einen kleinen braven Jungen mit akkuratem Seitenscheitel vorstellt, der Tag und Nacht seine Geige im Arm hat. Ganz und gar nicht. Sascha und ich hatten es faustdick hinter den Ohren, und wir ließen kein Abenteuer aus. Sei es auf selbstgebauten Fahrgestellen, mit denen wir durch ein unterirdisches Röhrensystem cruisten, das es, ich weiß nicht mehr wofür, in unserem Wohngebiet gab, oder bei wilden U-Bahn-Fahrten, wenn wir in den beängstigend dunklen Tunneln die Türen aufrissen – was damals technisch noch möglich war –, um die Reise auf der äußeren Türschwelle fortzusetzen.

Rückblickend betrachtet hatte ich eine enorme Risikobereitschaft. Der Satz »Bis mal was passiert ...« sollte aber auch hier seine Gültigkeit haben, und so kam es dann auch.

Wir hatten beim Fußballspielen den Ball auf das (sieben Meter hohe!) Turnhallendach geschossen, und natürlich wollte ich, der Kleinste von allen, ihn da wieder runterholen. Rauf ging es noch ganz gut, stolz schoss ich den Ball nach unten, aber beim Abstieg verlor ich irgendwie das Gleichgewicht und stürzte kopfüber die Leiter herunter. Sascha, der sich gerade auf der anderen Seite der Turnhalle befand, erzählte mir später, ein ihm völlig unbekannter älterer Mann mit weißem Haar sei plötzlich hinter der Turnhalle aufgetaucht, der mich im Arm trug. Ich war bewusstlos und wurde ins Krankenhaus gebracht. Als mein Vater mich dort mit »nur« einfach gebrochenem Handgelenk und sonst glücklicherweise unversehrt und mittlerweile wieder bei Bewusstsein in Empfang nahm, brach er in Tränen aus.

Meinen Eltern war das Fußballspielen, vor allem im Hinblick auf mein musikalisches Talent, das sie wohl schon erkannt hatten, ein Dorn im Auge. Ich war ja nicht gerade zimperlich und ängstlich, wie mein Ausflug aufs Turnhallendach bewiesen hatte. Sie sahen jedenfalls mit wachsendem Unbehagen, dass ich immer mal wieder mit dramatischen Blessuren nach Hause kam, die Mannschaftssport so mit sich bringt, fröhlich und mir keiner Gefahr bewusst. Aber eine kompliziertere Fraktur am Arm, ein Trümmerbruch am Hand- oder Fingergelenk hätten jederzeit das vorzeitige Ende der erhofften Musikerlaufbahn einläuten können.

Und mein Ehrgeiz beim Fußballspielen war groß. Mein bester Freund Felix und ich waren ein eingeschworenes Team. Wir schossen ein Tor nach dem anderen und brachten unsere Mannschaft von Sieg zu Sieg. Bis jene Mannschaft gegen uns antrat, die aus älteren Jungen bestand und das Spiel mit einem unbekümmerten Hang zur Grobmotorik dominierte. Mein Vater und mein Bruder standen anfangs noch am Rand des Spielfeldes und jubelten uns zu. Doch sie wurden immer stiller, als sie sahen, wie die Jungs der anderen Mannschaft holzten und traten, als gäbe es kein Morgen. Als Felix und ich am Ende mit blutig getretenen Schienbeinen vom Platz hinkten, nahm uns mein Vater fürsorglich in Empfang. Noch schweigend, wie es seine Art war, aber mit sorgenvoller Miene. Erst Tage später überraschte er mich mit einem Vorschlag.

Als ich ins Wohnzimmer komme, sieht Papa von seinem Buch auf und tut vermutlich nur so, als folge er einer momentanen Eingebung: »Weißt du, was ich mir überlegt habe«, sagt er, »findest du nicht auch: Schule, Fußball und Geige, das ist alles ein bisschen viel auf einmal, oder?«

Ich ahne, wohin die Reise geht, und druckse herum. »Wieso denn, geht doch alles ...« Papa nickt, damit hat er sicher gerechnet. »Na, so richtig aber nicht, wenn du ehrlich bist. Weißt du, was wir machen? Wenn du in allen Fächern auf Eins stehst, dann kannst du auch wieder im Verein Fußball spielen. So lange bleibst du bei der Geige!«

Leichtgläubig, etwas widerstrebend, aber im vollen Urvertrauen in meinen Papa (und in mein schulisches Potenzial), gehe ich auf seinen ehrgeizigen Vorschlag ein.

Klug wie er war, hoffte er wohl einerseits, mich für Verbesserungen in der Schule zu motivieren. Immerhin wusste er, wie gern ich auf den Fußballplatz ging. Andererseits sah er mich durch unseren Pakt fürs Erste geschützt vor weiteren schlimmen Sportverletzungen. Es war jedenfalls mehr als das bloße Kalkül, ich würde es nie und nimmer schaffen, in allen Fächern bei einer Eins zu landen. Und wieder einmal hatte er es geschafft, völlig konfliktfrei und harmonisch die Situation zu lösen, es gab keine Tränen, kein Gezeter, nur das diplomatische Angebot meines Vaters. Das Fußballspielen im Verein hat mir zwar gefehlt, denn natürlich erreichte ich das ehrgeizige Notenziel nicht, aber heute bin ich meinen Eltern dankbar. Ihrer Förderung, ihrem hartnäckigen Glauben an mein Talent habe ich so viel zu verdanken. Die Geige ist aus meinem Leben nicht wegzudenken. Wenngleich ich damals auch nicht mit all ihren Entscheidungen immer total einverstanden war.

Ab meinem neunten Lebensjahr war die Musik der Mittelpunkt meines Alltags. Alle anderen Freizeitaktivitäten reduzierten sich auf ein Minimum, was mir aber nicht wirklich viel ausmachte. Ich übte nun seit zwei Jahren und machte Fortschritte. War das Geigenspiel bisher ein Hobby, sollte es nun »professionalisiert« werden.

In der zweiten Hälfte meines zweiten Schuljahres hielten meine Eltern die Zeit für gekommen, mich an einer Spezialschule für Musik (Händel-Schule) in Berlin-Friedrichshain anzumelden, mit dem Ziel einer studienvorbereitenden Ausbildung. Heute wäre diese Schule ein auf Musik ausgerichtetes Gymnasium.

An sich ein Grund zur Freude, schließlich hätte ich dann erst mal Ruhe vor Mobbing und Prügeleien gehabt. Doch daran dachte ich gar nicht, sondern fragte mich, warum, um alles in der Welt, ich als Achtjähriger die Schule und meine Klasse jetzt verlassen sollte, um in eine andere zu wechseln, an der auch noch eine Aufnahmeprüfung auf mich wartete!? Außerdem wollte ich bei meinem Freund Felix bleiben; wenn ich auf eine andere Schule ginge, würde vielleicht unsere Freundschaft darunter leiden. Ich beschloss, in den Widerstand zu gehen.

Ein trister Februarnachmittag mit Matsch und Schneeregen. Den ganzen Tag über ist es nicht richtig hell geworden, und nun scheint schon wieder der Abend hereinzubrechen. Entsprechend ist die Stimmung. Meine Eltern sind mit mir unterwegs zum U-Bahnhof Friedrichsfelde – das ist ungewöhnlich zu dieser Nachmittagsstunde. Papa hat sich extra freigenommen, was meine Nervosität und meinen Unwillen noch steigert. Sie scheinen es tatsächlich ernst zu meinen.

»Ich will nicht auf die blöde Schule.«

»Jetzt komm, Lenn! Mach nicht so ein Theater!«

Auch Mama wirkt nervös. Sie hat wieder einmal alles gemanagt und offenbar nur nicht mit meinem Widerstand gerechnet. Papa versucht, mich zu beruhigen: »Mama hat sich so große Mühe gegeben, das alles für dich in die Wege zu leiten ...«

»Ich will aber nicht!« Meine Eltern sehen sich seufzend an. Eine gewisse Starrköpfigkeit an mir ist ihnen ja längst vertraut, aber gerade in dieser Situation? Mama versucht, nicht unwillig zu werden: »Weißt du, für wie viele Kinder es ein Geschenk wäre, wenn sie diese Möglichkeit hätten?« Das Argument zieht bei mir nicht: »Dann können die doch an die Schule«, entgegne ich trotzig und halte das für einen guten Vorschlag.

Mama sieht auf ihre Armbanduhr. Zu spät dürfen wir anscheinend auch nicht kommen. Meine Eltern nehmen mich in ihre Mitte. Sanft und beinahe spielerisch versuchen sie, mich zur U-Bahn-Treppe zu lotsen. Aber nicht mit mir. Ich reiße mich los, bleibe oben an der Treppe stehen und fange laut an zu schreien. Mama und Papa sind ratlos. Ein älteres Ehepaar nähert sich.

»Gibt's Probleme?«, erkundigt sich der Mann scheinheilig.

»Alles in Ordnung!«, erwidert meine Mutter, mit einem Unterton, als wollte sie sagen: Kümmere dich gefälligst um deine eigenen Angelegenheiten!

»Dit müsste meiner sein!«, sagt die Frau ihrem Mann, als wüsste sie genau, wie mit Kindern wie mir zu verfahren sei. Dann setzen die beiden rasch ihren Weg fort, und ich schreie noch ein bisschen weiter.

Mit viel Geduld schaffen es Mama und Papa schließlich, mich gewaltlos in die U-Bahn zu schaffen. Die Aufnahmeprüfung finde ich dann übrigens ganz interessant. Ich spiele vor, und ein

Professor (der Leiter des Rundfunkkinderchors, der ausnahmslos über jede Aufnahme entscheidet) und meine spätere Klassenlehrerin unterhalten sich sehr nett mit mir. Ich bekomme noch am selben Tag eine Zusage und finde die Aussicht, an diese Schule zu kommen, plötzlich gar nicht mehr so schlecht. Vielleicht ist es die gemeinsame Liebe zur Musik, die mich mit der Situation versöhnt. Ich spüre diese Verbundenheit und das Wohlwollen mir gegenüber. Da werden wohl auch kleine Rebellen zahm.

Später erfuhr ich, dass der Zeitpunkt in der Mitte des zweiten Schuljahres für meine Aufnahmeprüfung etwas ungewöhnlich war; eigentlich wurden da keine Schüler aufgenommen. Ich weiß bis heute nicht, wie meine Eltern diese Ausnahme durchgesetzt haben. Aber vielleicht lag es mal wieder an den guten Kontakten meiner Mutter.

In meiner neuen Klasse wurde ich deswegen beargwöhnt. Nicht leicht für einen Achtjährigen, neben der Eingewöhnung in die neue Umgebung auch noch den völlig veränderten Schulalltag zu bewältigen. Andererseits gab es plötzlich jede Menge Musik – für mich der absolute Glücksfall; die Ausbildung, die Lehrer, meine Klassenlehrerin, die mich immer beschützt hat, und der Orchesterleiter, der mir Jahre später das Können und die Verantwortung eines Konzertmeisters zutraute.

Als Schüler dieser Schule war man auch automatisch Mitglied im Rundfunkkinderchor. Ich war zweiter Sopran (bis ich in den Stimmbruch kam und den Chor verließ). Neben den Thomanern in Leipzig und den Kruzianern in Dresden gehörte der Rundfunkkinderchor zu den bedeutendsten Chören der DDR, denn es wurden natürlich nicht nur Kinderlieder gesungen oder die seinerzeit gängigen Pionierlieder. Wir traten im Schauspielhaus am Gendarmenmarkt auf, standen auf der Bühne im Palast der Republik oder spielten in den Studios der Nalepastraße Plattenaufnahmen ein. Damit bekam mein Schülerleben eine ganz andere Struktur als bisher.

Grundvoraussetzung für den Verbleib an der Schule waren allerdings gute Leistungen in allen Unterrichtsfächern. Ich war trotzdem selig, weil es hier plötzlich völlig normal und sogar ausdrückliche Anforderung war, dass man sich intensiv mit dem Instrument beschäftigte und den größten Teil seiner Freizeit mit Üben zubrachte. Es machte mir Spaß, dieser Disziplin zu folgen, die mir auch später immer wieder geholfen hat, schwierige Lebenssituationen durchzustehen. Das Singen im Rundfunkkinderchor, die Schule und natürlich die Geige forderten mich. Nach meinem Gefühl, und davon bin ich bis heute überzeugt, muss man auf zehn Prozent Talent mit neunzig Prozent Fleiß aufbauen. Das wurde mir früh klar, ohne dass meine Eltern oder meine Lehrer besonderen Druck auf mich ausüben mussten. Ich war allerdings kein bequemer Schüler und entwickelte schon früh sehr eigene Vorstellungen, auf welche Weise ich mich dieser oder jener Herausforderung zu stellen hatte. Wenn man mir vorschlug, ein Stück auf diese oder jene Art zu üben, weigerte ich mich. Ich wollte meinen eigenen Weg gehen. Meine eigenen Methoden entwickeln. Daher lief es irgendwann darauf hinaus, dass keiner mehr mit mir üben wollte, helfen schon, aber dieser kleine bockige Geiger hatte wohl seinen eigenen Kopf.

Wenn meine Eltern vor Ende meiner Übungseinheit das

Haus verließen, stellten sie die noch verbleibende Zeit in dem in unserer Küchenuhr eingelassenen Kurzzeitwecker ein. Hatte ich mal keine große Lust, den ganzen Nachmittag Geige zu spielen, was wirklich sehr selten vorkam, legte ich, sobald das Zuklappen der Wohnungstür und das Geräusch des abfahrenden Aufzugs zu hören war, meine Geige nicht etwa unverzüglich aus der Hand, sondern kletterte auf die Arbeitsfläche, reckte mich zur Küchenuhr hoch und drehte den Wecker um eine mir angemessene Spanne zurück. Dann übte ich weiter bis zum erlösenden Klingeln. So viel Zeit musste sein!

Bei allem war wichtig: Ich musste meinen Zugang zum Stück selbst finden, es mir erarbeiten. Schließlich spielte auch eine gewisse Eitelkeit eine Rolle. Hilfe anzunehmen, bedeutete für mich Schwäche. Ich war nicht schwach, ich war schon groß, also brauchte ich auch keine Hilfe. Davon war ich überzeugt.

Mit der damals auch von Musikschülern erwarteten Fügsamkeit war bei mir also nicht viel los. Entscheidend war aber, dass, wer schlechte Leistungen brachte, von der Schule flog. Wer sich nicht helfen lassen wollte, musste allein üben und den Anforderungen trotzdem gerecht werden. Im Prinzip kein schlechtes pädagogisches Konzept – ich wurde ja nicht allein gelassen, sondern war, ohne es zu wissen, immer unter der liebevollen Beobachtung meiner Eltern. Ihnen war zu jeder Zeit bewusst, dass sie einschreiten würden, wenn ich den Anforderungen nicht mehr gerecht werde, um dann einen anderen Weg zu finden.

Parallel zur Spezialschule bekam ich zusätzlich Geigenunterricht an einer Musikschule. Bei der Aufnahme durfte ich mir meinen Geigenlehrer selbst aussuchen. Die Direktorin führte mich durch die Übungsräume, ich warf einen Blick auf den Lehrer oder die Lehrerin, die dort gerade mit ihren Schülern arbeiteten, und hatte einen kurzen Moment Zeit, die Szenerie zu betrachten. Ich musste mich also auf meine Antennen verlassen, musste spüren, ob die Chemie stimmen könnte, und als ich in einen Raum blickte, in dem ein Mann mit seinem Schüler übte, hatte ich augenblicklich meine Wahl getroffen. Es waren die Ruhe und Gelassenheit, die dieser Lehrer ausstrahlte. Er sollte es sein. Reinhard Anacker. Er würde mich nun weiter auf meinem Weg zum Violinisten begleiten. Zunächst einmal bereitete er mich auf einen Geigenwettbewerb vor. Dafür wohnte ich für einige Tage bei ihm, weil wir so wesentlich intensiver und ohne Zeitverluste arbeiten konnten.

Das Pensum war hart, wahrscheinlich zu hart, denn schließlich bekam ich Fieber, und mein Vater musste mich abholen. Zu Hause pflegte er mich, war sich aber nicht sicher, ob meine plötzliche Erkrankung vielleicht ein Zeichen dafür war, dass die musikalische Ausbildung meine Kräfte überforderte. Sollte ich den Wettbewerb sausen lassen?

Andererseits war er der Meinung, dass man die Zähne zusammenbeißen sollte, denn die Krankheit würde vorübergehen, und ich wäre vielleicht am entscheidenden Tag durchaus fit und in der Lage zu spielen. Dann hätte ich eine große Chance vertan.

»Es gibt immer einen Grund, etwas nicht zu tun«, meinte er.

Mein momentaner Schwächezustand war also kein Argument, Ausreden gab es für meinen Vater nicht.

»Einen schlechten Tänzer stören die Eier!«, sagte er gelassen. Und diese Worte hatten Wirkung. Ich wollte ihm das Gegenteil beweisen und übte weiter, sobald ich wieder dazu in der Lage war. Am Ende gewann ich den Wettbewerb.

Das Instrument bekam man übrigens von der Musikschule geliehen. Als Schüler lebte ich immer so lange mit meiner Geige zusammen, bis ich wieder ein Stück gewachsen war und mit dem nächstgrößeren Modell ausgestattet wurde.

So abgehoben es sich anhört: Meine Geige ist mir nah. Körperlich. Und seelisch. Wir schmiegen uns aneinander und verschmelzen. Bis heute. Der Geigenwechsel fühlte sich schon damals jedes Mal an wie die Trennung von einer vertrauten Person, mit der ich eine besondere Beziehung aufgebaut und die mich durch Höhen und Tiefen meines Schülerlebens und meines Alltags zu Hause begleitet hatte: Ich musste das Vertraute zurücklassen und mich an die Gesellschaft einer neuen Geige gewöhnen – wenn man rasch wuchs, manchmal im Rhythmus von ein oder zwei Jahren –, eine eigenartige frühe Übung im Abschiednehmen und Loslassen-Können. Eine neue Geige war immer größer und besser, lauter und kraftvoller. War ich also noch so melancholisch und traurig, wenn ich mich von meiner »Alten« trennte, so machte mich die »Neue« sehr glücklich.

Die Weichen für eine professionelle Violinistenausbildung waren gestellt. In meinem Leben drehte sich alles um die Musik, und ich liebte es.

Ich hatte Eltern, die sich um mich sorgten und mein Talent förderten. Mutter und Vater hatten gute Berufe, sie waren angesehen, und es fehlte uns an nichts. Bildung, Kunst und Kultur wurden großgeschrieben. Ich liebte und bewunderte meinen großen Bruder, mit dem ich mich bestens verstand. Wir waren eine echte Familienbande.

Aber das ist nur die halbe Wahrheit. Auch damit musste ich mich auf meiner Reise zu mir selbst auseinandersetzen.

SCHWERE ZEITEN

Beim Geigenspiel mit meinem Vater Mitte der 1980er-Jahre.
Foto: privat

Die Ehe meiner Eltern, ausgerechnet der beiden Menschen, an denen ich in unerschütterlicher Liebe hing, war hoffnungslos in die Krise geraten und hatte sich über Jahre zu einem zermürbenden Psychokrieg entwickelt.

Es war nicht ein spezieller Tag, nach dem alles anders wurde – es war ein schleichender Prozess. Irgendwann, ich war vielleicht fünf oder sechs Jahre, fing mein Vater an, manche Nächte bei uns im Kinderzimmer auf einem Gästebett zu verbringen. Einmal nachts, als er schon schlief, kniete ich mich an sein Bett und schaute ihn lange an. Als hätte er es gespürt, öffnete er die Augen. Ich weinte leise. »Bitte, Papa, geh nicht weg. Bleib bei uns.«

Er blieb noch ganze drei Jahre.

In dieser Zeit kam es nach meiner Erinnerung immer öfter und immer heftiger zu unschönen Szenen zwischen beiden. Wegen des Temperaments meiner Eltern hatte ich auch vorher schon nicht gerade die andauernde, wohltemperiert dahinplätschernde Harmonie erlebt, die man sich als Kind wünscht. Aber mit acht Jahren ist man eher bereit, alle möglichen Dinge als gegeben anzunehmen, auch weil man aus Mangel an Vergleichen glaubt, die Ehen aller Eltern verliefen in so lautstarken, hoch emotionalen verbalen Gefechten wie bei uns. Hatten diese zuerst noch in Abwesenheit von Sascha und mir stattgefunden, und wir hörten davon nur durch die Tür unseres Kinderzimmers, verloren meine Eltern bald auch darüber die Kontrolle. Am Ende konnten sie wohl keine Rücksicht mehr darauf nehmen, ob wir direkt Zeugen ihrer Auseinandersetzungen wurden. Sascha, schon in der Pubertät, schien mit der Situation ganz anders umzugehen als ich. Mit zunehmend geschärftem Gespür für aufziehende Konflikte, zog er sich sofort in unser Zimmer zurück, setzte Kopfhörer auf, produzierte kleine Hörspiele mit dem Tonbandgerät oder lenkte sich auf andere Weise ab. Ich dagegen blieb bei meinen Eltern und ging tatsächlich auch körperlich dazwischen, wenn der Streit begann. Ich muss sehr verzweifelt gewesen sein. Und offenbar hatte ich den Eindruck, ich könnte hier irgendetwas ausrichten. Sah es vielleicht sogar als meine Aufgabe an. Als Kind war ich, wie wohl alle Kinder, immer darauf bedacht, den vertrauten Zustand, das »intakte« Elternhaus als schützendes Dach über allem zu erhalten. Ich fragte in diesen Momenten nicht, ob es dieses Dach überhaupt noch gab und was es für meine Eltern und uns bedeutete, wenn beide oder nur einer von ihnen so nicht mehr weiterleben konnten.

Ein paarmal hatte mein Vater uns Jungen schon angekündigt, er werde die Scheidung einreichen und aus unserer Wohnung ausziehen. Es war ihm bitterernst, er hätte seine Söhne ansonsten nie mit diesem Thema konfrontiert, und für mich brach jedes Mal eine Welt zusammen.

Eigentlich hatte Papa bei uns bleiben wollen, bis wir alt genug wären, selbst die Entscheidung zu treffen, bei wem wir nach der Scheidung leben wollten. Bis dahin folgten Familienrichter nämlich mit nur wenigen Ausnahmen der unerschütterlichen Auffassung, kleinere Kinder wären am besten immer noch bei der leiblichen Mutter aufgehoben, egal, wie instabil das Leben dieser Restfamilie dann im Einzelnen ablief.

Doch die Streitereien fanden kein Ende und wurden immer heftiger. Längst hatte auch unsere unmittelbare Nachbarschaft sich ein – zumindest akustisches – Bild vom Familienleben à la Kudrjawizki machen können. Wir waren jederzeit gut bewacht, da es sich bei den Leuten im Haus ja in vielen Fällen um Angestellte der sogenannten bewaffneten Organe handelte: um Mitarbeiter der Nationalen Volksarmee oder des Ministeriums für Staatssicherheit; mithin um Menschen, die von Berufs wegen talentiert im Beobachten sowie im Ab- und Zuhören waren. Nicht nur einmal bekam ich mit, wie meine Mutter im Verlauf einer Auseinandersetzung die Polizei rief und bei der sozialistischen Ordnungsmacht Schutz für sich und ihre beiden kleinen Kinder erbat. Kann man sich vorstellen, dass mein Vater, der jeden Konflikt diplomatisch, friedlich und harmonisch löste, in der Auseinandersetzung mit seiner Frau aggressiv und gewaltsam wurde? Nein, so war es auch nicht. Aber dennoch hatte ich schon als kleiner Junge den Eindruck, dass das Verhalten meiner Mutter auch ihn getriggert und somit manchmal an den Rand der Verzweiflung getrieben haben muss. Die Streifenpolizisten, mit solchen Situationen im Berliner Alltag wohlvertraut, gingen nie näher auf die Anschuldigungen meiner Mutter ein. Sie ermahnten meine Eltern, ihre Probleme – schon im Hinblick auf die anwesenden Kinder – wie erwachsene Menschen zu lösen. Im Übrigen sei die Ehe- und Familienberatungsstelle in der Nähe des Bahnhofs Lichtenberg nicht weit.

Eines Abends reichte dieser Tipp meiner Mutter offenbar nicht mehr aus. Sie hatte nachmittags wieder den cremefarbenen Wartburg entdeckt, der schon seit Tagen unserem Haus gegenüber parkte und rund um die Uhr mit je zwei Anzugträgern bestückt war. Nach einer der inzwischen üblichen Auseinandersetzungen mit Papa fuhr sie mit dem Fahrstuhl nach unten, trat auf den Wagen zu und öffnete die Beifahrertür. Ich stand am Fenster und beobachtete die Szenerie, die mir heute wie ein schlechter Film vorkommt. Wer auch immer die eigentliche Zielperson ihrer Observation war, die beiden Staatsbediensteten in Zivil konnten meine Mutter nicht abwimmeln und folgten ihr schließlich in unsere Wohnung. Ich hoffte dann tatsächlich, sie würden uns helfen und meine Eltern wieder zur Vernunft bringen. Aber auch sie empfahlen ihnen lediglich, ihre Differenzen doch in eigener Regie und vor allem gewaltlos beizulegen. Man kann aber davon ausgehen, dass ihr Bericht an die »zuständigen Dienststellen« etwas ausführlicher geriet als bei der Volkspolizei.

Solche Szenen einer Ehe, die plötzlich aus nichtigen Anlässen und ohne jede Logik aufflammen konnten, waren bei meinen Eltern wohlgemerkt nicht das Ergebnis von zu viel Alkohol, wie bei manch anderen Paaren in der Krise. Beide waren jedes Mal und bei allem stocknüchtern.

Ruhe herrschte eigentlich nur noch, wenn meine Mutter auf einer ihrer Dienstreisen als Dolmetscherin war. War sie zu Hause, hatten wir Kinder stets sämtliche Antennen ausgefahren, wann der nächste Streit der beiden im Anmarsch war und von wem er ausgehen würde. Nicht selten klingelte ich bei den Nachbarn, um sie um Hilfe zu bitten. Aber die machten lieber schnell die Türe wieder zu. Ich hatte damals wirklich das Gefühl, dass es mein Vater war, dem Unrecht widerfuhr. In meinen Augen war er der Attackierte. Bis heute weiß ich nicht, wie sich damals dieses ganze scheinbare und immer wieder abgerufene Konfliktpotenzial in der Gedankenwelt meiner Mutter zusammenbrauen konnte. Ist es immer so, wenn die Liebe verblasst und das Ego stärker wird, oder waren es späte Folgen ihrer schrecklichen Kindheitserlebnisse im Krieg? Waren sie nicht auch Opfer des Krieges, ohne ihn bewusst erlebt zu haben? Niemand kann das für ihre Generation sagen, und es war damals noch längst nicht üblich, alles bis ins Letzte zu analysieren oder therapieren zu lassen wie heute; das Leben ging einfach weiter, zu viele hatten ja Schreckliches erlebt.

Allerdings tat unser Leben in der DDR ja auch sein Übriges. Die ständige Überwachung, das Misstrauen, die unterschwelligen Drohungen. Das dauernd präsente Gefühl: Wir haben euch im Blick. Mama schien das zu verändern, das entging auch mir nicht. Die nervliche Anspannung, die Ängste und Befürchtungen haben meine Eltern wohl auf Dauer mürbe gemacht und auch dazu beigetragen, dass ihre Beziehung zur Zerreißprobe wurde.

Im Abstand der Jahre und mit meiner heutigen Lebenserfahrung denke ich, dass es in solchen Konstellationen aber immer um beide geht. Denn neben den äußeren Umständen ihres Lebens spielte sicher auch eine Rolle, dass die Werte und Moralvorstellungen der beiden zunehmend auseinanderdrifteten.

Auch ich hatte damals den Eindruck, meine Mutter immer seltener zu verstehen, ich konnte ihr Verhalten oft nicht einschätzen, was natürlich zu einer großen Verunsicherung und einer fortschreitenden Entfremdung von meiner Mutter und zu einer stärker werdenden Bindung an meinen Vater führte; auch weil es diese vielen kleinen Gesten und Begebenheiten waren, die mein Herz an ihn banden, wie dieser Tag am Meer, als wir Hand in Hand für kurze Zeit glücklich waren.

Doch die Krise verschärfte sich und lief unaufhaltsam dem großen Finale entgegen.

Eines Abends, Mama ist auf Dienstreise in Rumänien, kommen Papa und ich vom Schwimmen in der Schwimmhalle gegenüber dem Tierpark Friedrichsfelde. Wir steigen ins Auto, ich erwarte, dass er den Motor anlässt und ausparkt. Aber Papa sieht mich an und sagt mit leiser, aber fester Stimme: »Lenn, mein Junge, ich kann nicht mehr. Ich werde mich scheiden lassen.« Ich bin unfähig, etwas zu sagen. Ich sitze nur da und schaue Papa an. Draußen ist es schon dunkel, aber das Licht einer Laterne scheint in unser Auto. Ich meine zu spüren, wie schwer es ihm fällt, mir das zu sagen.

»Dann gehst du weg«, sage ich schwach. Er nickt. »Kann ich mitkommen?«

»Ich habe mich erkundigt. Das geht nicht. Weißt du, das entscheiden nicht die Eltern, das entscheiden Gerichte.«

Papa spricht wie immer völlig ruhig mit mir. Ich versuche, nicht zu weinen, bei allem Schmerz, den ich empfinde. Ich will es ihm nicht noch schwerer machen. Er streicht mir übers Haar, das noch nach Chlor riecht.

»Ich werde immer für dich und Sascha da sein, Lenn, solange ich lebe. Bitte, vergiss das nicht! Du kannst jederzeit zu mir kommen.«

Mein Vater hält noch einen Moment inne, dann atmet er tief durch, startet den Wagen und schert aus der Parklücke. Ich sehe aus dem Fenster. Ein Rentner mit seinem Hund bleibt stehen, bis wir an ihm vorbei sind. Es beginnt leicht zu regnen. Auf der Frontscheibe spiegelt sich das Licht entgegenkommender Autos in den Regentropfen, oder sind es meine Tränen? Wir sind beide unfähig, etwas zu sagen.

Als das Auto vor unserem Haus steht und wir zum Eingang gehen, legt sich Papas Hand an meinen Oberarm und er zieht mich kurz an sich. Tapfer sehe zu ihm hinauf, er wendet den Blick ab und sucht geschäftig nach dem Hausschlüssel.

Ich bin neun Jahre alt. Und unsere Familienbande hat einen Riss bekommen.

Wenige Stunden bevor Mama von ihrer Rumänienreise zurückkehrte, zog Papa aus. Er hatte bei einer Kollegin ein Zimmer zur Untermiete gefunden. Ich habe diesen Abschied als undramatisch in Erinnerung. Unser Gespräch im Auto, obwohl sehr traurig, hatte mir das sichere Gefühl vermittelt, dass er weiterhin für mich da sein würde.

Meine Mutter hatte offenbar schon damit gerechnet. Trotzdem wurde mir der Kontakt zu meinem Vater in der folgenden Zeit immer schwerer gemacht. »Waffe Kind« heißt das Stichwort, wenn beim Zerbrechen von Familien die Kinder als Druckmittel, quasi als »strategische Größe« eingesetzt werden, ein Zeichen dafür, dass Eltern mit ihren Differenzen nicht souverän umgehen können.

Die Situation zu Hause allein mit unserer Mutter hatte sich zwar einerseits etwas entspannt, doch sobald meine Eltern aufeinandertrafen, gab es Stress.

Eines Morgens, Papa klingelt bei uns, um mich zur Schule zu fahren, gibt es gleich wieder eine Auseinandersetzung an der Wohnungstür. Meine Mutter will nicht, dass ich mitfahre. Ich unterbreche sie: »Mama, meine Stullenbüchse liegt noch in der Küche ...« Mit einem genervten Kopfschütteln geht sie zurück in die Wohnung.

Ich sehe Papa an, sage: »Los!« und renne zur Treppe – und mein Vater folgt mir! Wie zwei Kinder nach einem Klingelstreich laufen wir, der Neunjährige und der 46-Jährige, die Treppe vom 14. Stock hinunter bis zum Ausgang. Ich komme mir wie ein Sieger vor. Mein Vater mag oben vor der Wohnungstür nicht lange überlegt haben, aber wie fühlt er sich bei dieser Aktion, ausgelöst durch die kindliche List seines kleinen Sohnes?

Auf der Fahrt zur Schule fällt kein Wort. Wahrscheinlich hat der ganze Vorfall ihn noch trauriger gemacht als das merkwürdige Verhalten und Taktieren meiner Mutter. Wo sind wir mittlerweile gelandet? Und wie soll das weitergehen? Da er wirklich davon ausgeht, ich hätte jetzt kein Frühstück, will er kurz beim Bäcker anhalten. Ich kann ihm versichern, dass meine Stullenbüchse die ganze Zeit über in meiner Schultasche war.

Leider blieb es nicht bei diesen harmlosen Listigkeiten und kleinen »Kraftproben«. Dass ich das äußere Ebenbild meines Vaters war, machte mich wahrscheinlich zu einer wandelnden Provokation für meine Mutter. Vielleicht erinnerte ich sie täglich auch optisch daran, dass ich sein Sohn war. Vielleicht war sie einfach überfordert, hatte nicht bedacht, wie es für sie nach der Trennung von meinem Vater sein würde – mit dem Triumph, beide Söhne behalten aber nicht genug Kraft zu haben, mit ihnen auszukommen.

»Papa, ich gehe mit dir!«, sagte ich eines Tages sehr unglücklich, und mein Vater, der nach wie vor möbliert zur Untermiete wohnte, teilte meiner Mutter wirklich mit, dass er mich für eine Weile zu sich nehmen würde. Sonderbarerweise erhob sie diesmal keinen Protest. Aber der nun folgende Sorgerechtsstreit nahm mich sehr mit.

Kurz vor den Sommerferien 1985 erging ein Beschluss des Familiengerichts, dass ich in Zukunft ein Wochenende im

Monat bei meiner Mutter zu verbringen hätte, egal ob mit meiner Zustimmung oder gegen meinen Willen. Ich war unglücklich über diese Entscheidung, denn dieses Wochenende sollte das erste der Sommerferien sein. Papa und ich ahnten allerdings beide nicht, dass das nur der Ausgangspunkt einer weiteren Eskalationsstufe war.

Mein Bruder konnte all die Dinge natürlich schon anders einordnen als ich. Aber auch er blieb nicht verschont. Eines Tages kam er in der Hofpause zu mir. Diesmal musste er es gewesen sein, über den Mama sich geärgert hatte. Denn in ihrer Wut hatte sie ihm erzählt, er wäre gar nicht Papas Sohn, sondern das Kind von einem anderen Mann. Auch auf mich träfe das zu. Was für eine Nachricht! Ich war erschüttert. Das Drama war offenbar immer noch steigerungsfähig.

Natürlich ist den aufmerksamen Leserinnen und Lesern nicht entgangen, dass Sascha tatsächlich nicht der Sohn meines Vaters sein konnte. Als die beiden sich in Leningrad kennenlernten, hatte meine Mutter bereits einen dreijährigen Jungen. Doch für mich war Sascha natürlich mein Bruder, nie wäre ich auf die Idee gekommen, er könnte es nicht sein. Warum auch? Sie hatten ja nie ein Wort darüber verloren. Auch Sascha war bei der Trennung seiner Eltern zu klein gewesen, er konnte sich an seinen leiblichen Vater nicht erinnern, meine Mutter hatte den Kontakt zu ihm abgebrochen. Und für Sascha war unser Papa sein Papa. Die Offenbarung unserer Mutter traf ihn bis ins Mark. Für ihn, mittlerweile 15, muss eine Welt zusammengebrochen sein.

Auch ich war fassungslos.

Als ich meinen Vater mit den Aussagen meiner Mutter konfrontierte, füllten sich seine Augen mit Tränen. Er versuchte, schnell wieder die Kontrolle über seine Gefühle zurückzugewinnen, und ich erfuhr, dass Sascha wirklich einen anderen Erzeuger hatte und von meiner Mutter mit in die Ehe gebracht worden war. Ich war wie vor den Kopf gestoßen, aber was sollte ich mit dieser Eröffnung anfangen? Und wie verhielt es sich mit mir? Auch wenn ich noch so große Angst vor der Wahrheit hatte, ich musste es einfach wissen.

»Und ich?«

Anstelle einer Antwort legte Papa meine kleine Hand auf seine. Die Form unserer Hände, die leichte Krümmung der Zeigefinger zum Mittelfinger hin – meine Hand wirkte wie eine Miniaturausgabe der seinen. Es gab keinen Zweifel!

Doch nun steuerten wir auf den absoluten Höhepunkt im Scheidungskrieg zu. Dem Erfindungsreichtum meiner Mutter waren anscheinend keine Grenzen gesetzt.

Der letzte Schultag vor den großen Ferien ist da. Für alle anderen ein Datum, das sich mit Freude und Erleichterung verbindet, während ich zunehmende Beklemmung verspüre. Das erste Ferienwochenende soll ich ja – vereinbarungsgemäß – bei meiner Mutter verbringen. Danach wird mich Papa abholen, um mit mir in die Ferien zu fahren. Zum ersten Mal wollen wir nach Stawropol zu meinen Großeltern fahren. Und meine Vorfreude ist riesig. Vielleicht habe ich auch deswegen keine Lust auf das Wochenende mit Mama und Sascha. Und durch das andauernde Hin und Her der letzten Wochen bin ich mir in manchen Momenten gar nicht mehr sicher, wo ich überhaupt hinwill. Ich gehe jedenfalls nach Schulschluss nicht einfach zu Mama nach Hause, sondern verstecke mich erst einmal im Heizungskeller der Schule. Zeit gewinnen. Nachdenken.

Doch meine Mutter scheint ebenfalls Pläne zu haben, also wartet sie bereits vor dem Schulgebäude auf mich. Als ich dort nicht auftauche, geht sie ins Schulsekretariat, an der Sekretärin vorbei gleich in das Büro des Direktors und erkundigt sich nach meinem Verbleiben, wie mir in Nachhinein erzählt wird. Der Direktor hat mich im Unterricht gesehen und geht wohl nicht davon aus, dass ich noch im Gebäude bin. Es ist ja der letzte Schultag und kaum damit zu rechnen, dass die Schüler länger im Gebäude bleiben als unbedingt nötig.

Doch er kennt meine Mutter aus früheren Begegnungen und kann sich wahrscheinlich denken, dass sie diese Möglichkeit schon ausgeschlossen hat, wenn sie hier in seinem Büro erscheint. Es überrascht ihn wohl auch nicht, dass sie ihn auf seine Aufsichtspflicht für seine Schüler hinweist. Er könnte ihr entgegenhalten, dass die mit Schulschluss endet, weiß aber wahrscheinlich aus Erfahrung, dass das nur zu weiteren Diskussionen führt.

Um die Sache abzukürzen, schlägt er vor, mich gemeinsam auf dem Schulgelände zu suchen. Leider ist das genau der Moment, in dem mir dämmert, dass ich nicht das ganze Wochenende und den Rest der Ferien im Heizungskeller verbringen kann. Ich habe keinen Plan, steige aber erst einmal die Treppe hinauf und gehe zum Ausgang.

Ich erstarre, als ich Mamas heitere Stimme höre, mit der sie meinen Namen ruft. Sie kommt eben mit dem Direktor aus dem ersten Stock herunter. Ich bin aufgeflogen. Wäre ich nach der Schule irgendwohin geflüchtet, hätte ich bessere Karten gehabt.

Ohne die Spur eines Vorwurfs erklärt Mama mir sofort, welch wunderschönes Wochenende wir vor uns haben. Mit Sascha und meinem Freund Felix, der im gleichen Haus wie wir wohnt, wollen wir an den Stadtrand zum Straussee zum Baden fahren. Danach werden wir alle bei uns zu Abend essen. Es soll Eierkuchen geben. Das hört sich alles nicht schlecht an, und ich mache mir insgeheim schon wieder Vorwürfe, dass ich die liebevollen Pläne meiner Mutter beinahe sabotiert hätte.

Erst viel später werde ich erfahren, dass mein Papa genau in diesen Minuten am Hinterausgang der Schule im Auto auf mich wartet – um im Falle eines Falles für mich da zu sein.

Es wurde wirklich ein wunderschöner Tag am Straussee. Wir badeten, paddelten im Schlauchboot und spielten in der Sonne. Ich freute mich schon auf den Abend, denn ich würde sogar noch bei Felix übernachten dürfen. Es war für mich der Strohhalm, nach dem meine kindliche Seele greifen konnte: die Hoffnung, dass doch wieder alles gut werden könnte, so wie früher. Einfach ein ganz normales, friedliches Leben.

Aber Mama hatte offenbar schon anders disponiert.

Das Letzte, woran ich mich erinnere, ist das Abendessen.

Wach werde ich, als die Räder eines Zuges quietschen und er an Fahrt aufnimmt. Offenbar hat er auf freier Strecke gehalten, denn draußen ist nichts zu sehen. Es ist Nacht. Mama, Sascha und ich sind allein im Abteil. Irgendetwas macht mich stark benommen. Wie bin ich in diesen Zug gekommen?

Ich drehe den Kopf und sehe fragend zu meinem Bruder, doch der blickt nicht einmal auf, sondern scheint völlig vertieft in eine Zeitschrift zu sein.

»Wo sind wir?« Meine Zunge und mein Mund fühlen sich ausgetrocknet an.

Ich höre die Stimme meiner Mama, die mir sanft über den

Kopf streicht und sagt, dass ich mächtig müde gewesen sei und lange geschlafen habe. Wir würden zusammen verreisen.

»Wir verreisen? Ich sollte doch mit Papa ...«

Ich sehe wieder zu Sascha, der immer noch nicht reagiert. Der Zug fährt durch einen Bahnhof. Mama nennt einen fremd klingenden Ortsnamen und sagt, dass wir in der Tschechoslowakei seien. Das erschreckt mich. Ich verstehe nicht, was ich hier soll, es war alles anders abgemacht. Wir wollten doch zu Oma und Opa in den Kaukasus! Ich will weg aus diesem Zug, nach Hause, zu Papa! Ich versuche aufzustehen. Es gelingt mir nicht, so benommen bin ich noch.

Nach außen hin sieht die Situation völlig normal aus. Ich bin ein Junge von fast zehn Jahren, der mit dem großen Bruder und seiner Mutter in einem Zug fährt, der erst durch die Tschechoslowakei und durch Ungarn rollt. Wie ich urplötzlich nach dem Abendessen in so einen tiefen Schlaf gefallen bin, kann ich mir nicht erklären.

Unsere Fahrt endete irgendwo tief in Rumänien. Die Hotelanlage, in der wir Quartier nahmen, war meiner Mutter wohl von früheren Dienstreisen bekannt. Zur Chefin der Anlage bestand jedenfalls herzliche Vertraulichkeit. Soweit ich mich an andere Gäste erinnere, fanden auch sie diese russischsprechende alleinerziehende Mutter aus der DDR, die hier Urlaub mit ihren Söhnen machte, ausgesprochen charmant. Die Atmosphäre war so »normal«, dass mir mein Gedanke, mit dem Antritt meiner Reise könnte etwas nicht stimmen und ich wäre gegen meinen Willen hier, zeitweise selbst verrückt vorkam. So verunsichert war ich.

Mit Sascha konnte ich darüber nicht sprechen. Er hatte ja

mittlerweile Gewissheit, wirklich nicht der leibliche Sohn unseres Vaters zu sein. Ich hingegen war eindeutig Papas Kind. Dieses Wissen war von nun an wie ein Keil zwischen uns Brüdern, zumindest empfand ich es so. Weil Sascha wahrscheinlich nicht wusste, wie er sich mir gegenüber verhalten sollte, ging er lieber auf Distanz und zog sich noch weiter zurück. Wir waren zwei verwundete Kinderseelen, die sich beide auf ihre Weise verraten fühlten. Die Familie war nun vollends auseinandergebrochen. In Berlin suchte wahrscheinlich mein Vater mit gepackten Koffern verzweifelt nach mir. Noch nicht einmal meine geliebte Geige hatte ich dabei, ich vermisste sie schmerzlich. Wenigstens sie hätte mir Trost spenden können. Nun lag sie zu Hause im fernen Berlin.

Die Tage in der Ferienanlage verbrachten Sascha und ich schließlich doch zusammen, wir waren ja notgedrungen eine kleine Schicksalsgemeinschaft, nur auf meine immer wieder gestellten Fragen nach den näheren Umständen dieser Reise ging er nicht ein. Meine Mutter verhielt sich liebevoll und beinahe zärtlich zu mir. Unglücklich, mit niemandem darüber sprechen zu können, fühlte ich mich immer mehr wie ein Verräter an meinem Vater.

Ich glaube mich zu erinnern, dass wir ganze vier Wochen in der Anlage blieben. Mir ging es überhaupt nicht gut. Mich plagten Schuldgefühle, ein schlechtes Gewissen, Sehnsucht nach meinem Vater, Angst und Heimweh. Ich konnte ja nicht einfach ins Büro der Hotelchefin marschieren und mal eben ein Telefongespräch in die DDR anmelden. Zweimal hielt ich es nicht mehr aus und lief nachts davon – mit dem Plan, irgendwie zurück zu Papa nach Berlin zu kommen. Natürlich hatte ich nicht die entfernteste Vorstellung, wie das gehen könnte. Ich wollte nur weg. Irgendwie. Noch heute weiß ich, wie sich diese schreckliche, machtlose Verlorenheit anfühlte.

Es ist tiefe Nacht und völlige Dunkelheit. Die Hotelanlage habe ich verlassen und laufe einfach drauflos. Ich komme mir auf dem weiten freien Feld, über das sich ein phantastischer Sternenhimmel spannt, so winzig und gottverlassen allein vor. Als einziges Licht auf der Erde sehe ich in der Entfernung die nächtliche Notbeleuchtung der Hotelanlage.

Wo bist du, Papa? Warum kommst du nicht und holst mich zu dir? Es gibt keine Antwort.

Ich weiß nicht einmal, in welcher Himmelsrichtung Berlin liegt. Manchmal tagsüber hört man in der Ferne einen Zug. Wenn ich die Gleise erreiche, könnte ich dort entlanggehen – aber in welche Richtung?

Ich kehre wieder um – gescheitert und unglücklich bis auf den Grund meiner Kinderseele. Beim Betreten des Geländes höre ich nur das leise Surren der elektrischen Scheinwerfer. Ich sehe die Insekten, die rettungslos am hellen Licht der Glasscheiben hängen. Meine Situation ist ähnlich; auch ich bin dazu verdammt, immer wieder zu diesem Ort zurückzukehren. Werden wir für immer hierbleiben?

Ich konnte natürlich nicht ahnen, dass mein Vater längst nach mir suchen ließ. Nachdem er mich nach dem Wochenende bei Mama abholen wollte und in der Lichtenberger Wohnung niemanden angetroffen hatte, sah er nach und stellte fest, dass mehrere Koffer fehlten und wir offenbar für längere Zeit weggefahren waren.

Meine Mutter hatte das ihm gegenüber natürlich mit keinem Wort erwähnt. Doch während ihr in Rumänien allmählich das Geld ausging, recherchierten die Staatssicherheit und der sowjetische KGB bereits unseren Aufenthaltsort. Zunächst stand auch die Möglichkeit im Raum, dass wir alle, inklusive Mama, entführt worden waren. Schließlich war mein Vater Geheimnisträger. Und meine Mutter hatte erst mal nichts Illegales getan, sie hatte ja, wie mein Vater auch, das Sorgerecht für mich. Zu diesem Zeitpunkt konnte man ihr nur eines vorwerfen: Sie hatte mich nach dem vereinbarten Wochenende nicht rechtzeitig zurückgebracht. Und diese Information kam dann auch irgendwann im sozialistischen Bruderland Rumänien an.

Wir saßen beim Frühstück und die Hotelchefin betrat den Raum. Mama grüßte sie mit der üblichen Herzlichkeit, löste damit aber nur ein eisiges Kopfnicken aus, und die Frau teilte ihr knapp mit, dass man sie dringend sprechen müsste. Meine Mutter bewahrte Haltung, sie lächelte, und wir frühstückten in aller Ruhe zu Ende. Als sie später von diesem Gespräch zurückkam, wies sie uns an, in aller Eile zu packen. Offenbar hatte sie eine klare Ansage bekommen, und widersetzen konnte sie sich diesmal nicht. Mit der Freundschaft und Herzlichkeit der beiden war es anscheinend vorbei. Die Hotelchefin wollte meine Mutter und ihre Kinder wohl lieber loswerden, Ärger mit dem KGB konnte hier keiner gebrauchen.

Natürlich hatte Mama einen Plan B, und auch den hüllte sie in eine erfreuliche Nachricht: Sie hatte ein neues Quartier aufgetan – Leben auf dem Bauernhof, im Urlaub, genau das Richtige für uns Stadtkinder!

Auf unseren Wanderungen durch die Felder waren wir durch ein Dorf gekommen. Dort mietete sie uns ein Zimmer bei einem Bauern: Gegen unser bisheriges Quartier war jetzt natürlich alles ausgesprochen schlicht – »authentisch« würde man heute sagen. Im Zimmer standen nur zwei Betten. In dem einen schlief Sascha, das andere war für Mama und mich. Es schien mir beinahe so, als könnte sie mich nicht loslassen. Jetzt richteten wir drei Flüchtlinge uns also hier ein. Sascha und ich trieben uns meist auf dem Hof herum. Ich kümmerte mich am liebsten um den Hund, der mir leidtat, weil er den ganzen Tag an der Kette liegen musste und jaulte. Dem Sohn unserer Gastgeber schien das Tier egal zu sein. Als ich den Hund eines Tages losmachte und mit ihm zu einem ausgedehnten Spaziergang übers Feld aufbrach, konnte ich nicht ahnen, dass das der Beginn einer wunderbaren Feindschaft mit dem Jungen war: Eines Morgens stand ich am Fenster und sah hinaus auf die Dorfstraße. Plötzlich zog der Sohn sich von unten an unserem Fensterbrett hoch und spuckte mir ins Gesicht. Ich bestrafte ihn auf besondere Art – mit noch mehr Liebe für seinen Hund. Eine wichtige Lektion für mein weiteres Leben, denn ich bemerkte, wie der Junge plötzlich auch freundlicher mit dem Tier umging, den Hund in einem Moment, als er sich unbeobachtet glaubte, jetzt sogar streichelte. Vielleicht hatte ich diese Art der Konfliktstrategie von meinem Vater gelernt. Tu immer das Gegenteil von dem, was von dir erwartet wird!

Doch unsere Situation war nach wie vor prekär. Ewig konnten wir auf diesem Bauernhof nicht bleiben. Tatsache war, dass wir immer noch gesucht wurden, und wir versteckten uns weiterhin vor der ostdeutschen Staatsmacht. Aber nach etwa drei Wochen kam wieder Bewegung in unseren kleinen Flüchtlingstreck, denn meine Mutter hatte plötzlich genug vom idyllischen Landleben. Als der Bauer eines Nachts sturzbetrunken nach Hause kam, einen Unfall gebaut und dabei eines seiner Pferde verletzt hatte, war es für sie offenbar endgültig vorbei mit der Landromantik, und wir fuhren nach Bukarest. Keine Ahnung, wie Mama all diese Unternehmungen finanzierte.

In der rumänischen Hauptstadt kam es wiederum zu einer rätselhaften Aktion, die ich bis heute nicht verstehe.

Der Fußweg durch Bukarest kommt mir endlos vor, bis wir endlich die Botschaft erreichen. Meine Mutter muss ihre Kontakte genutzt haben, und man hat uns als sowjetische Staatsangehörige eine Botschaftswohnung zugewiesen. Nun haben wir offenbar einen Termin beim Botschafter persönlich und müssen stundenlang warten, bis wir vorgelassen werden. Ich habe viel Zeit, mir die edlen Möbel und die prachtvollen Stuckdecken anzusehen. Und meine Gedanken überschlagen sich: Was machen wir hier? Wann darf ich endlich wieder nach Hause?

Meine Mutter scheint nervös zu sein, die Situation ist angespannt und befremdlich.

Verwirrt schaue ich aus dem Fenster der Botschaft in die Tiefe, und der Boden unter meinen Füßen, das ganze Haus, scheint plötzlich zu schwanken. Alles, ich, der Raum, das Gebäude, droht umzukippen.

An die Audienz beim Genossen Botschafter kann ich mich nicht mehr im Detail erinnern. Auch wenn es mir heute völlig abwegig erscheint, wollte Mama für sich und uns Kinder wohl die Ausreise in die USA in die Wege leiten. Ihr Bruder lebte bereits dort.

Nach den Erlebnissen und den jähen Wendungen der letzten Wochen hatte ich nicht die Kraft, über diese Möglichkeit überhaupt nachzudenken. Es wäre auch gar nicht nötig gewesen: Die Botschaftsangehörigen zeigten sich – wohl im engen Schulterschluss mit den Genossen vom Geheimdienst – ausgesprochen reserviert. Man gab meiner Mutter zu verstehen, dass an eine Ausreise in die USA, vor allem noch auf Betreiben der UdSSR-Botschaft in Bukarest, überhaupt nicht zu denken war.

Bei der beruflichen Position meines Vaters und seiner Arbeit in der Forschung konnte KGB und MfS wohl kaum daran gelegen gewesen sein, zwei Druckmittel in Form seiner Söhne ausgerechnet ins Herz des Klassenfeindes, in die USA, zu lassen. Die Fahrt ging also nicht nach New York, sondern zurück ins Lichtenberger Hans-Loch-Viertel.

Ich weiß auch nicht mehr, wie es kam, dass wir trotzdem noch ganze zwei Wochen in Bukarest zubrachten, in ebenjener Wohnung der sowjetischen Botschaft. Wenn es in der Kinderseele einen Maximalfüllstand für verwirrende Neuigkeiten gibt, war meiner schon lange erreicht.

Als man Mama schließlich mit allem Nachdruck die Heimfahrt nach Berlin nahelegte, vermittelte sie uns auch das als neue, aufregende Etappe einer spannenden Urlaubsreise. Ich freute mich auf Berlin, wusste aber nicht, wie ich nach alldem Papa gegenübertreten sollte.

Er muss durch die Geheimdienste im Nachhinein über jede Station unseres Sommerabenteuers im Bilde gewesen sein, auch über den genauen Zeitpunkt unserer Heimkehr.

Jedenfalls wartete er vor der Wohnung auf uns. In mir mischte sich unfassbare Freude über unser Wiedersehen mit einem Gefühl der Scham: Es kam mir immer noch wie Verrat vor, unsere Verabredung nicht eingehalten zu haben und stattdessen wochenlang mit Mama durch die Welt gereist zu sein. Würde er das verstehen? Er konnte ja auch nichts von meinen gescheiterten nächtlichen Fluchtversuchen wissen.

Noch länger und fester als sonst drückte Papa sich an mich. Ich weinte leise.

»Du musst keine Angst mehr haben.«

Ich wollte ihm gern glauben und tapfer sein. Nach dieser unglaublichen Odyssee sollte es also wieder mit Papa zurück in seine Wohnung gehen. Aber ich fühlte mich wie in einem dichten Nebel, meine Gefühle und Gedanken wirbelten umher wie in einer großen Schneekugel. Ich liebte doch meine Mama, sie war ja gut zu mir, auch während dieser irrsinnigen Reise hatte sie mich immer liebevoll und fürsorglich behandelt. Und nun stand da mein Papa, den ich genauso liebte. Aber ich schämte mich zutiefst. Weil ich meinen Vater im Stich gelassen hatte. Weil es mir nicht gelungen war, aus Rumänien wegzulaufen, weil meine Fluchtversuche kläglich gescheitert waren. Ich fühlte mich schuldig. Ich hatte das Gefühl, versagt zu haben. Und meine Seele war gebrochen.

Und so blieb ich aus lauter Scham bei Mama und traute mich nicht zurück zu Papa. So verrückt es klingt, aber so war es. Auch in der Zeit nach unserer Rückkehr unternahm sie manches, um mich wieder fester an sich zu binden. Ich glaube, es ging ihr nicht gut in dieser Zeit, aber es gelang ihr, ihrer Umwelt gegenüber die Fassade völliger Normalität aufrechtzuerhalten. Wie es in meiner Mutter aussah, wusste außer ihr wohl niemand. Nach außen hin war sie nach wie vor die blendend aussehende, energische und zupackende, allseits beliebte Kollegin, der man ja auch gern diesen ausgedehnten Urlaub, ob bezahlt oder unbezahlt, genehmigt hatte. Ich bin mir sicher, meine wahrheitsgemäße Beschreibung unseres Sommers hätte garantiert eher mich in die Psychiatrie gebracht als sie.

Eine neue Phase des Scheidungskriegs begann. Mama hatte wohl Angst, dass sie nach dieser »ungewöhnlichen« Reise das Sorgerecht verlieren könnte. Und da wir in unserem Haus in Berlin von der Stasi gewissermaßen umzingelt waren, brachte Mama mich zu irgendwelchen älteren Damen. Ich erinnere mich daran, wie ich dort auf dem Sofa rumsaß, Erdnussflips aß und wartete, bis sie wiederkam. Übrigens sei an dieser Stelle erwähnt, dass ich nach meinen Ferien und der Rumänienreise nicht wieder in die Schule ging. Ich hatte auch keinen Geigenunterricht mehr. Meinen Freund Felix hatte ich eine gefühlte Ewigkeit nicht mehr gesehen. Unsere Freundschaft musste eine Zwangspause einlegen, und es sollte auch noch ein paar Jahre dauern, bis wir wieder zusammenfanden.

Während ich also untätig in fremden Wohnungen auf meine Mutter wartete, war sie aktiv geworden und verkündete mir, dass ich dringend zur Kur müsste! Meine Odyssee war also immer noch nicht zu Ende. Diesmal also keine spektakuläre Entführung mehr, sie wählte einen legitimen Weg. Alles nur zu meinem »Besten«.

Ich kann heute gar nicht mehr sagen, in welch verheerendem psychischen oder physischen Zustand ich nach unserem Rumänienabenteuer war. Ich konnte das alles überhaupt nicht einordnen und wusste nicht mehr, was ich denken oder fühlen sollte. Ich fügte mich einfach kraft- und widerstandslos in mein Schicksal.

Wahrscheinlich hatte meine Mutter ihre Verbindungen im Gesundheitsministerium spielen lassen, um mir diesen Kuraufenthalt zu ermöglichen. Ich weiß nicht mehr, wer die anderen Kinder waren, im Kinderkurheim »Markower Mühle« im mecklenburgischen Parchim. Gab es Erholungsheime für durchgeknallte Nomenklatura-Kinder –, weil Kinder von Funktionären in der Regel eher kurbedürftig waren als andere? Wer weiß.

Mir ging es hier erst einmal verhältnismäßig gut. Vielleicht weil ich mich tatsächlich ein wenig von den psychischen Strapazen erholen konnte. Ich war irgendwie in Sicherheit. Meine Geige hatte ich übrigens wieder nicht dabei, um solche Luxusprobleme ging es schon lange nicht mehr, für mich ging es nur noch ums Überleben. Irgendwie durchhalten. Parchim half mir dabei. Ich erinnere mich an ein schönes Reetdachhaus und einen Teich im Hintergrund. Hier kam ich zur Ruhe, konnte wieder richtig schlafen, hatte Appetit und einen geregelten Tagesablauf. Doch auch dieses Gleichmaß sollte bald wieder gestört werden.

Ein paar friedliche Tage waren vergangen, da wurde ich plötzlich während der Nachtruhe geweckt: »Deine Mutter ist da!«

Beklommen betrat ich den Raum, wo meine Mutter bitterlich weinend auf einem Bett saß, unter Tränen sagte sie mir, dass ich sie nicht verlassen dürfe. Ich verstand überhaupt nichts, und sie konnte oder wollte nicht erklären, worum es ging. Am Morgen darauf reiste sie wieder ab. Heute weiß ich, dass Mama den Ort meines Aufenthaltes nicht preisgeben wollte und erst durch ein erneutes Gerichtsurteil dazu gezwungen werden musste. Inzwischen lag das Sorgerecht allein bei Papa. Weil sie sich nun wohl mehrfach nicht an die Absprachen gehalten hatte, war es ihr entzogen worden, und sie hatte offenbar Angst, mich für immer zu verlieren.

Hatte ich mich während der letzten Wochen ein wenig stabilisiert, befand ich mich nun wieder auf einer seelischen Achterbahnfahrt.

Die Folgen dieser Verunsicherung bekam ausgerechnet Papa zu spüren, der prompt tags darauf eintraf.

In der Mittagsschlafenszeit wird die Tür unseres Vierbettzimmers leise geöffnet. Die nette Heimleiterin steckt den Kopf herein und flüstert in den Raum: »Lenn, dein Papa ist da.«

»Ich will nicht«, antworte ich leise. Sie überlegt kurz und geht wieder.

Die Stufen der alten Treppe knarren unter ihren Schritten. Ich liege oben im Doppelstockbett und starre in das Rauschen des Baumes vor dem Fenster. Vorsichtig klettere ich vom Bett und gehe unbemerkt aus dem Zimmer.

Dann hocke ich am kleinen Fenster des Waschraumes und entdecke Papa. Er kann mich nicht sehen. Noch vor fünf Minuten war ich mir sicher, ihn nicht sehen zu wollen, eigentlich mit niemandem reden zu können. Jetzt geht er, der mich immer unterstützt, mir Kraft gegeben hat und mir jede Angst nehmen konnte, zu seinem Auto. Noch einmal dreht er sich kurz zum Haus um, und ich sehe, dass er bitterlich weint. In mir krampft sich alles zusammen. Aber ich bringe nicht die Kraft auf, ihn zu mir zu rufen, geschweige denn zu ihm zu laufen.

Als er weggefahren ist, gibt mir die Heimleiterin eine AMIGA-Single, die er für mich dagelassen hat. Weiß der Himmel, wie er ausgerechnet auf den Sänger Peter Tschernig gekommen ist.

Nun sitze ich im Klubraum, und aus dem Lautsprecher ertönt das Lied:

Mein bester Kumpel ist und bleibt mein Vater,
er war schon immer mein allerbester Freund,
ein Mann mit Herz macht nie Theater,
mein bester Kumpel ist und bleibt mein Vater!
Er lehrte mich, die Welt zu sehen, wie sie ist,
ging mal was schief, dann sagte er: ›Bleib Optimist!‹

Es ist, bei allem Kitsch oder gerade deswegen, herzzerreißend, und weil ich allein bin, weine ich den halben Nachmittag. Dann schreibe ich meinem Vater einen Brief.

Lieber Vati,
ich habe soeben ein recht langes Gespräch mit Frau K. gehabt. Wir haben uns über vieles in Ruhe unterhalten. Sie hat mir Zeit gelassen, über alles nachzudenken. Und jetzt schreibe ich dir, lieber Vati, es tut mir sehr leid, dass ich böse war. Ich wusste nicht, dass du mich so sehr gesucht hast. Sprechen möchte ich später mit dir, aber ich würde mich freuen, wenn du mir schreibst.
Dein Lenn

Es ist der 10. Oktober 1985, ein Donnerstag und mein zehnter Geburtstag, als mein Vater mit einer riesigen Schokoladentorte in Parchim aus seinem Lada steigt. Ich bin selig – und Papa auch. Er weiß sehr wohl, durch welche Täler ich in den letzten Monaten gegangen bin. Doch statt darüber zu sprechen, geht er erst mal zur Normalität über. Die Torte wird unter den Kindern in meiner Gruppe aufgeteilt, und ich sehe in die Gesichter meiner glücklichen Zimmergenossen ...

Dann lädt er mich zu einem Ausflug mit dem Auto ein. Begeistert stimme ich zu. Kurz hinter dem Heim, wir sind auf einem Waldweg, frage ich: »Kann ich auch mal fahren?«

Ich habe Papa immer beim Fahren beobachtet und weiß – zumindest theoretisch – genau, wie man »Lada« fährt. Trotzdem mache ich mich auf eine Ablehnung gefasst, aber mein Vater nickt nur gelassen, öffnet die Tür auf der Fahrerseite und macht den Fahrersitz für mich frei. Ich bin überglücklich.

Lachend stellen wir fest, dass ich noch nicht über das Lenkrad des Wagens schauen kann, sondern lediglich durch dessen obere Hälfte.

»Macht nichts«, sagt Papa, »fährst du eben nicht so schnell.«

Mit unendlicher Geduld bringt er mir bei, wie man kuppelt, den Gang einlegt und die Kupplung langsam kommen lässt, um den Motor nicht abzuwürgen. Als wir schließlich über die Waldwege holpern, ist mir, als könnte ich fliegen.

Wir verlassen den Wald und fahren auf eine kopfsteingepflasterte Landstraße. Ich gucke zweifelnd zu Papa, aber er nickt mir beruhigend zu. Die Straße ist die ganze Zeit über menschenleer, und übermütig fahren wir in ein winziges Dorf, das nur aus fünf oder sechs Häusern besteht. Vor einem der Gehöfte steht ein älterer Bauer an der Milchrampe und raucht.

Ich will den Spaß auf die Spitze treiben, kurbele die Scheibe herunter und frage allen Ernstes nach dem Weg zurück ins Kinderkurheim. Der Mann traut offenbar seinen Augen nicht, beugt sich weiter vor in den Wagen, um meinen Vater fragend anzusehen. Papa lächelt ihm aufmunternd zu. Seine mecklenburgische Ruhe verbietet dem Bauern offenbar, große Worte zu machen. Er nimmt die Pfeife aus dem Mund und weist mit der Hand in die Richtung, aus der wir gekommen sind. Völlig ungerührt sieht er zu, wie ich aufgeregt den Wagen wende. Ich fahre mit aufheulendem Motor davon, er steckt die Pfeife wieder in den Mund und sieht uns hinterher.

Auf der Rückfahrt kriegen wir uns vor Lachen kaum ein. Ich spüre die Nähe meines Vaters. Ich habe meinen Papa wieder und die Liebe meiner Mutter hoffentlich nicht verloren.

Leider blieb die Situation auch nach diesen glücklichen Momenten verworren; mein Vater hatte zwar das Sorgerecht für mich, aber das Jugendamt bestand darauf, meine Kur um weitere vier Wochen zu verlängern. Ich konnte es kaum fassen, als man es mir wenige Tage nach Papas Besuch mitteilte. Vielleicht habe ich es ja auch gebraucht, und sicher hatten auch die zuständigen Behörden den Eindruck, dass der kleine Junge mal zur Ruhe kommen sollte. Erst einen weiteren Monat später sollte ich wieder nach Hause fahren.

Könnte ich jetzt endlich ein ganz normales Leben führen? Mit meinem Vater, mit meiner Geige, und meine Träume verwirklichen? Ohne Eskapaden, Krisen und Konflikte? In Frieden und Harmonie?

Papa hatte der Kurverlängerung übrigens wohl auch deshalb zugestimmt, aber das erkannte ich erst später, weil er ebenfalls dringend Zeit brauchte, sich über einige Dinge klarzuwerden und seine Angelegenheiten zu ordnen.

Ich erfuhr es, als Papa mich abholte. Und meine Hoffnungen wurden – wieder einmal – enttäuscht.

Er war mit seiner Kollegin, bei der er seit seinem Auszug in Treptow zur Untermiete wohnte, eine feste Bindung eingegangen. Wir kannten uns ja bereits aus der Zeit, als ich einige Wochen bei ihnen zugebracht hatte. Jetzt sollten wir uns besser kennenlernen: Papa eröffnete mir, dass wir auf direktem Wege zu einem Campingplatz fahren würden, um dort mit seiner Freundin und ihrer Tochter ein paar Tage Urlaub zu machen!

Natürlich hatte ich mir meine Heimkehr anders vorgestellt; anstatt zu meinem Vater zurückzukommen, die Ruhe, häusliche Stabilität und seine Zuwendung zu erfahren, wurde ich mal wieder von einem Moment zum anderen in eine neue Konstellation katapultiert.

Ich glaubte aber, mich anstrengen zu müssen, und gab mein Bestes. Auch Papas neue Freundin gab sich alle Mühe, mit ihrer achtjährigen Tochter hatte ich aber etwas Schwierigkeiten. Vielleicht waren da auch Eifersucht oder ein Konkurrenzgefühl im Spiel, was ich aus heutiger Sicht absolut nachvollziehbar finde. Unser Verhältnis sollte sich später verbessern.

An meiner Schule wiegte man mittlerweile die Häupter: Gut zwei Monate hatte ich den Unterricht versäumt und keine Geige mehr in der Hand gehabt. Einige Eltern meiner Mitschüler fürchteten, ich könnte das Leistungsniveau der Klasse nach unten ziehen: Sie verlangten allen Ernstes, dass ich gehen sollte! Doch der stellvertretende Direktor und meine

Klassenlehrerin machten sich für mich stark. Ich durfte bleiben. Dafür bin ich ihnen immer noch dankbar. Ich weiß nicht, wie mein Leben verlaufen wäre, wenn man mich in dieser Situation vor die Tür gesetzt hätte, vielleicht hätte es mir den Boden unter den Füßen weggezogen, und ich wäre heute ein anderer. Dann hätte ich wahrscheinlich auch nie meinen wunderbaren Freund Micha kennengelernt, der bis heute ein treuer und verlässlicher Begleiter ist.

Aber mein Leben damals, insbesondere meine häusliche Situation, verbesserte sich nicht. Stabilität und Ruhe waren für mich offenbar nicht vorgesehen.

Ich lebte jetzt bei meinem Vater, seiner neuen Freundin und meiner Stiefschwester in der kleinen Wohnung. Inzwischen war ein Kind unterwegs, und ich fühlte mich ziemlich verloren. Nach der Schule streifte ich durch die Stadt, verwirrt und verunsichert. Ich erinnere mich an Momente in der U-Bahn, als mir plötzlich der Gedanke kam, sie könnte direkt nach Rumänien fahren. Dann riss ich gewaltsam die Türen auf und sprang aus dem anfahrenden Zug.

Ich ließ jetzt niemanden mehr an mich heran. Die Erlebnisse zeigten ihre Wirkung, ich war angeschlagen, die kleine Psyche lädiert. Meine Mutter unternahm ein paarmal den Versuch, mit mir zu reden. Irgendwie hatte wohl auch sie das Bedürfnis, die Ereignisse des vergangenen Sommers mit mir einzuordnen. Das Jugendamt hatte ihr inzwischen den Umgang mit mir bis zu meinem 14. Lebensjahr untersagt, weil man dort fand, dass nur so Ruhe in die familiären Verhältnisse käme.

Mama und Sascha, der ja nach wie vor bei ihr lebte, hatten

ein sehr gutes Verhältnis zueinander. Zumindest soweit ich das beurteilen konnte, und ich habe mir gedacht, dass er vielleicht meinte, damit für die dauernde Abwesenheit eines leiblichen Vaters entschädigt zu werden. Ich hatte das Gefühl, dass wir uns immer weiter voneinander entfernten. Er war mitten in der Pubertät, in der kleine Brüder ohnehin keinen gesteigerten Stellenwert zu haben schienen. Aber für mich war der Bruch elementarer. Ich litt sehr darunter. Wir hatten so viel miteinander erlebt. Waren uns so nah gewesen. Sascha hatte mich vor Jahren aus einem zugefrorenen See, in dem ich eingebrochen war, gezogen und mir das Leben gerettet, ein Geheimnis, das uns verbunden hatte und wir beide lange hüteten. Erst sehr viel später hatten wir unseren Eltern davon erzählt. Wir waren stundenlang durch unsere »Platte« gestreift, hatten zusammen musiziert und kein Abenteuer ausgelassen. Warum waren wir uns nun so fremd?

Mit der Zeit ging meinem Vater auf, dass ich mich in seiner neuen Familie nicht heimisch fühlen konnte und im Abseits stand. Inzwischen war mein Halbbruder Jan zur Welt gekommen, und das Zusammenleben wurde zunehmend schwieriger. Nach allem, was ich mitgemacht hatte, fiel es mir schwer, mich in die neue Konstellation zu fügen. Meine verletzte Kinderseele konnte einfach nicht mehr, ich brauchte Ruhe. Das entging auch meinem Vater nicht. Es schien ihn zu beschäftigen und zu belasten, also dachte er, wie es seine Art war, eine Weile darüber nach und löste das Problem: Er besprach sich mit seiner Lebensgefährtin und teilte mir schließlich mit, dass er mit mir allein in eine Zweizimmerwohnung in der Lichtenberger Atzpodienstraße ziehen würde.

Ich war elf Jahre alt und konnte mein Glück kaum fassen. Später dachte ich darüber nach, was diese Entscheidung für seine Freundin und meinen Halbbruder Jan bedeutete. Wie mag sie sich gefühlt haben, als er ihr eröffnete, welche Prioritäten die nächsten Jahre seines Lebens bestimmen würden? Wunderbarerweise verstand sie es.

Der Begriff war damals nicht verbreitet, aber im Grunde lebten wir in einer Art Vater-Sohn-WG. Er entschied sich für das Durchgangszimmer und überließ mir den separaten Raum, damit ich endlich einmal für mich sein konnte. Wir haben nie darüber gesprochen, aber später, als ich erwachsen wurde, hatte ich den Eindruck, dass er für seine Familie, für Sascha und für mich, lange Zeit immer nur zurückgesteckt und Verzicht geübt hat, damit wir es besser hatten. Unser Wohl ging immer vor. Wie sonst soll es ihm möglich gewesen sein, seiner neuen Familie diese räumliche Trennung zuzumuten? »Wo du hingehst, da gehe ich auch hin«, hatte er zu mir gesagt, und ich glaube bis heute, dass es aus ganzem Herzen so gemeint war. Manchmal denke ich, dass es im Leben eines jeden Menschen eine besondere Aufgabe gibt. Vielleicht sah Papa das auch so und wollte mir ein Leben ermöglichen, das fern war von jeglichen quälenden Familienauseinandersetzungen. Ich konnte nun wirklich Kind sein und mich entfalten.

Ich hoffte, dass nun die schweren Zeiten vorbei waren. Doch natürlich hatten die Ereignisse der letzten Jahre meines jungen Lebens tiefe Spuren in meiner Seele hinterlassen. Wie nachhaltig sie waren, würde ich erst zwanzig Jahre später zu spüren bekommen.

DIE WENDE?

Mit meinem Vater bei einem Ausflug im Kaukasus.
Foto: privat

Der neue geregelte Alltag erlaubte es mir, mich wieder auf meine Leidenschaft, die Geige, zu konzentrieren. Anders als für andere Kinder, bei denen der Unterricht und das Üben am Instrument oft nur unter elterlichem oder schulischem Druck stattfanden, gab es für mich schon damals nichts Schöneres als die klassische Musik – und den dringenden Wunsch, sie möglichst vollkommen spielen zu können. Wie früher schon, hatte ich beim Geigenspiel endlich wieder die Empfindung, zur Ruhe zu kommen, mich zu ordnen, der Begriff Flow war bei uns noch nicht gebräuchlich, trifft es aber gut.

Je älter ich wurde, umso wichtiger wurde die Musik für mein Leben. Geigen- und Klavierunterricht erhielt ich mittlerweile auch an der Spezialschule für Musik »Hanns Eisler«. Der dortige Bildungsgang Instrumentalunterricht galt damals als Vorbereitung für ein Studium an der gleichnamigen Berliner Musikhochschule, weswegen sich hier Musikschüler aus der ganzen DDR bewarben. In dieser Zeit näherten sich auch Felix und ich wieder an, der dort Schlagzeug lernte und mit dem mich fortan wieder eine Freundschaft verband, die bis heute anhält.

Mein Leben war nun endlich in ruhiges Fahrwasser gelangt. Die »staatlich verordnete« Distanz zu meiner Mutter war eine gute Entscheidung gewesen. Es gab keine Krisen und Kräche mehr, die mein ohnehin strapaziertes Innenleben aus dem Gleichgewicht hätten bringen können. Die beiden Säulen in meinem Leben, Papa und die Musik, schienen stabil. Und meine Kinderseele konnte sich erholen.

Dazu trugen auch die Reisen mit meinem Vater bei.

In den nun folgenden Sommerferien unternahmen wir jedes Jahr die wochenlangen und abenteuerlichen Fahrten nach Stawropol zu meinen Großeltern. Für mich war das mehr als nur Urlaub. Es war Seelenheilung.

Natürlich stand uns die Welt nicht so offen wie heute, aber die Heimat und das Ursprungsland meiner Familie, die Sowjetunion, war für mich als Zwölfjährigen bunt und aufregend genug.

Der früher oft gehörte Ausspruch »In der Sowjetunion ist alles etwas größer« bewahrheitete sich hier, in der »Russischen Wiese«, besonders eindrucksvoll: Wanderungen unter den übermannshohen Pflanzen hindurch gaben dem ganzen Unternehmen etwas Märchenhaftes, weil wir uns zwergenhaft vorkamen. Ich tauchte in Landschaften und Vegetationen ein, die ich später so ähnlich nur noch in Fantasy-Filmen gesehen habe, inklusive des *very special effects* – als ich mit meinem Vater auf eine Lichtung trat und völlig überraschend eine Art Ballett von Tausenden Schmetterlingen über uns aufstieg und sich über unseren Köpfen wie zu einem Baldachin vereinte.

Unsere Fahrten waren völlig unbeschwert. Und hatten sicher für mich auch einen therapeutischen Effekt. Mein Leben bekam eine Leichtigkeit, wie ich sie schon lange nicht mehr gekannt hatte. Es sind noch heute lebendige Bilder und Erinnerungen, Erlebnisse, die das Band zwischen meinem Vater und mir immer enger werden ließen: Wir beide, wie wir irgendwo an einer Straße frisch gebratenes Schaschlik essen oder uns an einer sprudelnden Quelle erfrischen. Höhlen, in denen wir übernachteten. Das einfache Leben in einer Hütte an der Schwarzmeerküste, wo wir mit Delfinen schwammen und Wasserski fuhren. Ich sehe meinen Vater auf dem Rücken eines Pferdes, mit dem er plötzlich lospreschte, weil er keine Lust mehr hatte, hinter dem Anführer unserer Gruppe herzutrotten. Und wie ich es ihm mit meinem Gaul nachmachte, ebenfalls aus dem Reiterkollektiv ausscherte und wir zu zweit durch die kaukasische Landschaft galoppierten. Und ich werde den Moment nicht vergessen, als Weinbauern mit Schrotflinten auf uns schossen, weil sie uns dabei erwischten, wie wir ihre roten, saftigen Trauben in unsere Rucksäcke füllten. Während im Wilden Westen Viehdiebstahl mit dem Tode bestraft wurde, reichte dafür im wilden Osten offenbar schon Traubendiebstahl!

Es gab offenbar kein Abenteuer, für das mein Vater mich nicht begeistern konnte. In diesen Sommern waren wir wie beste Freunde, und ich hatte die feste Zuversicht, dass mir zusammen mit ihm nichts Schlimmes widerfahren könnte – auch in Situationen, die aus meiner heutigen Sicht nicht gerade ungefährlich waren.

Man kann sich sicher vorstellen, wie gut diese Auszeit meiner geschundenen Kinderseele tat, und kam ich nach solchen Ferienaufenthalten zurück nach Berlin, brauchte es immer ein bisschen, mich wieder an urbane Verhältnisse zu gewöhnen. Damals wuchs in mir der große Wunsch, in der Sowjetunion zu leben, denn dort schien mir alles schöner, leichter und sorgloser. Ich liebte die russische Mentalität, das Lebensgefühl, die Romantik und Leidenschaft, all das hatten mir auch die Besuche bei meinen Großeltern vermittelt. Den Alltag in der UdSSR kannte ich ja nicht, und so hing ich der romantischen Vorstellung an, im Kaukasus läge das Paradies.

Von dieser Zeit mit meinem Vater zehre ich noch heute. Wir waren Verbündete, Abenteuerreisende, und die schweren Zeiten hatten wir hinter uns gelassen. Doch war das wirklich so?

Eine weitere Talfahrt setzte ein, als ich um die 13 war.

Was sich heute wie der konsequente, sich immerzu im Aufwärtstrend bewegende Verlauf meiner Karriere als Berufsmusiker liest, war in Wirklichkeit – und daran sollte sich auch in meinem weiteren Leben nichts ändern – eher eine Art Achterbahnfahrt. Ich hatte durch die sonderbaren Reiseerlebnisse mit meiner Mutter schon einmal den Anschluss verloren und musste ihn mühevoll wieder erreichen. Das galt für die Händel-Schule, aber auch für meinen zusätzlichen Instrumentalunterricht an der Eisler-Schule. Wieder einmal meldete sich Argwohn, dass ich fachlich vielleicht noch nicht gut genug wäre für eine höhere Musikschule.

In diese für einen Jungen in der Pubertät schon nicht leichte Situation rastete ich mit der ganzen Stärke meiner Persönlichkeit ein: Ich galt als eigenwillig, widerspenstig und neunmalklug; Eigenschaften, die zwar ein gewisses Beharrungsvermögen vermuten lassen, allerdings auf der Wunschliste meiner Lehrerinnen nicht gerade ganz oben standen. Ohne mich da genauer auszukennen, vermute ich: Lehrern, die gerade dabei sind, die Nerven zu verlieren, wärmt es ganz gewiss die Seele, wenn der sperrige Schüler folgerichtig in ein Formtief stolpert. Das hehre pädagogische Programm, jeden dort abzuholen, wo er steht, wird dann sicher schon mal kurz aus den Augen verloren. Gerechterweise muss man aber sagen, dass im Bereich der Höchstleistungen, ganz egal, ob in der Kunst, im Sport oder etwa in der Wissenschaft, wenig Zeit für das längere, ganz persönliche Selbstfindungsexperiment ist. Letzten Endes muss es einfach funktionieren.

Da ich noch nie für halbe Sachen war, verschlechterte ich

mich gleich an beiden Schulen, und zwar so dramatisch, dass die Frage aufkam, ob ich an einer Schule ohne jede musische oder musikalische Ausrichtung nicht vielleicht besser aufgehoben wäre.

Meinem Vater gegenüber verheimlichte ich diese Entwicklung aus Scham lange. Die Furcht, ihn zu enttäuschen, ihn traurig zu machen, war größer als alles andere. Schwierig wurde es, als mich meine Klassenlehrerin eines Tages bat, meinem Vater den sogenannten Eltern- oder Hausbesuch anzukündigen. Mir war sofort bewusst, dass ich das Zusammentreffen meines Vaters mit dieser Frau und ihrer für mich ganz unzweifelhaft ungemütlichen Botschaft unbedingt verhindern musste.

Da mein Vater an den Abenden ohnehin meist länger im Institut blieb, behielt ich die Besuchspläne meiner Klassenlehrerin einfach für mich. Ich selbst verließ am späten Nachmittag des besagten Tages die Wohnung, ließ sie zum verabredeten Zeitpunkt ein paarmal erfolglos bei uns klingeln und kehrte erst zurück, als die Luft rein war.

Die abendliche Routinefrage meines Vaters, ob es irgendetwas Neues gäbe, beantwortete ich mit unbestimmtem Nuscheln. Genau richtig: Muffligkeit ist für Eltern mit Kindern in der Pubertät kein besonderes Alarmsignal. Alles noch mal gut gegangen, dachte ich. Der Abend ließ sich sehr harmonisch an.

Bis später eine Nachbarin bei uns klingelte und meinem Vater eine an ihn adressierte Mitteilung überreichte: Was meine Klassenlehrerin im persönlichen Gespräch vielleicht noch diplomatisch verpackt oder sanft abgemildert hätte, traf meinen Vater in der Klarheit der schriftlichen Zusammenfassung voll auf die Zwölf. Er fiel aus allen Wolken. Fassungslos hielt er mir das Kommuniqué entgegen.

Ich fühlte mich schrecklich, ihn so zu sehen. Mein Papa, der so viel für mich getan hatte und immer so in Sorge um mich war! Und das Schlimmste: Er war nicht einmal vordergründig wütend. Seine Reaktion war nicht die eines überambitionierten Vaters, dessen Sohn seine Hoffnungen nicht erfüllte, ich spürte vielmehr seine tiefe Enttäuschung und Traurigkeit. Und das brach mir fast mein pubertierendes Herz.

In der dann folgenden kühlen Bestandsaufnahme, nebenbei flogen auch frühere Ausreden und kleinere Schwindeleien von mir auf, gab mein Vater mir zu verstehen, dass er bei Lage der Dinge keine Schwierigkeiten damit hätte, mich gänzlich von aller musikalischen Ausbildung abzumelden und auf die nächstgelegene Lichtenberger Schule zu schicken.

Ich merkte, wie weh es ihm tat. Seinen Wunsch, Musik studieren und Violinsolist werden zu können, musste er damals aufgeben, und nun vertat ich in meiner jugendlichen Unbedarftheit leichtsinnig eine Chance, um die er vergeblich erbittert gekämpft hatte.

Vielleicht kann man einwenden, dass mein Vater nach allem, was ich in unserer sonderbaren Familie schon mitgemacht hatte, etwas nachsichtiger mit mir hätte sein können. Ich bin mir sicher, das war er. Es war seine, im ersten Moment als unmittelbare Härte zu spürende Art, meinem Leben wieder eine Richtung zu geben. Ich bin ihm dafür sehr dankbar. Ich wurde dadurch zu dem, der ich heute bin.

Als Erstes wurde beschlossen, mich von der Eisler-Schule zu nehmen, damit ich mich voll auf das Programm an der Händel-Schule konzentrieren konnte.

Ich war selbst tief verunsichert: War es am Ende nicht vielleicht wirklich besser für mich, mit dem Musikunterricht aufzuhören? Andererseits war das Geigenspiel nach meinem Empfinden das Einzige, was ich hatte, das mich prägte und ausmachte. Ich wandte mich an meinen alten Geigenlehrer Reinhard Anacker, der für mich nach wie vor ein wichtiger Vertrauter war.

Er hörte mir aufmerksam zu. Schließlich fragte er: »Was willst du?« – weil eine Fortsetzung meines Weges als Musiker ja nicht auf elterlichen Druck, sondern ganz allein auf meinen ureigenen Antrieb hin möglich war. Seine Reaktion war wichtig für mich, ich denke heute, weil sie von außen kam und er mir emotional nicht so nah stand wie mein Vater. Natürlich reflektiert man so etwas nicht mit 13 Jahren, aber in diesem Alter beginnt man auch, sich Orientierungspunkte oder -personen außerhalb der Familie zu suchen. Ich wusste die Antwort: Ich wollte alles tun, um an der Schule und bei meinem Instrument zu bleiben.

Das war der Beschluss. Um mich aus meinem persönlichen Tief zu holen, hatte mir mein Vater ein festes Programm vorgegeben: Jeder Ferientag, auch auf unseren ausgedehnten Abenteuerreisen, begann von nun an mit Schulstoff – Mathematik, Geige oder Geschichte. Solange ich meine Aufgaben machte, ging er spazieren. Wenn er zurückkam, sah er sich alles an, bewertete oder fragte nach. Weil er nicht nur in den musischen und humanistischen Fächern weit über der Höhe meines Lehrplans stand, sondern zu allem Überfluss auch noch promovierter Naturwissenschaftler war, gab es für mich keine Blindfelder, auf denen ich es vielleicht etwas lockerer hätte angehen können. War am Ende alles in Ordnung, hatte ich Freizeit.

Reinhard Anacker, nun wieder mein Geigenlehrer, motivierte mich für dieses strenge äußere Programm zusätzlich. Er merkte mit feinem Gespür, wenn ich Fortschritte machte oder dabei war nachzulassen. Der eigentliche Albtraum für jeden Schüler, dass sich Eltern und Lehrer verbünden, war für mich ein Glück: Eines Tages trafen sich beide, und mein Vater sagte zu Reinhard Anacker: »Sie haben volle Handlungsfreiheit bei meinem Sohn.«

Ein großes Wort, das er gelassen aussprach, weil er merkte, dass ich an der Geige wieder besser wurde. Vater war klug genug zu erkennen, dass eine Konkurrenz zwischen Vater und Sohn keine gute Grundlage war. Denn wenn wir zusammen übten, beschlich mich jedes Mal ein Gefühl der Unterwerfung. Das war keine gute Voraussetzung für ein erfolgreiches Arbeiten. Daher übertrug er diese Aufgabe an Anacker. Und siehe da: Meine Leistungen kamen allmählich wieder ins Lot.

Für alles andere galt mal wieder das Gegenteil.

Ständige Veränderungen gehörten offenbar zu meiner Biographie. Mein Vater trennte sich von der Mutter meines kleinen Halbbruders Jan, die räumliche Distanz war wohl auf Dauer doch zur Belastung geworden. Ende der 1980er Jahre zogen wir aus der Atzpodienstraße aus, und bald darauf sollte mein Vater mit einer neuen Partnerin seinen Seelenfrieden finden. Antonia, »Tonja«, war klug, erhob nie die Stimme, konnte hervorragend kochen und hatte auch sonst alles im Griff. Sie arbeitete für Sovexportfilm und brachte »den Film« und eine unglaubliche liebevolle Ruhe in unser Leben. Wir lebten jetzt mit ihr zusammen. Die Jahre unserer wunderbaren »Männer-WG« waren also vorbei.

Im Oktober 1989, ich war gerade 14 Jahre alt geworden,

kam dann unser gesamtes Land in Bewegung. Eine Woche nach meinem Geburtstag schied der SED-Generalsekretär Erich Honecker aus dem Amt und eröffnete so den bunten Rücktrittsreigen seiner Altherrenriege im SED-Politbüro. Die bis dahin unerschütterliche Mannschaft von annähernd zwanzig Funktionären, die das absolute Machtzentrum der DDR gebildet, selbst Ministern Anweisungen erteilt und die politische Richtung vorgegeben hatte, zerbröselte binnen weniger Wochen. Täglich meldeten die Zeitungen Dinge und Ereignisse, die wohl niemand vorher für möglich gehalten hätten. Daneben gab es immer neue Gerüchte über die nähere und fernere Zukunft unseres kleinen gebeutelten Landes. Und dann war sie plötzlich weg, die Mauer, und die DDR war Geschichte.

Nun stand uns die Welt offen, wir konnten reisen, wohin wir wollten, unsere Zukunft und Karrieren ganz anders planen. Doch neben der großen Euphorie und den damit verbundenen Wünschen und Träumen lernte ich leider auch die Schattenseiten der neuen Freiheit kennen.

Uns Halbwüchsige erreichte all das erst einmal nur mittelbar, quasi über Bande gespielt, durch unsere Eltern, die sich in den folgenden Monaten vielleicht Gedanken über die Erhaltung ihres Arbeitsplatzes machen mussten, ob sie in ferner Zukunft die Wohnung würden halten können oder im schlimmsten Fall schon dabei waren, nach und nach den Halt zu verlieren.

Die Veränderungen kamen bald auch bei uns an: Die ersten Mitschüler, die verdruckst oder verstört in die Klasse kamen und eigentlich noch gar nicht über die Lippen brachten, dass ihre Eltern arbeitslos waren. Nicht nur in Produktionsbetrieben, auch Akademiker und Männer und Frauen aus dem Partei- und Staatsapparat waren darunter. Lebensleistungen galten plötzlich nichts mehr. Ewige Sicherheiten gerieten ins Wanken, es betraf alle, auch Nachbarn bei uns im Haus.

Dann erreichten die Veränderungen die Jugendlichen in unserem Kiez. Wir wohnten in der Albert-Hößler-Straße in Berlin-Lichtenberg. Doch weder die antifaschistische und am Ende tödliche Mission des Namensgebers, der 1941 von den Nazis ermordet worden war, noch das in Sichtweite liegende imposante, wenn auch in Auflösung begriffene Ministerium für Staatssicherheit vermochten die Entwicklung aufzuhalten, die jetzt in unserer locker verbundenen Jugendclique einsetzte.

Logischerweise war ich dort nie richtig angekommen, weil ich mich bei den üblichen Aktivitäten, Fußballspielen am Nachmittag oder Diskothek am Wochenende, allzu oft ausklinken musste, denn zu Hause wartete ja meine Geige auf mich. Dass ich meine Verabredungen mit ihr konsequent einhielt, trug mir anfangs noch den gutmütigen Spott der anderen ein: »Wo ist denn Lenn schon wieder?« – »Na, wo schon!«

Dass ich Geige übte, wenn die anderen zusammen abhingen, war mir bislang lächelnd zugestanden worden. Jetzt sollte es zu einem politischen Problem und der Spott zu einer Gefahr für mich werden. Ich weiß bis heute nicht, ob es die rauen Töne aus den Elternhäusern der Straßenkumpels waren, die plötzlich in die Öffentlichkeit getragen wurden, oder ob sie direkt der eigenen schrägen Denkweise meiner Altersgenossen entsprangen. Sah man sich jetzt auf der Straße, rief man mir von der anderen Straßenseite keine pubertären Herzlichkeiten mehr zu, sondern neuerdings »Russenschwein!« Wem das noch nicht deftig genug war, der titulierte mich inzwischen auch gern laut und öffentlich als »Judensau« –, obwohl das Judentum in unserer Familie eigentlich überhaupt keine Rolle spielte, weil unsere Eltern uns, mal abgesehen von gelegentlichen Besuchen in der Synagoge, atheistisch erzogen hatten. Aber aus der Tatsache, dass wir Juden waren, hatten wir nie ein Geheimnis gemacht, im Gegenteil. Ich hatte jedem, der es wissen wollte, immer klar gesagt: Ich bin Russe. Ich bin Jude. Hier, vor dem Fall der Mauer, waren wir ja auf der »guten« Seite gewesen.

Beschimpfungen wie »Russenschwein« oder »Judensau« hätten im geordneten DDR-Staatswesen zu empfindlichen Sanktionen geführt. Jetzt aber galt das nicht mehr: weder die ängstliche Zurückhaltung, den »großen Bruder« in Moskau zu schmähen, noch die Staatsdoktrin, die DDR hatte ein- für allemal Schluss gemacht mit allen Erscheinungen des Antisemitismus. Wie Luftblasen aus dem Sumpf schmatzte alles wieder nach oben, was Väter und Großväter so umsichtig in sich bewahrt hatten, um nicht aufzufallen oder etwa irgendwo anzuecken.

Ich kann mir jedenfalls nicht erklären, wie man es im jugendlichen Alter von 15 hinbekam, jemandem, mit dem man über längere Zeit halbwegs befreundet war, auf einmal mit derartigem Hass zu begegnen. Bekanntermaßen lernt man bei gesellschaftlichen Umbrüchen besonders viel über die Menschen. Ich durfte es auf der Straße und aus nächster Nähe erleben.

Und es blieb nicht bei verbalen Kränkungen. Zwei Jungs

aus meiner früheren Clique passten mich jetzt öfter ab, um mich zu demütigen, zu treten oder zu verprügeln. Das kannte ich ja schon aus grauer Vorzeit, als ich noch in der Grundschule war. Nun wiederholte es sich.

Vorsichtshalber traten sie immer nur im Doppelpack auf, weil der Berechnungsschlüssel eins zu eins ihnen offenbar zu riskant erschien. Einmal erwischten sie mich vor unserem Hauseingang: Einer von beiden stellte sich mir Auge in Auge gegenüber und begann, mich anzubrüllen. Da ich voll auf ihn konzentriert war, achtete ich nicht auf den anderen, der dicht hinter ihm stand. So traf mich die Faust, die er über die rechte Schulter seines Freundes direkt in mein Gesicht schlug, völlig unvorbereitet. Als ich meinem Vater davon erzählte, meinte er: »So was darf dir nicht noch mal passieren: Du musst merken, wenn sie was mit dir vorhaben, und dann sofort zuschlagen!«

Seine Erstschlagstrategie brachte mich in zweierlei Hinsicht in Schwierigkeiten. Erstens wusste ich eigentlich nicht, wie man sich effektiv prügelt, zweitens wollte ich mir dabei nicht meine Hände ruinieren – ich brauchte sie ja noch zum Geigenspielen. Offenbar hatte mein Vater hier seine Meinung geändert. War er früher beim Fußballspielen um meine Knochen besorgt, schien er beim Thema Selbstverteidigung andere Prämissen zu haben. Also musste ich umdenken.

Wahrscheinlich ahnte ich damals nicht, dass schauspielerisches Talent in mir schlummerte. Als die beiden mich das nächste Mal auf dem Kieker hatten, bewegte ich mich einfach so, wie ich es in diversen Karatefilmen gesehen hatte; ich trat um mich und verteilte effektvoll Handkantenschläge und Fausthiebe. Aus heutiger Sicht kann ich froh sein, dass auch meine Widersacher damals keine richtig harten Schläger waren. Ansonsten wäre meine Jackie-Chan-Attitüde aufgeflogen, hätte auch nur einer von beiden die Sache vertiefen wollen. Aber: »Es hat einen Eindruck gemacht ...«, heißt es bei Brecht so schön, denn ab da hatte ich Ruhe im Kiez, zumindest was Begegnungen der gewalttätigen Art betraf.

Einer der beiden hat mich Jahre später, ich arbeitete schon als Schauspieler für das Fernsehen, über die sozialen Netzwerke kontaktiert, so etwa in dem launigen Ton: »War ja 'ne wilde Zeit damals ...«

Ich nehme an, er meinte es wirklich so.

Ich habe nicht darauf reagiert, und so kann ich bis heute nicht sagen, auf welchem Niveau (»Russenschwein« oder lieber »Judensau«?) er unsere wunderbare Freundschaft eigentlich erneuern wollte.

Trotzdem war meine unmittelbare Umgebung, sagen wir mal: ungesund für mich. Ich musste den Kiez in meiner Freizeit meiden und fand glücklicherweise andere Freundschaften. Doch auch in anderen Kiezen Berlins war ich vor Anfeindungen und Attacken nicht sicher, zumindest war ich nicht mehr allein. Gemeinsam lernten wir jeden Tag Neues. Zum Beispiel, wie lang die Lichtenberger Brücke sich hinziehen konnte, wenn wir vor Neonazis wegrannten, in deren Begriffswelt wir »Zecken« waren. Immerhin fußte die Einordnung diesmal auf Äußerlichkeiten, nicht auf meinem ethnisch-migrantischen Hintergrund. Ich hatte schulterlanges Haar und trug lange Mäntel. Alles, was vermeintlich »links« war oder Punk, wurde damals von den Rechten »Zecke« genannt.

Auch als »Zecke« lebte es sich gefährlich genug. Einmal,

auf der S-Bahn-Fahrt durch Marzahn, versuchten unsere Widersacher, mich aus dem fahrenden Zug zu drängen. Sie rissen mit Gewalt die Türen auf und stießen mich hinaus. Zum Glück zog sich unser Handgemenge ein bisschen hin, so dass die S-Bahn gerade in den Bahnhof einfuhr und ich nur auf die Gehwegplatten des Bahnsteiges fiel. Meine Landung aus voller Fahrt im »Gleiskörper« wäre nicht so glimpflich verlaufen. Außerdem handelte es sich, wie praktisch, um den S-Bahnhof, an dem ich ohnehin hatte aussteigen wollen.

Ich frage mich heute noch gelegentlich, was wohl aus meinen damaligen mitreisenden S-Bahn-Türöffnern geworden ist? Haben sie irgendwann später ihren Platz im Leben gefunden? Oder fallen sie ab und zu ganz gern wieder in alte Gewohnheiten zurück?

Ganz gleich, ob von außen oder aus meinem fragilen Inneren Unruhe in mein Leben kam, ich war seit langem darauf trainiert, mich auf meine Musik zu konzentrieren. Ich konnte ihr wie einem Leitstern folgen. Vielleicht hat mich im heißen Herbst '89 und danach gerade deswegen nicht diese elementare Verunsicherung erfasst, wie viele meiner Altersgenossen.

Der Fall der Mauer bescherte mir aber glücklicherweise nicht nur Rassismus und Antisemitismus, sondern auch eine neue Familie. Es kamen wunderbare Menschen in mein Leben, sozusagen das Gegengewicht zu diesen Dumpfbacken. Plötzlich und unerwartet kam ein ganzes Ensemble an Familie dazu, und das in Berlin und fast nebenan!

Die Mauer war schon ein paar Monate gefallen, da erreichte uns ein Brief aus Stawropol: »Übrigens sind wieder zwei von uns nach Deutschland gezogen!« Opa Mischa ließ uns wissen, dass seine Cousine Sara und ihr Mann Lew von ihren Kindern nach Westberlin geholt worden waren. Seit dem 9. November 1989, der Nacht des Mauerfalls, trennten uns nun nicht mehr die Jahre bis zum (Renten-) Reisealter von diesem Zweig der Kudrjawizkis, sondern lediglich ein paar U-Bahn-Stationen.

Trotzdem zögerte Papa. Zu dieser Zeit pilgerten viele Ostdeutsche in die Bundesrepublik, um bei ihren Verwandten die in Jahrzehnten der Trennung gewachsenen Wiedersehensträume wahrzumachen. Allerdings war da die erste gesamtdeutsche Begeisterung, in der man sich »Waaahnsinnn!« rufend in den Armen gelegen hatte, schon ein wenig verraucht. Papa wollte, das merkte ich, einfach niemandem zur Last fallen. Trotzdem war meine Neugier größer: »Das sind schließlich unsere Verwandten«, protestierte ich.

Inzwischen ist es Frühling geworden. Für unsere Expedition sind wir gut gerüstet. Vor allem haben wir uns einen Westberliner Stadtplan besorgt. Auf unseren älteren (Ost-)Berliner Plänen enden nämlich sämtliche Straßen an der Mauer, und jenseits des »antifaschistischen Schutzwalls« sieht man, je nach Ausgabe, nur eine unifarbene, zart hellgrüne oder karamellfarbene Fläche, die absolute *Terra incognita*.

Wir haben das Haus in der Kreuzbergstraße 8 mit dem Filzstift eingekreist. Unternehmungslustig steigen wir am U-Bahnhof Magdalenenstraße in den Zug, fahren bis zum Alexanderplatz und steigen dort um, ein weiteres Mal an der Station Stadtmitte.

Kreuzberg, zu Zeiten der Mauer eine Randlage Westberlins, hat nach dem November '89 noch nicht in seine neue Rolle als Wohngegend inmitten des wiedervereinigten Berlins gefunden, die Gentrifizierung wird hier erst in ein paar Jahren nach den Vierteln greifen. Wir stehen vor einem gut erhaltenen Gründerzeithaus, das Klingelbrett verrät, dass Lew Iljitsch, unser vor kurzem hierher übersiedelter Verwandter, Beletage wohnt. Wir klingeln.

Vor der Wohnungstür schwanken wir zwischen der Ergriffenheit vor der Größe des Augenblicks – und der Heiterkeit darüber, wie wir uns präsentieren: Wir stehen da und halten dem älteren Herrn, der uns öffnet, unsere DDR-Personalausweise hin, wie zwei Kriminalbeamte, die sich ordnungsgemäß ausweisen wollen.

»Guten Tag, was wünschen Sie?«, fragt er uns auf Russisch.

»Wir sind Kudrjawizkis«, antwortet Papa, ebenfalls auf Russisch. Der Mann sieht erst Papa an, dann mich, seufzt, schüttelt den Kopf und sagt auf Russisch: »Wirklich, Kinderchen – steckt die Ausweise weg! Ich brauche euch doch nur ins Gesicht zu gucken, um zu sehen, dass Ihr Kudrjawizkis seid! Meine Frau ist schließlich auch eine Kudrjawizki!«

Auch für ihn muss es ein sonderbarer Moment sein: Sara, seine Frau, liegt zu dieser Zeit im Krankenhaus im Sterben, und plötzlich klopfen zwei neue Familienmitglieder an seine Tür ...

Witzig und anrührend zugleich: Diese Art der »Gesichtserkennung« wird später auch in Israel und New York funktionieren.

Wir werden hereingebeten und von Lew sofort mit Tee bewirtet. Das Gespräch ist vom ersten Moment an lebhaft, als hätte man sich nicht seit mehr als zwanzig Jahren aus den Augen verloren, sondern käme mal eben zum Routineverwandtenbesuch vorbei: Und? Wie geht's in Stawropol?

Etwas später erzählt Lew wie beiläufig: »Wisst Ihr eigentlich, dass meine Kinder auch hier im Haus wohnen? Direkt über mir!« Wir sind erstaunt. »Wollen wir mal schnell raufgehen?«

Natürlich wollen wir: Sein Sohn, Onkel Ilja, ist ein Cousin von Papa. Er und seine Frau, Tamara, haben Lew und Sara als Spätaussiedler nach Deutschland geholt. Warum nicht, unsere Familie ist inzwischen über die halbe Welt verstreut: Sowjetunion, Ukraine, USA, Deutschland und Israel.

Auch bei ihnen ist die Freude groß. Wir werden sofort in die Wohnung gezogen und den beiden Töchtern vorgestellt, die gerade mit ihren Freunden da sind. Außerdem wohnt vorübergehend noch ein Ehepaar in der Wohnung, das vor kurzem aus Baku nach Westberlin übersiedelt ist. Wir alle sprechen Russisch. Mir wird leicht schwindlig, über Jahre hinweg war Papa meine ganze Familie, und jetzt – Familienzuwachs um mehrere hundert Prozent – und das innerhalb von nur einem Nachmittag!

Wir erfahren, dass Tamara und Ilja eigentlich in Kanada hatten Fuß fassen wollen, dann aber schon 1978 über Italien irgendwie nach Berlin-Kreuzberg gekommen waren. Ohne es zu wissen, hatten sie also über zwanzig Jahre quasi um die Ecke gewohnt. Bislang jedoch durch die Mauer voneinander getrennt. Das alles ist sehr viel auf einmal, aber ich will immer weiter die Geschichten meiner Verwandten hören! Als Papa und ich von der jüngeren Verwandtschaft animiert werden, mit zu einem Konzert zu kommen, lasse ich sie ziehen. Lew antwortet auf jede meiner Fragen, so gut er kann, denn auch ihm ist nicht jede Abzweigung unserer großen Familie vertraut.

Als Papa mit den anderen nach vier Stunden zurückkehrt, bin nicht nur ich näher an die Kudrjawizkis herangerückt. Auch bei ihm habe ich den Eindruck, als wären wir alle nie getrennt gewesen. Und in mir breitet sich ein schönes Gefühl aus: Familie ist etwas Wunderbares! Und so wird es bleiben, die ganzen nächsten Jahre: Mindestens einmal in der Woche fahre ich nach Kreuzberg!

Mama und Sascha sah ich nur selten. Doch nun planten Papa und ich ein Wochenende in unserem Ferienhaus in Brandenburg. Und Sascha sollte dabei sein.
  Voller Freude fuhr ich nach Leipzig, wo Sascha an der Musikhochschule »Felix Mendelssohn Bartholdy« studierte. Ich bewunderte ihn nach wie vor, sein Talent und seine Leichtigkeit waren einzigartig, und er war schon auf dem Weg, den auch ich einschlagen wollte. Gemeinsam fuhren wir nun an den Ort, wo wir in unserer Kindheit so viele schöne Tage verbracht hatten. Arm in Arm spazierten wir wie zwei echte Brüder durch die Felder und Wiesen. Ein glücklicher Moment. Vielleicht würde ja doch wieder alles gut. Und die ganze Familie wieder zusammengeführt werden. Unsere ganz private Wiedervereinigung.

FÜGUNG UND SCHICKSAL

Die Liebe zur Geige verband Nora und mich schon sehr früh. Fotos: privat

Was mein Leben als zukünftiger Berufsmusiker betraf, ging es mit großen Schritten voran. Zum Rundfunkkinderchor, in dem ich seit meinem achten Lebensjahr sang, gehörte ein Jugend-Sinfonie-Orchester. Johannes Lucchesi, der Leiter des Orchesters, gründete ein Quintett. Mit nun 15 Jahren und nach meinem Stimmbruch wurde ich dort Konzertmeister und erster Geiger. So nennt man den am ersten Notenpult außen stehenden oder sitzenden Stimmführer der Gruppe der ersten Violinen. Er folgt in der Hierarchie eines Orchesters gleich nach dem Dirigenten. Am Pult hinter mir saß eine kleine Geigerin. Sie hieß Nora, war zehn Jahre alt und zum ersten Mal bei unseren Proben dabei. Sie machte sich einen Spaß daraus, mich mit ihrem Bogen immer wieder an der Schulter zu kitzeln. Sie mochte mich augenscheinlich sehr, denn schon bald fing sie damit an, mich in der Pause mit Broten aus ihrer Frühstücksbox zu versorgen. Da ich damals einen gesegneten Appetit hatte, musste sie bald ein Modell mit größerem Fassungsvermögen anschaffen. Ihre Mutter mag sich anfangs gewundert haben, wie das zierliche Mädchen derartige Mengen an Wurst- und Käsebroten, Obst und Gemüse vertilgen konnte. Später, als meine Teilhabe an der Frühstücksversorgung offenbar geworden war, gestaltete sie das Angebot flexibler für zwei.

Auf den vielen Proben, Vorspielen und Auftritten sahen wir uns immer wieder, und durch unsere gemeinsame Leidenschaft für die Musik entwickelte sich zwischen einem 15-jährigen Jugendlichen und einem fünf Jahre jüngerem Mädchen eine echte Freundschaft.

Doch für Nora war ich bald nicht mehr nur der »Geigenfreund«, sie fing an, für mich zu schwärmen, wie es vielleicht viele Mädchen tun, wenn sie den Typen aus der Oberstufe toll finden. Sie schrieb mir Briefe, erst freundschaftliche, später auch Liebesbriefe. Doch in meinen Augen war Nora damals noch ein Kind. So wurde ich ihr engster Vertrauter, und sie fand sich damit ab, dass ich eben »nur« ein Freund war.

Natürlich interessierte ich mich auch für gleichaltrige Mädchen, und damit unser Verhältnis in unserer Umgebung nicht immer wieder zu Verwunderung und Nachfragen Anlass gab, einigten wir uns in der Außenwirkung darauf, dass ich von nun an Noras großer Bruder wäre. Das machte Spaß und ging im Allgemeinen gut durch; ein paar ganz Schlaue entdeckten jetzt sogar familiär-physiognomische Ähnlichkeiten zwischen Nora und mir. Wer dann noch sah, wie wir miteinander umgingen, hatte ohnehin gleich die Bruder-Schwester-Konstellation im Kopf. Nora erlebte – aus angemessener Entfernung – meine erste Liebe, ich ein paar Jahre später die ihre. Hatte einer von uns Liebeskummer, konnte der andere ihn trösten.

Dass dieses kleine vorwitzige Mädchen noch eine ganz besondere Rolle spielen würde, war mir damals natürlich nicht klar. Zunächst nahm mein Leben als Musiker ordentlich Fahrt auf. Und nicht nur das. Eine neue Zeit brach an.

Es gibt Leute, die ihre Karriere genau planen und ihr Ziel dann nicht mehr aus den Augen verlieren. Ich weiß nicht, ob so etwas in künstlerischen Berufen überhaupt möglich ist: Immer wieder tauchen neue Ziele auf, oder Veränderungen im Kulturleben erzwingen eine Kurskorrektur. Oder eine Pandemie bricht plötzlich aus. Hier gilt wohl eher der Spruch: »Wie bringst du Gott zum Lachen? Erzähl ihm von deinen Plänen!« Keine Ahnung, wie Gott meinen Plan fand, nach dem Abitur ein Musikstudium anzuschließen, um meine Berufslaufbahn als Violinist in die Wege zu leiten. Ich hatte noch keine Gelegenheit, mit ihm darüber zu diskutieren.

Jedenfalls wurde ich um das Jahr 1990 gefragt, ob ich Lust hätte, in einem Dokumentarfilm mitzuspielen: »Angst macht Gewalt«. Er hatte das Erstarken rechtsradikaler Tendenzen in der Jugend Ostdeutschlands zum Thema. Ein Arbeitskollege meines Vaters hatte dem Regisseur von mir und meiner Geige erzählt: »Willste dir den nicht mal angucken?«

Es ging unter anderem um eine Naziband, deren Texte so extrem waren, dass die Mitglieder nur maskiert auftraten, und wenn ich mich recht erinnere, wollte man dieser düsteren Zustandsbeschreibung ein paar »andere« Jugendliche entgegensetzen – etwa solche wie mich. Hinzu kam, dass ich mich mit dem Thema auch ganz persönlich auskannte, ich hatte Rechtsradikalität ja am eigenen Leib erfahren.

Mit Dokumentarfilmen hingegen hatte ich in jener Zeit noch nicht allzu viel Erfahrung. Aber natürlich interessiert man sich als Jugendlicher für so ziemlich alles, was »mit Medien« zu tun hat. Und die Anfrage reizte mich. Es ist ja eines von den liebevolleren Klischees, dass alle Russen Geige spielen, im Schach unschlagbar sind und auf der Metro-Rolltreppe permanent Anton Tschechow lesen oder auf Partys Puschkin zitieren. Aber wenn es für einen guten Zweck war; außerdem sollten die (westdeutschen) WDR-Zuschauer ruhig mal zur Kenntnis nehmen, dass es im Osten nicht nur Dumpfbacken, Loser oder Nazis gab. Und ich konnte meinen Beitrag dazu leisten.

Es sollte bei diesem einen Engagement nicht bleiben.

Offenbar hatte mich der Kameramann drei Jahre später,

ich war gerade 18 und bereitete mich auf mein Abitur vor, noch in Erinnerung, als er bei der ZDF-Fernsehfilmproduktion *Katrin und Wladimir* einstieg und mich dem Regisseur Jens Becker für die männliche Hauptrolle empfahl. Ich hatte zwar immer noch den großen Wunsch, an der Hochschule zu studieren, dennoch reizte mich das Filmangebot. Vielleicht hatte ich ja Blut geleckt.

Jens Becker lud mich zu einem Casting ein, und kurz darauf hatte ich die Rolle. Es handelte sich um die tieftraurige Liebesgeschichte zwischen der an Mukoviszidose leidenden 17-jährigen Katrin und dem bei der Reaktorkatastrophe im April 1986 im nordukrainischen Tschernobyl verstrahlten und später an Leukämie erkrankten Musiker Wladimir. Beide lernen sich im Krankenhaus kennen. Weil Katrin weiß, dass ihr vielleicht kein langes Leben beschieden ist, möchte sie in der ihr verbleibenden Zeit vor allem noch eines erleben: die ganz große Liebe.

Jens Becker erklärte mir meine Rolle, gab mir die Zuversicht, sie bewältigen zu können und so vielleicht den Anfang einer erfolgreichen Schauspielerlaufbahn zu starten. Das überraschte mich – eine Schauspielerlaufbahn? Ich hatte nicht vor, mich von der Musik abzuwenden, und habe es auch bis heute nicht getan. Dennoch war ich offen, immer bereit, neue Chancen zu ergreifen und sie zu nutzen. Eine Eigenschaft, die ich mir bewahrt habe und die mir stets neue Türen öffnet, hinter denen sich großartige Möglichkeiten befinden.

Da hatte sich nun wieder eine Tür geöffnet, und ich war stolz, dass der Regisseur in mir offenbar ein Schauspieltalent sah. Nun, wo eigentlich alles geklärt war, rückte er noch mit einem kleinen Detail raus: Wenn der von mir zu spielende Wladimir so schwer krank war, würden ihm natürlich sämtliche Haare ausgehen. Wie bitte? Gerade noch hatte ich mich auf diese neue spannende Herausforderung in meinem Leben gefreut, nun wich mir die Farbe aus dem Gesicht. Ich war völlig fassungslos. Zu jener Zeit trug ich schulterlanges schwarzes Haar, je nach Tagesform offen oder als Zopf wie Christopher Lambert in *Der Highlander*, und ich war in einem Alter, in dem einem derartige Dinge unerhört wichtig sind!

Jens Becker sah meine Bestürzung, er hatte wohl damit gerechnet, konnte mir aber in dieser Sache nicht entgegenkommen. Freundlich bat er mich, mir alles in Ruhe zu überlegen.

Ein furchtbares Dilemma. Nachdem ich mich mühsam beruhigt hatte, besprach ich die Sache mit meinem Vater. Der freute sich natürlich über die Chance, die eine Fernsehrolle mir bot, und hatte auch keine Sorge um meine Musikerkarriere. Bei mir lief alles gut, und er traute mir durchaus beides zu. Und so konnte ihn selbst die Aussicht, seinen geliebten Sohn demnächst mit Glatze sehen zu müssen, nicht schrecken. Was meinen Zwiespalt anbelangte, erwies er sich als Pragmatiker. Als er merkte, wie unentschlossen ich war, meinte er: »Bedenke, die Haare wachsen nach – die Chance vielleicht nicht!« So erleichterte er mir die Entscheidung, auch weil er in der Fernseharbeit einen neuen weiteren kreativen Raum für mich sah.

Er sollte recht behalten. Und dann kam der Tag, an dem meine schönen Haare dieser Chance zum Opfer fielen.

Die Maskenbildnerin ging bei der Haarschneideprozedur sehr sensibel zu Werke und schnitt nicht einfach so drauflos. Doch im Spiegel sah sie während der ganzen Zeit mein Gesicht, wahrscheinlich war ich den Tränen nahe. »Weißt du was?«, sagte sie. »Ich mach dir vielleicht eine schöne Perücke!«

Sollte mich das trösten? Eine Perücke?! Meine Haare wurden sorgsam zusammengelegt, und ich konnte ein letztes Mal traurig darüberstreichen.

Nachdem mein Vater mir so beherzt zugeraten hatte, sollte er als Erster einen Blick auf meine Festplatte werfen. Ich klingelte. Er öffnete, erkannte mich, und das Wasser schoss ihm in die Augen: »*Ach, moi soldatik*« – ach, mein kleiner Soldat, seufzte er und umarmte mich. Ich war erstaunt, wie emotional er reagierte. Für einen Moment hatte ich vergessen, dass in seiner Generation und auch noch in meiner der kahlgeschorene Schädel eines jungen Russen das untrügliche äußere Zeichen dafür war, dass die Söhne, noch gar nicht richtig erwachsen, zum Armeedienst einrücken mussten. Der dauerte in der Sowjetunion bedeutend länger als damals in Deutschland und war selbst in Friedenszeiten kein Lebensabschnitt, mit dem der Rekrut oder auch nur seine Angehörigen irgendwelche angenehmen Gefühle verbinden konnten.

Die Rolle als Wladimir war von Anfang an sehr anspruchsvoll und forderte mir viel Kraft ab. Ich wusste ja nicht, wie es sich anfühlt, ein verstrahlter Leukämiekranker zu sein. Ich war auch nicht gerade in meine Filmpartnerin verliebt. Trotzdem musste ich beide Lebenslagen glaubhaft und anrührend gestalten. Ich bin meinem Regisseur bis heute dankbar, dass er mich dabei so sensibel unterstützt hat. Auch mit Marianne Sägebrecht, die ebenfalls im Film besetzt war, verbindet mich seitdem eine besondere Freundschaft, die wir bei gemeinsamen Projekten immer wieder auffrischen und vertiefen. Später traf ich auch unsere Maskenbildnerin wieder. Nach 15 Jahren teilte sie mir beiläufig mit: »Deine Haare sind übrigens noch bei mir!« Sie hatte sie für mich noch nicht zur Perücke geknüpft, was sie allerdings später nachholte. Heute liegen meine Haare sorgfältig aufbewahrt bei mir im Schrank und erinnern mich an meinen ersten Film, der mir das Tor zu einem neuen Leben geöffnet hat. Es ist ein wunderbarer Augenblick, wenn man auf diese Weise ein bislang unvermutetes Talent in sich spürt. Dieser neue Beruf war gewissermaßen Liebe auf den ersten Drehtag. Ich stand vor der Kamera und konnte dann auch noch den Soundtrack des Films mit der Geige einspielen. Gibt es ein größeres Geschenk?

Während ich auf meinem Weg als Violinist im entscheidenden Moment immer auf mich selbst gestellt war, lernte ich nun die Arbeit am Set kennen, mit Schauspielerkollegen und dem ganzen Team hinter der Kamera, die – in glücklicheren Fällen – eine wunderbare Familie auf Zeit sein können.

Ich hatte einen langen Weg zurückgelegt. Wie viel Zeit war vergangen, seit ich verzweifelt und einsam in Rumänien unter dem Sternenhimmel stand und nur heim wollte? Ich hatte all die Tiefen, die Krisen und Konflikte überstanden. Ich hatte Prügel einstecken müssen, dumpfen Hass ertragen und mich durch künstlerische Formtiefs gekämpft. Viel gearbeitet und geübt. Die wunderbaren Momente mit meinem Vater hatten mir Halt und Zuversicht gegeben. Ja, meine Mutter hat in meinen Augen sicher Fehler begangen und es mir nicht immer leicht gemacht. Aber sie hat mich geliebt, mich gefördert, mein Talent gesehen und unbeirrt alle Hebel in Bewegung gesetzt, wenn es um meine »Karriere« ging. Bestimmt hat sie immer nur das Beste für ihren kleinen Lonja gewollt. Was immer das aus ihrer Sicht auch war.

Das alles hatte mich zu dem werden lassen, der ich nun war. Es lag doch eine glänzende Zukunft vor mir! Ich würde mein Abitur machen und an der Hochschule Geige studieren. Und ich stürzte mich mit großer Freude und Enthusiasmus in meine neue Arbeit als Schauspieler. Jetzt endlich sollte alles einmal wirklich gut sein. Und auch bleiben.

Es war mir nicht vergönnt. Das Schicksal oder wer auch immer hatten noch ein paar Prüfungen für mich. Auf eine ganz andere Weise und vor allem völlig unerwartet drehte sich mein Leben noch einmal: Am 11. Oktober 1994, einen Tag nach meinem 19. Geburtstag, kam ich von einem Drehtag bei *Katrin und Wladimir*, als mich mein Onkel Ilja anrief.

»Wo bist du?«, fragte er knapp und ungewöhnlich ernst.

Eine seltsame Gesprächseröffnung, die mich verunsicherte.

»Warum fragst du?«

Er schwieg kurz. »Komm erst mal nach Hause!«

Das Gespräch war beendet.

Zu Hause erwarteten mich Onkel Ilja, Tante Tamara und Tonja, Papas Frau. Sie hatten vor einer Stunde erfahren, dass mein Vater mit dem Auto tödlich verunglückt war. Wie sich später herausstellen sollte, hatte er einen Herzinfarkt während der Fahrt.

Gerade noch himmelhochjauchzend und jetzt wieder in die dunkelste Tiefe gestoßen!

Wie eine Traumsequenz erscheint mir im Nachhinein ein Bild vom Abend meines 19. Geburtstages: Ich hatte mit der Familie gefeiert, für alle gekocht und danach noch eine

Freundin nach Hause gebracht. Als ich zurückkam, standen Papa, Tonja, Ilja und Tamara noch vor unserem Haus. Meine Familienbande. Es war ein milder Herbstabend. Sie unterhielten sich angeregt, gestikulierten, lachten. Mein Glück war vollkommen.

Am Tag darauf Papas tödlicher Unfall.

Und noch lange danach quält mich morgens das beim Erwachen einsetzende Bewusstsein, dass jetzt alles anders ist, dieser Tag und alle Tage, die kommen werden.

Es gibt Gewissheiten, die länger brauchen, bevor sie wirklich bei uns eintreffen.

So verbindet sich die Erinnerung an meinen ersten Film mit dem großen Schmerz und dem Verlust, den der Tod meines geliebten Papas für mich bis heute bedeutet.

Wenn man einen Menschen so früh verliert und sich das gemeinsam gegangene Stück des Weges in Erinnerung ruft, melden sich manchmal Zweifel, ob man die Fürsorge und die Liebe, die man empfangen hat, dankbar und stark genug erwidert hat. Ich sehe meinen Vater an unseren Hausmusikabenden mit seiner Geige, mir fallen meine Tränen als kleiner Junge ein, als ich ihn anflehte, bei uns zu bleiben, und er nur deshalb noch jahrelang ausharrte. Unser Aufstieg an der Steilküste der Ostsee, die Reisen durch die Sowjetunion, und ich höre, wie er mich am Ende bestärkt, die Rolle des Wladimir anzunehmen.

Ich war gerade 19 Jahre alt. Meine Mutter war mir fremd geworden, ebenso mein Bruder. Vier Jahre waren seit unserem gemeinsamen Wochenende in Brandenburg vergangen, als wir Arm in Arm durch die Landschaft geschlendert waren.

So sehr ich es mir auch wünschte, wir hatten daran nicht anknüpfen können, die Beziehung zwischen Sascha und mir war nicht wieder so eng und vertraut geworden, wie sie mal war.

Und nun hatte ich auch noch den wichtigsten Menschen in meinem Leben verloren. Meinen Freund, meinen Ratgeber, meinen Mentor, meinen Halt. Papa war tot.

VERGEIGT – WAS NUN?

*Mit Marianne Sägebrecht bei den Filmaufnahmen zu
»Katrin und Wladimir«. Foto: privat*

Unwirklich, meine Erinnerungen an die ersten Wochen nach dem Tod meines Vaters. Der Hauptorientierungspunkt meines Lebens verschwunden, erloschen wie ein Stern am nächtlichen Himmel, der mich bis dahin immer geleitet hatte. Tagsüber manchmal der sekundenkurze Irrtum, er wäre ja noch da, wartete zu Hause. Und was würde er jetzt hier oder dazu sagen?

Vielleicht wäre ich damals richtig abgestürzt, ohne meine Musik – und ohne meine Familienbande. Ich hatte ja nun seit knapp vier Jahren mit Lew, Ilja und Tamara eine neue Familie. Außerdem gab es natürlich noch meine Freunde Micha und Felix. Und ich hatte Nora, meine beste und treueste Freundin seit gemeinsamen Orchestertagen. Seit die Geigenschülerin bei der Orchesterprobe hinter mir Platz genommen hatte, hatten wir einander nie mehr aus den Augen verloren und waren uns mittlerweile familiär verbunden. Ich hatte ihre Eltern, beide Gymnasiallehrer, kennengelernt. Für Papa war sie irgendwann »unsere Nora«.

Als ich nach seinem Tod wieder zur Orchesterprobe kam, war Nora die Einzige unter den Jugendlichen und Erwachsenen, die auf mich zukam, um mir ihr Mitgefühl auszudrücken. Die anderen hatten wohl davon gehört, aber bekanntlich haben nicht nur Jugendliche Probleme, mit dem Tod umzugehen, wenn es jemanden in ihrer näheren Umgebung betrifft. Nora aber war teilnahmsvoll und völlig unverkrampft. Sie war mir in dieser Zeit eine wertvolle Stütze, und das hat uns noch mehr zusammengeschweißt.

So bin ich, auch dank der Menschen um mich herum, vielleicht nicht von heute auf morgen abgestürzt, nein, ich konnte noch ein paar Jahre ordentlich Anlauf nehmen, um dann später böse auf dem Boden der Tatsachen zu landen. Davor konnten mich auch Familie und Freunde nicht bewahren. Ich wollte mir auch gar nicht helfen lassen, weil ich gar nicht sah, dass ich Hilfe brauchte.

Zunächst stürzte ich mich in die vielfältigsten Formen von Arbeit, fast manisch übte und spielte ich –, als ginge es um mein Leben.

Ich war bereits mit 18 zu Hause ausgezogen – in eine Einzimmerwohnung in der Friedrichshainer Wühlischstraße: Die Wohnung hatte eine Außentoilette, und die Duschkabine stand in der Küche. Noch heute höre ich das schmatzende Geräusch, das die lautstark arbeitende elektrische Pumpe machte, wenn sie das Wasser aus der Duschtasse saugte. Aber egal, mit 18 eine eigene Bude, wer hatte das schon! In Ostberlin jener Jahre war das eine Seltenheit und absoluter Luxus, um den mich meine Freunde heftig beneideten, auch wenn es bei ihnen in den elterlichen Wohnungen viel mehr Komfort gab. Bei mir gab es keine nervenden Eltern, und so hatte ich eigentlich ständig Besuch und Übernachtungsgäste, was besonders nach dem Tod meines Vaters für mich wichtig war. Ich war selten allein, und das Kommen und Gehen in meiner kleinen Wohnung sorgten für willkommene Zerstreuung und Abwechslung. Doch wie sollte es jetzt weitergehen? Rat und Tat konnte ich mir zwar jederzeit bei Tonja, Ilja und Tamara holen. Auch Nora, Micha und Felix hatten stets ein offenes Ohr für mich. Aber Trauer und Einsamkeit, die Enttäuschungen und Verletzungen behielt ich tief in meinem Inneren verborgen. Und so konzentrierte ich mich zunächst darauf, die Schule abzuschließen und damit den Wunsch meines Vaters zu erfüllen: »Ich möchte, dass du dein Abitur machst und Geige studierst.«

Daher kam nach bestandenem Abitur für mich nichts anderes in Frage, als an der Berliner Musikhochschule zu studieren. Nicht nur für Papa, es war auch immer schon mein großer Traum gewesen. Auch ohne größenwahnsinnig zu sein, was ich übrigens nach meiner Erinnerung damals war, rechnete ich mir gute Chancen bei der Aufnahmeprüfung aus. Meine Lehrer, insbesondere mein Geigenlehrer Reinhard Anacker, hatten mich in meinem Vorhaben bestärkt. Doch ich war verunsichert, fühlte mich schrecklich allein und stand nun vor dem nächsten wichtigen Abschnitt meines Lebens.

Es lässt sich gut an, mein Vorspiel an der Hochschule. Ich spiele ein Stück des polnischen Komponisten und Geigenvirtuosen Henryk Wieniawski aus dem 19. Jahrhundert und ein Violinkonzert von Felix Mendelssohn Bartholdy. Ich fühle mich bestens vorbereitet, bin voll konzentriert und gehe ganz in meinem Spiel auf. Es macht fast gar nichts, dass einer der Professoren währenddessen in seine Aktentasche greift und ein in raschelndes Papier gewickeltes Frühstücksbrot auspackt. Erst später werde ich erfahren, dass es manchmal einen kleinen Wettstreit unter den Professoren gibt, ihren jeweiligen Protegé sicher durchs Ziel zu bringen und dafür unter den anderen Kandidaten ein wenig Verwirrung zu stiften.

In meinem Fall geht diese Rechnung voll auf. Ich bin so froh, meinen Vortrag in erwarteter Qualität über die Bühne gebracht zu haben, dass mich das Bedürfnis der Prüfungskommission, sich mit mir darüber zu unterhalten, völlig unvorbereitet erwischt: Ich weiß schlicht nicht, wo das Stück in Wieniawskis Werkverzeichnis steht. Als ich sehe, dass man darüber die Stirn runzelt, erfasst mich leichte Panik, aus der ich mich im Laufe des Gesprächs in eine Art Blackout steigere. Mein Kopf scheint völlig leer zu sein. Schließlich geht gar nichts mehr ...

Die Reaktion erfolgt prompt; in netter Form lässt man mich wissen, dass es mit einem Studium an der ehrwürdigen Hanns-Eisler-Musikhochschule vorerst einmal nichts würde. Mein Spiel habe zwar gefallen, aber alles darüber Hinausgehende wird als krasse Fehlleistung gewertet.

Ich war wie vor den Kopf geschlagen. Wer an eine Kunsthochschule will, brennt nur dafür – und hat nicht noch einen Plan B mit irgendeinem anderen Beruf im Jackett. Seit meinem fünften Lebensjahr lief eigentlich alles logisch auf eine Hochschulaufnahme hinaus. Dafür hatten meine Eltern ja gesorgt. Und auch für mich gab es nur diesen einen Weg. Natürlich war auch die Schauspielerei mittlerweile eine Option. Aber keine Alternative.

Ich wollte mich nicht für oder gegen das eine oder andere entscheiden. Ich war von Kindesbeinen an auf die Musik programmiert, ich würde auf Lebenszeit mit ihr verbunden bleiben. Also wollte ich beides. Genau genommen wollte ich alles. Außerdem hatte ich meinem Vater versprochen, Geige zu studieren. Und nun war er gegangen und konnte mich aus meinem Versprechen nicht mehr entlassen.

Ich stehe auf der Straße, und es ist einer der Augenblicke des Lebens, in dem man fest davon ausgeht, die Welt müsste stehen bleiben. Aber die Welt hat offenbar Besseres vor. Alles läuft einfach weiter, nur dass mich langsam das Bewusstsein einholt, ich würde nicht an der Musikhochschule studieren!

Die Frau meines Geigenlehrers, die mit mir in die Hochschule gekommen ist, um mich moralisch zu unterstützen und vor allem am Klavier zu begleiten, spürt wohl, wie heillos verwirrt ich bin.

»Weißt du was, mach doch erst mal gar nichts«, rät sie mir entspannt. Das ist gut gemeint, aber für jemanden, der gefühlsmäßig gerade mit hundert gegen die Wand geknallt ist, kein leicht umzusetzender Rat. Ich bin doch so erzogen, sofort und immer nach Weiterentwicklung zu streben und mir keine Ruhe zu gönnen!

Andererseits – was soll ich jetzt machen, besonders, wenn ich nichts mache …? Und über allem schwebt der Gedanke: Wenn Papa das erlebt hätte! Wäre er enttäuscht gewesen? In mir breitet sich das furchtbare Gefühl aus, ihn verraten zu haben. Ich habe versagt!

Ich fuhr nach Kreuzberg und breitete mein ganzes Desaster vor Ilja und Tamara aus. Wozu hat man schließlich Familie! Ilja hatte eine wunderbar beruhigende Art, mir zuzuhören und dann die Dinge praktisch zu bedenken. Natürlich konnte auch er mich nicht aus meinem Dilemma befreien, aber er nahm mir etwas von meiner augenblicklichen Verzweiflung und beruhigte mich.

»Lass mal ein paar Tage vergehen, dann wirst du dich schon finden«, meinte er und schlug vor, ihn auf einer Dienstreise zu begleiten. Als Ingenieur musste er zur Abnahme einer technischen Anlage nach Baden-Württemberg. Auf der langen Autofahrt sah ich ein mir bis dahin unbekanntes Stück Deutschland, und wir redeten viel, hauptsächlich wohl ich. Über meinen Lebensentwurf und den Weg dorthin, der mir jetzt erst einmal völlig verbaut schien.

Onkel Ilja erzählte von seinen Anfängen in der Bundesrepublik, nachdem Tamara und er aus der Sowjetunion nach Deutschland ausgereist waren. Beide hatten sich hier gleich neu orientieren und keine Zeit verlieren wollen. Sie hatten erkannt, wie wichtig es war, als Erstes schnell die deutsche Sprache zu lernen und möglichst gut zu beherrschen, um sich in das Leben in Deutschland einfügen zu können. Ohne sich mir als Beispiel anbieten zu wollen, ließ er mich an seinen Erfahrungen teilhaben: dass es darauf ankam, genau zu wissen, was man wollte, und dann aktiv zu werden, sein Leben in die Hand zu nehmen und nicht darauf zu warten, dass andere es richteten. Natürlich hatte ich auch vor unseren Gesprächen nicht die Absicht gehabt, passiv zu bleiben, zu lamentieren und die Schuld für meine Abweisung an der Schule gleichmäßig auf meine Umwelt und meine schwere Kindheit zu verteilen. Aber ich fühlte mich irgendwie verloren, und was Ilja fast beiläufig erzählte, gab mir Klarheit. Über die Dinge zu reden, die mich bewegten, gehörte damals nicht zu meiner Königsdisziplin. Gleichwohl spürte ich in den Gesprächen mit ihm, dass es guttat, denn wenn man seine Gefühle und Gedanken aussprach, dann waren sie gewissermaßen in der Welt, und man konnte mit ihnen arbeiten.

Obwohl ich nie sonderlich spirituell dachte, beschlich mich manchmal das Gefühl, Ilja hätte, mich betreffend, eine Art Vermächtnis von Papa übernommen. Heute weiß ich, dass sich solche Entwicklungen in einer guten Familie ganz von selbst ergeben.

Er riet mir, die Sache ruhig anzugehen, ich sollte mir keinen Druck oder Stress machen, und das wollte ich versuchen.

Denn meistens geraten die Dinge von ganz allein in Bewegung. Und so war es dann auch.

Erst einmal lenkte ich mich mit musikalischen Aktivitäten ab. Mein Nachbar, der mich immer wieder auf der Geige üben gehört hatte, klingelte eines Tages und fragte mich, ob ich Lust hätte, bei einem Benefizkonzert mitzuspielen. Allerdings hatte er zu diesem Zeitpunkt noch kein Programm. Ich fragte meinen Freund Micha, der bereits Irish Folk spielte – es war die große Zeit des Irish Folk nicht nur in Berlin –, und gemeinsam stellten wir ein Programm zusammen.

Das Benefizkonzert brachte wirklich Geld ein – für einen guten Zweck. Und für mich begann eine herrliche Zeit. Es ist wunderbar, wenn das Publikum schon nach wenigen Minuten voll dabei ist und einen dann den ganzen Abend lang trägt. Schon bald spielten wir an fünf Abenden in der Woche für ein Abendessen oder freie Getränke und dann und wann auch für ein bisschen Geld in Cafés und Pubs. Ich war überrascht, wie viele es davon inzwischen in Berlin gab.

In einer Kneipe in der Nähe meiner Wohnung hatten die Betreiber offenbar alles Greifbare an Schnäpsen aus alten DDR-Beständen aufgekauft und boten als eine Art Alleinstellungsmerkmal alkoholische Ostalgie an. Die Preise waren nicht mehr ganz so moderat wie zu DDR-Zeiten, kamen meiner finanziellen Situation aber dennoch entgegen. In dieser Zeit lernte ich auch andere Musiker kennen, denn Felix nahm mich mit in die Übungsräume der Hochschule. Er hatte die Aufnahmeprüfung bestanden und studierte inzwischen klassisches Schlagzeug, später dann Tanz- und Unterhaltungsmusik und nebenbei Musikproduktion.

So trieb ich durch die Tage und Nächte Berlins. Einen neuen

Plan hatte ich noch nicht. Ich machte zwar nicht »nichts«, wie es mir Frau Anacker empfohlen hatte; und so richtig ruhig, wie Onkel Ilja mir geraten hatte, ließ ich es auch nicht angehen. Vielleicht begann damals meine rastlose Reise von Arbeit, Unterwegssein und Ablenkung. Ich hatte im jungen Alter schon zu viele Krisen und Konflikte durchlebt, Abschiede und Verluste. Zu schwer, um es allein zu schultern. Doch ich wollte darüber einfach nicht nachdenken. Außerdem passierte ja ständig etwas Neues, Aufregendes um mich herum. In den 1990er Jahren entstanden in Berlin zahlreiche Clubs, die Stadt schlief praktisch nie. Und auch ich versuchte, so wenig Zeit wie möglich allein in meiner Wohnung zu verbringen. Trotzdem haderte ich mit meiner Situation, die Niederlage an der Hochschule nagte an mir: Der Ehrgeiz war ja von klein auf mein ständiger Begleiter gewesen. Besonders wenn ich bei Felix in der Hochschule Studentinnen und Studenten begegnete, hatte ich andauernd das Gefühl, mich »erklären« zu müssen. Und das sonderbarerweise, obwohl nie irgendjemand mich fragte, ob ich ein Studium abgeschlossen hätte. Ich spielte in Filmen mit, trat andauernd mit einer Band auf, trotzdem spürte ich immer wieder meine DDR-Konditionierung, in der »Qualifikation« – das hieß Ausbildung mit Abschluss schwarz auf weiß – ein Zauberwort war, in einem Land, in dem offenbar niemand einen Gabelstapler fahren konnte, ohne dass sofort jemand aufkreuzte und ihm ein schlechtes Gewissen einredete, er müsste doch »mehr aus sich machen«!

Durch gemeinsame Freunde lernte ich damals den Trompeter Daniel Schmahl kennen und freundete mich mit ihm an. Als wir uns wieder einmal länger unterhielten, und ich ihn – auch zur gelegentlichen Selbstverständigung – über meine Situation ins Bild setzen wollte, unterbrach er mich mitten im Gespräch: »Warum spielst du nicht mal meinem Vater vor?«

Weil es mir bis heute immer wieder Schwierigkeiten bereitet, Leute und sogar Bekannte richtig einzuordnen, hatte ich Daniel bislang nicht mit Gustav Schmahl in Verbindung gebracht und wäre beinahe in Ohnmacht gefallen. Daniels Vater war einer der bedeutendsten Geigenvirtuosen der deutschen Nachkriegsgeschichte und damals bereits eine Legende. Als einziger Geiger der DDR hatte er direkt bei David Oistrach am Moskauer Tschaikowsky-Konservatorium studiert. In der DDR waren Gustav Havemann und Hanns Eisler seine Lehrer gewesen. Als Sologeiger reiste er um die ganze Welt. Allein schon seine Erscheinung war beeindruckend. Sein Gesicht, seine Mimik beim Spiel sind mir unvergesslich in ihrer vollen Konzentration, der souveränen Beherrschung des Instruments und der gleichzeitigen Demut vor der Musik.

Daniel arrangierte für mich ein Treffen mit seinem Vater an der Berliner Hochschule. Gustav Schmahl schied dort damals gerade aus seiner Professur aus, um nach Dresden an die Universität zu gehen, wo er bereits lebte.

Die Übungsräume in der Berliner Hochschule hießen unter den Studenten Folterkammern: »trockene Räume«, wie man sagt, in denen jeder Ton, jeder Klang eins zu eins wiedergegeben werden, ohne dass gnädige akustische Begleiteffekte, etwa ein bisschen Hall oder anderes, das Gebotene beschönigen könnten.

Gustav Schmahl ließ mich vorspielen, schwieg dann eine

Weile und sagte schließlich: »Ich werde dich unterrichten und bereite dich auf das Hochschulstudium vor.« Ich war wie betäubt: Dieser weltberühmte, begnadete Musiker würde mich über ein Jahr lang begleiten. Der Traum von der Musikhochschule Carl Maria von Weber in Dresden stieg vor mir auf. Und Papas Satz, dass man die Dinge zu Ende bringen muss. Aufgeben kam also nicht in Frage. Ich schöpfte Hoffnung, hatte Vertrauen darin, dass sich alles auch wieder zum Guten wenden könnte.

Natürlich bestand Schmahl auf einem konsequenten und dichten Ausbildungsplan. Mir war das nur recht. Zweimal in der Woche fuhr ich also nach Dresden zum Direktunterricht, für die anderen Tage hatte er mir ein straffes Arbeitspensum auferlegt.

Doch das war noch lange nicht alles, ich hatte ja bereits in dem Film *Katrin und Wladimir* meine ersten Erfahrungen als Schauspieler gemacht. Inzwischen spielte ich kleinere Rollen im *Tatort* oder in Serien wie *Dr. Stefan Frank*, *Jugendanwalt Wolkenstein* oder *Für alle Fälle Stefanie*. Ich selber zweifelte nicht daran, ob ich das alles unter einen Hut bekäme. Aber wie sah mein neuer Lehrer das? Mit seiner Reaktion hätte ich nie gerechnet: Sogar für meine Fernseharbeit brachte Gustav Schmahl Verständnis auf. Ich würde später noch schmerzhaft erfahren, dass andere Lehrer an Musikhochschulen, die schon gelegentliches Muggen, also Auftritte jenseits des Hochschulprogramms und der klassischen Musik, um Geld zu verdienen – auch noch in der Unterhaltungsmusik (wie zum Beispiel in Irish Folkbands!) –, als absolute Todsünde brandmarkten. Solche Ausflüge waren für sie Hochverrat an der Kunst. Gustav Schmahl dagegen sah das ausgesprochen locker. Er meinte lediglich: »Wenn du drehst, drehst du. Und wenn du nicht drehst, übst du!« Schmahl schätzte meine Motivation und mein Leistungsvermögen klarsichtig ein und hielt nichts davon, mich künstlerisch zu deckeln oder in eine Demutshaltung zur hehren Kunst der klassischen Musik zu drängen.

Er wusste wahrscheinlich nicht, dass er mir mit dieser Einstellung auch in anderer Hinsicht einen Gefallen tat. Denn all diese Aktivitäten halfen mir wunderbar bei meiner »Verdrängungsarbeit«. Ich war nun mittlerweile 22 Jahre alt, mein Vater seit drei Jahren tot, und mein Leben hatte rasant Fahrt aufgenommen. Ich übte für die Aufnahmeprüfung in Dresden, spielte Fernsehrollen, und abends verdiente ich mir etwas Geld in einer Band. Von Freizeit konnte keine Rede sein, aber mir kam dieses ganze Pensum sehr entgegen, so musste ich nämlich über nichts nachdenken.

Aber wie sah es in mir aus? Wie ging es mir wirklich?

Manchmal in Momenten, in denen ich trotz aller Umtriebigkeit doch allein war, dachte ich über meinen bisherigen Weg nach, über mein Leben, ohne es wirklich zu verstehen. Das Zerbrechen unserer Familie, darüber dass ich kaum Kontakt zu meiner Mutter hatte und wenn, dann verlief es leider nicht besonders harmonisch, und dass die Distanz zu meinem Bruder Sascha sich auch mit den Jahren nicht auflöste.

Doch trübe Gedanken ließ ich, wenn überhaupt, immer nur kurz zu, dann stürzte ich mich ins bunte Leben und freute mich über jede Abwechslung, die sich mir bot. Als Professor Schmahl zu meiner Geburtstagsfeier kam und mich fragte, was ich davon hielte, ihn auf seiner anstehenden Reise nach Schweden zu begleiten, war das wie ein Geschenk für mich. Nein, nicht ausspannen, Seele baumeln lassen. Im Gegenteil, ich konnte mal wieder eine ganze Zeit ausschließlich klassisch arbeiten! Sofort klärte ich, wer mich für drei Wochen in der Band vertreten würde.

Wenige Tage darauf saß ich in Gustav Schmahls silberfarbenem Jaguar, und wir rollten in Richtung Rügen. Der Wagen hatte ein Holzlenkrad, und mein Professor trug allen Ernstes elegante lederne Autofahrerhandschuhe. In Saßnitz ging es auf die Fähre, die uns ins schwedische Trelleborg brachte. Dann fuhren wir einmal längs durch Schweden und erreichten schließlich sein Haus im äußersten Norden. Das schwedische Holzhaus lag in den Schären, eingebaut in Felsen auf einem Hügel zum Wasser. Eine grandiose Kulisse, die mir schnell das Gefühl vermittelte, dass es hier abgesehen von einem Luchs, der uns regelmäßig mit seinem Besuch beehrte, keinerlei Ablenkung von der Musik geben würde und ich den ganzen Tag lang üben konnte.

Wir sind schon ein paar Tage in Schweden und sitzen beim Frühstück. Der Luchs ist gerade durch, als Gustav Schmahl unvermittelt sagt: »Heute üben wir mal auf dem Wasser.«

Ein ungewöhnlicher Vorschlag, aber unsere Stimmung ist da schon so entspannt und gelöst, dass ich sofort begeistert bin. Mein Professor nimmt sich einen Whisky mit ins Boot. Ich rudere hinaus und habe die Geige dabei.

Auf dem Wasser stört kein Geräusch. Kein Vogel ruft. Sogar der Wasserspiegel ist ruhig und glatt, als verharre er in Andacht. Wir haben uns auf ein Violinkonzert von Max Bruch geeinigt. Das Boot liegt direkt vor der Felsenkulisse, wie auf einem romantischen Gemälde. Dazu musiziere ich. Die wunderbare Verbindung, die die Musik mit dieser atemberaubenden Landschaft eingeht, und die Stimmung, in die uns dieser Moment versetzt, werden mir für immer im Gedächtnis bleiben. Aber es ist nicht nur der äußere und akustische Effekt. Schließlich arbeiten wir richtig auf dem Wasser, sprechen über meine Interpretation, ich wiederhole einzelne Passagen und er korrigiert mich. Max Bruchs Romantik inspiriert uns. Und danach wird geangelt.

Zurück in der Heimat begann wieder der musikalische Alltag. Für die Bewerbung an der Musikhochschule in Dresden brauchte ich eine Art Programm, das aus verschiedenen Elementen bestand; Stücke aus drei musikalischen Epochen – Bach, Mendelssohn, Bruch, Chatschaturjan –, dazu Musiktheorie und -geschichte. Außerdem musste ich auf das Pflichtfach Klavier vorbereitet sein. Und der Termin rückte näher. Die Katastrophe an der Berliner Musikhochschule durfte sich nicht wiederholen. Doch ich fühlte mich gut vorbereitet, und nicht zuletzt Schmahls Unterstützung half mir, die Aufnahmeprüfung mit »sehr empfohlen« zu bestehen. Es war ein wunderbares Gefühl, und 1997 wurde der Traum endlich wahr: Ich begann zu studieren. Ich hatte mein Versprechen gehalten. Auch wenn Ilja bei so wichtigen Momenten an meiner Seite war, spürte ich sofort das dringende Bedürfnis, spontan Papa anzurufen. Diesen Reflex habe ich heute noch. Immer wenn ich etwas besonders Begeisterndes oder etwas besonders Bedrückendes erlebe, greife ich zum Telefon ...

FLUCHT INS SPIEL

Mit meinem Freund Michael Steinberg bei einem
Konzert Anfang der 2000er Jahre. Foto: Mario Koss

Ein neuer Lebensabschnitt begann. Am Anfang teilte ich mir im Studentenwohnheim ein Zimmer mit einem Kommilitonen. Doch die Nächte im Doppelstockbett waren die Hölle, der Geruch, der von unten zu mir heraufzog, war nicht auszuhalten. Auch die sanitären Verhältnisse waren alles andere als einladend, und so zog ich nach wenigen Tagen schon wieder aus, schlief fortan im Auto und wusch mich morgens in der Uni. Im Prinzip war ich obdachlos, zumindest in Dresden.

Neben dem Studium nahm meine Karriere als Schauspieler weiter Fahrt auf. Eines Abends, es muss 1998 gewesen sein, rief mich der österreichische Filmregisseur Peter Patzak an, der – als Sohn eines Polizisten – unter anderem im Krimigenre sehr erfolgreich war. Vielleicht erinnern sich einige an seine satirische Wiener Kultkrimiserie *Kottan ermittelt*. Wir hatten uns bei einer Lesung mit Marianne Sägebrecht in Wien kennengelernt, und jetzt kam er auf mich zu. Er erzählte, dass er gerade an einem neuen Projekt arbeitete und lud mich in die Paris Bar ein, die damals ein legendärer Ruf umgab und für viele Künstler und Künstlerinnen in Berlin eine Art erweitertes Wohnzimmer war.

Ich fuhr also in die Kantstraße, traf mich mit Patzak, und wir redeten auch über Privates. Er hatte seinerzeit während meiner Arbeit mit Marianne Sägebrecht vom plötzlichen Tod meines Vaters erfahren und wollte wissen, wie es mir inzwischen damit ging. Natürlich glaubte ich – auf meine Weise –, schon sehr intensiv über meinen Verlust nachgedacht zu haben. Ich hatte mich in den Gedanken geflüchtet, Papas »Aufgabe« wäre erledigt gewesen: »Mein Junge findet seinen Weg, ich kann gehen.«

Als ich diesen Gedanken formulierte und dass mein Vater

vielleicht hatte gehen müssen, damit ich »fliegen kann«, schaute Patzak mich irritiert an. Heute kommt mir meine Schlussfolgerung natürlich auch etwas prätentiös vor; ich hatte meinen Vater ja von Herzen geliebt, und seine Ratschläge hatten mich immer ermutigt und bestärkt. Vielleicht wollte ich mit dieser »Erklärung« seinem Tod nachträglich einen Sinn geben. So wie wir immer versuchen, alles irgendwie zu erklären, um nicht ohnmächtig und verzweifelt von schrecklichen Ereignissen überrollt zu werden.

Peter Patzak jedenfalls sah mich völlig verständnislos an und sagte: »Was bist du denn für ein Egoist?« Ich weiß bis heute nicht genau, was ich in ihm ausgelöst habe. Er hatte selbst einen Sohn, und seine Reaktion regte mich zum Nachdenken an. Vielleicht suchte ich auch nur verzweifelt nach Wegen, irgendwie klarzukommen mit meinem Schmerz und meinem Verlust. Ich hatte ja die letzten vier Jahre alles darangesetzt, um nur bloß nichts davon zu spüren. Ich war rastlos durch die Zeit geprescht, immer auf der Flucht vor mir selbst. So war es mir dann auch lieb, dass Patzak und ich nicht weiter über meinen Gefühlszustand sprachen, sondern über sein Projekt *Die Entführung*, einen Film mit Götz George. Ich sollte darin einen der Entführer spielen.

»Wie würdest du den Entführer anlegen?«, wollte Patzak wissen, »spiel mal vor!«

»Was – jetzt, hier?«, fragte ich ungläubig.

Patzak nickte. Ich sah mich unauffällig im Raum um. Überall war man beim Essen, Wein- und Champagnertrinken, an einigen Tischen ging es schon recht fröhlich zu. Also stand ich auf, spielte, als hätte ich eine Pistole in der Hand, und bewegte mich durch das Restaurant. Die Paris Bar mochte schon wildere Aktionen gesehen haben, jedenfalls erregte meine Improvisation kaum Aufsehen. Mir brachte sie eine weitere Filmrolle. So ging es munter weiter. Und aus der Flucht vor mir selbst wurde die Flucht ins Spiel.

Ein Jahr später wurde ich vom Prodzenten Yves Pasquier für eine Rolle in István Szabós *Taking Sides – der Fall Furtwängler* angefragt. Die Vorstellung, mit dem ungarischen Starregisseur zusammenzuarbeiten, der durch Filme wie *Mephisto*, *Oberst Redl* oder *Hanussen* bereits Filmgeschichte geschrieben hatte, und die biographisch-politisch facettenreiche Geschichte des Stardirigenten Wilhelm Furtwängler und seine Rolle während der Zeit der Nazidiktatur zogen mich sofort in ihren Bann. Hier würde Szabó Grundfragen zur Haltung des Künstlers in der Gesellschaft verhandeln, und Furtwängler, dessen Rolle im Dritten Reich in der öffentlichen Wahrnehmung zwischen des Führers Lieblingsdirigent und dem Retter jüdischer Musiker oszillierte, war ein filmisch reizvolles Beispiel. Während sein Vernehmer, ein US-Major (verkörpert durch Harvey Keitel), von Anfang an bemüht ist, Furtwängler als Parteigänger Hitlers und Parteimitglied der NSDAP zu entlarven, ist ein junger Leutnant, dessen Familie im KZ ermordet worden ist, ein glühender Verehrer Furtwänglers, der an solche Verstrickungen nicht glauben mag.

Man zog mich für die Rolle des Leutnants in Betracht, allerdings unter einer Bedingung: Mein Englisch müsste sich unbedingt verbessern! Dieser Meinung war ich damals selbst – auch ohne verlockendes Rollenangebot. Immerhin bewegte ich mich auf dem Niveau meines mit der wenig schmeichelhaften Note Vier auf dem Abiturzeugnis honorierten Schulenglischs.

Ich sprach darüber mit Gustav Schmahl, und er fand die Idee, mich für einen dreimonatigen Studienaufenthalt an die *New Yorker Manhattan School of Music* zu bewerben, super. Das waren ja hervorragende Aussichten! Kleiner Haken dieses grandiosen Plans: Den Studienaufenthalt würde ich selbst finanzieren müssen. Zum Geigenstudium musste man nicht zwingend an den Hudson River reisen, das ging kostengünstiger auch in Dresden an der Elbe. Trotzdem war ich Feuer und Flamme. Für mich war sofort klar, dass ich neben meinem Musikstudium natürlich auch Kurse an einem der *New Yorker Berlitz Language Centers* belegen musste, um sprachlich besser voranzukommen. Yves Pasquier erreichte über Daniel Barenboim, dass ich dem 1933 in der Ukraine geborenen Professor Albert Markov eben an jener privaten Musikhochschule empfohlen wurde. Die gleichen Wurzeln hatten wir schon mal!

Begeistert erzählte ich Onkel Ilja davon, der sofort alles in die Wege leitete, damit ich in New York bei seinem Freund Jascha wohnen konnte. Wie mein Vater und Ilja hatte auch er seinerzeit in Baku studiert und lebte jetzt auf Long Island.

Nun musste ich noch meine Finanzen klären: Ich kratzte das durch meine Jobs Ersparte zusammen, legte die Halbwaisenrente drauf und bekam noch Unterstützung von meiner ewig überzogenen Kreditkarte. Es konnte losgehen!

Natürlich war New York ein großartiges Erlebnis. Die Türme des World-Trade-Centers standen noch, ich ging Schlittschuhlaufen im Central Park, wie ich es bei Ali MacGraw und Ryan O'Neal in *Love Story* gesehen hatte, erkundete die Stadt zu Fuß und mit der U-Bahn und nahm familiäre Kontakte auf. Andere Kudrjawizkis hatten es schon vor mir nach Amerika geschafft, wie Irina, die Tochter von Tante Tamara und Onkel Ilja, die in Los Angeles lebte, oder meine Großcousine Albina.

Ich spielte in der Musikschule vor, wurde wohlwollend aufgenommen und hatte zweimal in der Woche Präsenzpflicht. Interessanterweise konnte ich in den folgenden Wochen erfahren, dass man hier mitunter ganz andere Vorstellungen von der Interpretation klassischer Musik hegte, egal, ob es nun um Mozart, Mendelssohn oder Mussorgski ging. Auch bei alter Musik gibt es eben immer noch neue Inspirationen, man muss nur offen sein. Und das waren sie dort, in Deutschland hingegen setzte man uns Studenten da eher klare Grenzen. Experimente und kreative Interpretationen wurden nicht gerne gesehen. Als ich nach meiner Rückkehr nach Dresden davon berichtete, war man zwar nicht unbeeindruckt, gab mir aber unmissverständlich zu verstehen, dass »so was« hier natürlich nicht ginge. Man hielt starr am Lehrplan fest, und die »alten Meister« waren unantastbar.

Während meines Aufenthaltes in New York fuhr ich täglich anderthalb Stunden mit dem Zug von Long Island in die Berlitz-School und abends anderthalb Stunden wieder zurück. Der Sprachunterricht war anstrengend und ziemlich anspruchsvoll, dadurch allerdings sehr effizient: Unterrichtet wurde nur in Englisch, und die Mitglieder meiner Unterrichtsgruppe kamen aus der ganzen Welt, aus Deutschland, Frankreich, Spanien oder Mexiko.

Sprachlich gut gewappnet kehrte ich nach Berlin zurück, in der Hoffnung, dass sich nun auch hier eine neue Welt für mich auftäte. Doch István Szabó und Harvey Keitel gehörten leider nicht dazu: Ein anderer Kollege bekam schließlich die

Rolle. Bedenke ich, was ich in dem New Yorker Vierteljahr an Eindrücken und Anregungen aufnehmen, wie ich meinen Horizont erweitern konnte, war dieser Umstand leicht zu ertragen. Und das hatte ich auch Gustav Schmahl zu verdanken.

Weil ich mit dem mir anerzogenen Pflichtgefühl am Werk war und meine musikalischen Leistungen davon offenbar profitierten, wurde unser Lehrer-Schüler-Verhältnis immer freundschaftlicher. Schmahl, der mittlerweile auch Nora unterrichtete, bereitete mich weiterhin auf mein Vordiplom vor, und wenn ich zum Unterricht anreiste, hatte er mir ein Dachzimmer in seinem Haus hergerichtet, damit ich nicht im Auto schlafen musste, wie zu Beginn meines Studiums. Jeden Morgen um 6.30 Uhr pochte es an meiner Tür, und er servierte Kaffee, dann wurde gearbeitet.

Leider war es mir nicht vergönnt, dass er mich nach bestandenem Vordiplom als Lehrer weiter durch mein Studium begleitete. Wieder einmal schlug das Schicksal gnadenlos zu und nahm mir einen wichtigen Menschen. Schmahl wurde Opfer eines tragischen Unfalls, dessen nähere Umstände bis heute nicht geklärt sind.

Der Mann, dem ich so viel verdanke, war zum Pflegefall geworden. Sein Sohn Daniel und ich kümmerten uns in dieser Zeit im Pflegeheim um ihn und besuchten ihn abwechselnd einmal die Woche. Ich unternahm mit ihm Spaziergänge, soweit seine Tagesform es zuließ, oder unterstützte ihn bei seinen Übungen. Die Rollen hatten sich vertauscht. Nun war ich es, der ihm half.

Dank ihm aber hatte ich mein Studium an der Hochschule überhaupt aufnehmen können, nun arbeitete ich mit Prof. Ivan Zenaty weiter, der damals als der bedeutendste tschechische

Geiger galt, berühmt für seine technische Perfektion, seinen stilistischen Geschmack und seine »einnehmende Tonschönheit«, wie eine Fachpublikation es ausdrückte. Er sollte mich zwei Jahre lang bis zum Diplom begleiten.

Auf meinem anderen Spielfeld, der Schauspielerei, ging es ebenfalls weiter voran. Der Fernsehsender RTL bot mir in einer neu entwickelten Polizeiserie eine Rolle an. Bei *Abschnitt 40* ging es um Berlin, und die Fälle, mit denen wir als Polizisten zu tun hatten, sollten authentisch und in der Wirklichkeit der Hauptstadt verankert sein.

Obwohl seit der Wende schon zehn Jahre vergangen waren, gab es immer noch konkrete Bezüge zur Zusammenführung des Ostberliner und des Westberliner Polizeiapparates. Für viele Angehörige der früheren (Ostberliner) Volkspolizei war eine Weiterbeschäftigung innerhalb der Behörde nach meiner Erinnerung nur bei Zurückstufung im Dienstgrad oder der Dienststellung möglich. Das sorgte bei den Betroffenen nicht gerade für ausgelassene Stimmung. Und war ein Stoff, der die Gemüter immer noch erregte.

Mein Kollege Horst Kotterba, mit dem ich seit jener Zeit befreundet bin, spielte solch einen frustrierten Ostpolizisten. Ich war Polizeimeister Grischa Kaspin, ebenfalls ein Ostdeutscher, allerdings mit sowjetischen Wurzeln. Irgendwie kehrte ich immer zu den Ursprüngen meiner Familie zurück. Ich las die Drehbücher und war angetan. Allerdings hatte ich keine Lust, schon wieder mit russischem Akzent zu sprechen und im Fernsehen irgendwann als Russe vom Dienst schubladiert zu werden. Der Regisseur ließ mir freie Hand: »Mach es, wie du willst.«

RTL hatte zuvor bereits einen zweistündigen Film zum Thema gesendet und damit das Format getestet. Kamen diese Spielfilme beim Publikum an, dienten sie gewissermaßen als Pilotfilm für die dann produzierte Serie. Im ersten Jahr war an acht Folgen gedacht. Die Drehbücher waren aktionsreich, und wir spielten meist an Außendrehorten. Das ist, besonders bei Serienproduktionen, kompliziert, aufwendig zu organisieren und vor allem teuer. Es gilt, für jede Folge die Originalschauplätze zu finden und für die Drehzeiten anzumieten. Außerdem müssen viel befahrene Straßen und Kreuzungen gesperrt werden, wenn Verfolger oder Verfolgte dort entlangfahren sollen.

In jeder Folge gab es in aller Regel drei Handlungsstränge, manchmal war einer im heiteren Ton gehalten, weil – wie alles – auch die Polizeiarbeit kuriose Seiten hat.

Den Zuschauern schienen die soziale Authentizität der einzelnen Episoden, der Look der Serie und der relativ ungeschönte Blick in die Welt der Polizei zu gefallen. Da es im Ressort Öffentlichkeitsarbeit im Berliner Polizeipräsidium am Platz der Luftbrücke Beamte gibt, die eigens die Zusammenarbeit mit den Medien regeln und nicht nur bei journalistischen, sondern auch bei filmischen Projekten mit Rat und Unterstützung dabei sind, saßen die mit der Entwicklung der Drehbücher befassten Kollegen gewissermaßen an der Quelle. Nach den Einschaltquoten und den übrigen Publikumsreaktionen war klar, dass es bei diesen ersten acht Folgen nicht bleiben würde.

Wir drehten eine weitere Staffel, dann eine dritte, vierte und fünfte. Auf diese Weise gehörte ich über insgesamt sechs Jahre fest zur Mannschaft von *Abschnitt 40*.

Für mich als jüngeren Schauspieler waren diese Kontinuität, was meine Arbeitssituation anbelangte, und die Chance, mich in meiner Rolle über einen längeren Zeitraum zu entwickeln, ein großes Geschenk. Die Arbeitsatmosphäre war so angenehm, menschlich und kollegial, dass es trotz des riesigen Produktionsvolumens möglich war, noch andere Film- und Fernsehangebote anzunehmen. Zudem war ich in der ersten Zeit als Polizeimeister Grischa ja noch Student an der Dresdener Musikhochschule. Das musste und wollte ich alles unter einen Hut bringen!

Ich absolvierte deshalb nicht nur ein beachtliches Pensum an verschiedenen Orten (lernen, üben, spielen), auch die Rollen hatten es mitunter in sich. Immer wieder tauchte ich mit Haut und Haaren in psychische Grenzzustände ein, die schon eine robuste Seele nicht kaltgelassen hätten. Und meine war alles andere als widerstandsfähig.

Nachdem ich in *Katrin und Wladimir* einen in Tschernobyl verstrahlten jungen Ukrainer gespielt hatte, kehrte ich nun vier Jahre später noch einmal zu diesem Thema zurück, in einer kleineren Rolle in Achim von Borries' Drama *England!*

Hier geht es um Valeri und Viktor, zwei junge Russen, die als Soldaten der Sowjetarmee nach der Reaktorkatastrophe im Armeeeinsatz waren. 15 Jahre später ist Valeri durch die Strahlenbelastung todkrank und will vor seinem Tod einmal seinen Sehnsuchtsort England aufsuchen. Somit war ich auch hier wieder mit meiner eigenen Herkunft und meiner Familiengeschichte konfrontiert. Keine leichte Kost für mich damals.

Auch die Rolle in einer amerikanischen Produktion sollte

mich wieder zu meinen russischen Wurzeln führen. Obwohl nur für einen Drehtag disponiert, war ich voller Erwartung: Immerhin sollte der Franzose Jean-Jacques Annaud Regie führen, dem wir Filme wie *Der Name der Rose* oder *Sieben Jahre in Tibet* verdanken.

Ich war überrascht, als Annaud mich in Potsdam-Babelsberg persönlich empfing. Inzwischen weiß ich, dass er zu den Regisseuren gehört, die sich auch um die Besetzung der kleinsten Rollen persönlich kümmern. Er sieht sich jedes Gesicht an, das geht mitunter bis zur Auswahl der Komparsen.

In seinem französisch gefärbten Englisch erkundigte er sich eingehend nach meinem biographischen Hintergrund und meinem Werdegang als Schauspieler. Dann hatte ich die Rolle. Was hat ihn interessiert? Meine Herkunft, meine ukrainisch-russisch-jüdischen Wurzeln? Oder fand er, dass ich in den kurzen Einstellungen, in denen ich mit dem Hauptdarsteller Jude Law zu sehen war, optisch einfach gut zu ihm passte? Auch das spielt manchmal eine Rolle. Ich weiß es nicht.

Die Handlung des Films beruhte auf einer Romanvorlage von William Craig; Annaud hatte daraus gemeinsam mit einem Drehbuchautor das Duell zwischen dem legendären und hochdekorierten russischen Scharfschützen Wassili Grigorjewitsch Saizew (dargestellt von Jude Law) und seinem Widerpart auf deutscher Seite, dem historisch allerdings nicht eindeutig belegten Wehrmachtsmajor Erwin König (besetzt mit Ed Harris) herausgelöst. Ihr Ziel: die kriegerischen Auseinandersetzungen nach Deutschlands Überfall auf die Sowjetunion nun in einer hochemotionalen und spannungsgeladenen Mann-gegen-Mann-Geschichte zu zeigen, vor dem Hintergrund der Schlacht um Stalingrad.

Die gesamte Produktion sollte in Deutschland gedreht werden. Allerdings erreicht die Wolga bei Stalingrad (heute Wolgograd) eine Breite, die offenbar kein deutscher Strom zu bieten hat. Deshalb fand Stalingrad filmisch jetzt in der Nähe von Cottbus statt. Dazu wurde das stillgelegte und inzwischen teilweise zum Altdöberner See geflutete Tagebaurevier Greifenhain quasi zur Wolga umgewidmet.

So lag das Schlachtfeld an der Wolga am Ende in der Nähe von Pritzen, einem Dorf im brandenburgischen Landkreis Oberspreewald-Lausitz.

Mein ursprünglich erster und einziger Drehtag sollte in einer Massenszene stattfinden: An dem der Stadt gegenüberliegenden Ufer der Wolga wurden sowjetische Soldaten, es waren an die 600 Statisten am Set, aus Güterwaggons ausgeladen und auf Boote verfrachtet, um darin die Wolga zu überqueren. Da die Stadt fast vollständig von der deutschen 6. Armee unter General Paulus (im Film Matthias Habich) eingeschlossen und nur noch über den Wasserweg zu erreichen war, muss damals wohl jedem der Soldaten klar gewesen sein, wie verschwindend gering seine eigene Überlebenschance in dieser ersten Angriffswelle war.

In der Truppe befanden sich, wie man heute weiß, auch viele Unbewaffnete, die sich, mit einer Hosentasche voller Patronen, an jene Soldaten halten sollten, die ein Gewehr hatten: Fiel einer von denen, musste der Nachrückende sofort die Waffe an sich nehmen und weiterkämpfen. An Flucht oder Umkehr war nicht zu denken: Den Abschluss der sowjetischen Linien bildeten Politkommissare, die bei den eigenen

Leuten gnadenlos von der Waffe Gebrauch machten. Solche Fälle sind im gesamten Krieg vielfach belegt. Nicht zuletzt kannte ich die Geschichten aus erster Hand, Opa Mischa hatte sie mir ja ausführlich in den langen Stawropoler Nächten erzählt. Aber Militärhistoriker auf beiden Seiten haben dem Film später vorgeworfen, dieses Vorgehen hier völlig überdimensioniert ins Klischee getrieben zu haben.

Der Regisseur arbeitete sehr präzise. Die Bewegung im Zug, die große Schar der Komparsen, das Hetzen zum Kampfeinsatz – bei gleichzeitigem Bewusstsein der Soldaten, es könnten die letzten Momente des Lebens sein, all das hat er in einer Atemlosigkeit inszeniert, dass auch mich als Mitwirkenden sofort die von ihm beabsichtigte Stimmung erfasste – und sich noch verstärkte, weil ich plötzlich das Gefühl hatte, mich mitten in den Kriegserlebnissen meines Großvaters wiederzufinden, die ja ständig von einer wirklichen, realen Todesgefahr begleitet worden waren. In welch sonderbaren Beruf war ich da geraten, in dem mir plötzlich und unausweichlich Lebensstationen und Gefühlslagen meiner Eltern, Großeltern oder Freunde begegnen konnten ...

Während des Drehs war ich öfter in der Nähe des Hauptdarstellers Jude Law zu sehen. Das muss Annaud gefallen haben, denn am Ende meines Drehtages kam er zu mir und sagte einfach:

»*You come back tomorrow!*«

Ich verstand erst gar nicht, was er meinte. Dann bekam ich einen *Credit* (Würdigung), so nennt man Rollennamen, die im Abspann des Films auftauchen. Ich war »*Comrade in Train*« – ein Gefährte im Zug, und der erste Kamerad, den Saizew / Law auf seinem Weg auf das Schlachtfeld von Stalingrad verliert. Die große Überraschung: Um mich dafür immer wieder im Bild zu haben, wurden aus einem Drehtag unvermutet ganze elf! Ein ausgemachter Glücksfall, amerikanische Produktionen sind so flexibel, dass auch noch direkt am Drehort und sogar während des Drehens gewissermaßen auf Zuruf das Drehbuch verändert werden kann. Auf diese Weise blieb ich in der Nähe von Jude Law. Wir hatten kleinere Dialoge an verschiedenen Stellen, die unsere Unsicherheit und die Ungewissheit über die nächsten Tage oder auch nur Stunden unseres restlichen Soldatenlebens zeigen sollten.

Jude Law war ein völlig unkomplizierter und gänzlich uneitler Kollege – wie übrigens die meisten wirklichen Stars, denen ich in meinem bisherigen Schauspielerleben begegnet bin. Das traf auch auf seinen Filmkontrahenten Ed Harris zu, der mir eine ausgesprochene Lebensweisheit auf den weiteren Berufsweg mitgegeben hat: Drehtage mit derartigen Massenbewegungen sind immer mit längeren Wartezeiten verbunden. Natürlich war eine Produktion dieses Ausmaßes auch für mich neu und aufregend. Entsprechend nervös fieberte ich immer meiner nächsten Szene entgegen, die Warterei machte mich allerdings wahnsinnig. Ed Harris fand das offenbar amüsant, wollte mich aber auch beruhigen und sagte mir mit seiner sonoren Stimme: »*Lenn, they pay us for waiting, performing is for free!*« (Sie bezahlen uns hier fürs Warten, das Spielen ist umsonst.)

Ich versuche seitdem, unvermeidliche Wartezeiten in Ruhe zu absolvieren und nach Möglichkeit etwas zu entspannen. Damals konnte ich das nicht. Ich flüchtete mich ins Spiel und wenn ich nicht spielte, dann tat ich eben etwas anderes.

Gedreht wurde in den kalten Monaten Januar und Februar. Angeblich hat man damals Material für insgesamt siebzig Stunden Film produziert, wobei von Anfang an klar war, dass der Film eine Länge von allenfalls drei Stunden nicht überschreiten durfte. Doch irgendwie war dieser Drehplan nicht zu schaffen, deshalb musste Ende April nachgedreht werden. Das Problem dabei: In den letzten Tagen dieses Monats schossen die Temperaturen plötzlich auf sommerliche 25 Grad und mehr in die Höhe.

Ein unvergessliches Erlebnis, sich bei diesen Temperaturen in Weltkriegswinterbekleidung und wieder und wieder im Laufschritt vor der Kamera zu bewegen! Nun gut, mögen sich die Verantwortlichen gedacht haben, je erschöpfter die Komparsen, je authentischer ist der Gesamteindruck. Zusätzliches Kopfzerbrechen bereitete ihnen das inzwischen vorherrschende Licht: Hatte im Januar und Februar noch ein saisonal-regional brandenburgischer Himmel die martialischen Szenen verdüstert, leuchtete jetzt überall rauschhaft der Frühling. Um keinen Kunstgriff verlegen, schritt die Produktion zur Tat, eine Art Klimaoffensive, die zur heutigen Zeit ein ausgewachsener Skandal und mittlerweile völlig unvorstellbar wäre, damals aber die Rettung des Films bedeutete: Durch Verbrennung größerer Mengen Schweröl (!) stieg Rauch in die Höhe und blockte das Licht quasi oberhalb des Schwenkbereichs der Kameras wirksam ab, so dass es am Boden so aussah, als herrschte immer noch harscher trüber Winter.

An einem meiner letzten Drehtage heißt es bei unserer Ankunft in Stalingrad-Pritzen, nach Überquerung der Wolga sollen wir aus den Booten ins Wasser springen und in Richtung Ufer stürmen, und zwar genau in dem Augenblick, wenn ein Angriff deutscher Sturzkampfbomber auf die Truppe niedergeht. Die aufwendige Massenszene wird immer und immer wieder wiederholt. Hier soll auch meine letzte Stunde als »*Comrade in Train*« schlagen. Noch bevor wir alle den Kahn verlassen können, sinke ich tödlich getroffen in die mittlerweile ins Boot geflossene blutig gefärbte Brühe der Tagebau-Wolga. Um mich herum höre ich Schüsse, Schreie, die anderen Soldaten versuchen panisch, den sinkenden Kahn zu verlassen, und nehmen auf mich (den Toten) wenig Rücksicht. Etwa 150 Komparsen springen dicht neben mir, aber auch gern direkt auf mich, um dann so schnell wie möglich ins Wasser und vor allem lebend das Ufer zu erreichen. Das gefällt dem Regisseur so gut, dass er plötzlich »*And now – all on Lenn!*« (Und jetzt – alle Kameras auf Lenn!) ruft. Ich habe noch etwa zwei Sekunden Zeit, mich zu freuen: Toll, alle Kameras sind auf mich gerichtet! Dann schießt ein stechender Schmerz durch mein Knie.

Ich weiß nicht mehr, wie viele meiner Kollegen mit vollem Körpergewicht mein rechtes Knie treffen. Ich habe furchtbare Schmerzen, muss aber die Szene natürlich trotzdem durchhalten. Und das bitte nicht mit schmerzverzerrtem Gesicht, ich bin ja schließlich tot! Als der Regisseur endlich das ersehnte »*Cut!*« ausruft und ich versuche, im Wolga-Blutbad aufzustehen, spüre ich sofort, dass etwas ganz und gar nicht in Ordnung ist. Es gelingt mir jedenfalls nicht, auf die Beine zu kommen. Mein rechtes Knie hat seinen Umfang gefühlt verdreifacht, und ich habe derartig höllische Schmerzen, dass mir der Abwehrmechanismus meines Körpers erst einmal eine gnädige Ohnmacht spendiert.

Irgendwie werde ich aus den Fluten gezogen und finde mich in einem Rettungswagen wieder. Mit Blaulicht und Sirene geht es glücklicherweise nicht ins Stalingrader Kriegslazarett, sondern direkt ins Cottbusser Krankenhaus.

Der dortige Röntgenbefund bescheinigt mir einen Kreuzbandfaserriss als Quittung für mein Bad in der Menge. Ich bekomme einen eindrucksvollen Gips, der bis über meinen rechten Oberschenkel reicht und in der vorsommerlichen Hitze wunderbar juckt und kribbelt.

Mit Gehhilfen kehrte ich in mein Hotelzimmer zurück, wo mich eine Flasche Champagner, Blumen und ein überschwänglicher Brief meines Regisseurs erwarteten. Mit etwas mehr Berufserfahrung hätte ich beides erst einmal gelassen beiseitegeschoben und einen Anwalt die versicherungstechnische Seite meines kleinen Malheurs nebst Schmerzensgelderwartung prüfen lassen – insbesondere im Hinblick auf spätere oder bleibende Folgeschäden. Aber damals beherrschte mich einfach das kindliche Gefühl, dass ja alles noch einmal gut gegangen sei!

Für langes Nachdenken war auch keine Zeit, denn eine Szene, die durch meinen Unfall nicht gedreht werden konnte, war für den Morgen nach dem eigentlich letzten Drehtag disponiert. Und ich war voller Adrenalin, meine Mission untadelig zu Ende zu bringen. Weil für den gedachten letzten Drehtag ein Abschiedsfest geplant war, das sich nicht verschieben ließ, nahm ich auch das noch mit. Auf Krücken gelangte ich zu der Party, wo ich für Rachel Weisz, im Film die junge Soldatin Tanja, auf der Geige spielte. Dann hatte ich sogar noch den Ehrgeiz, Jude Law beim Tanzen zu übertreffen. Meine

Krücken haben mich dabei nur kurz irritiert. Auf ihnen humpelte ich gestützt von Jude am nächsten Morgen an den Drehort, um die versäumte Szene nachzudrehen.

Die Züge und Waggons waren alle noch einmal auf das Bahngelände in der Nähe von Gräbendorf gebracht worden, und ein letztes Mal erfüllte ich meine Aufgabe. Dafür hatte Annaud extra eine Rampe bauen lassen, damit ich auf den (im Bildausschnitt nicht sichtbaren) Gehhilfen aus dem Waggon kommen konnte, um den Wahnsinn und die Katastrophe von Stalingrad auf meinem glücklicherweise unversehrten Gesicht widerleuchten zu lassen.

Die meisten anderen Einstellungen mit mir sind dann übrigens den Kürzungen des Filmmaterials im Schneideraum zum Opfer gefallen.

Das Duell – Enemy at the Gates feierte 2001 Weltpremiere in Berlin, wo der Film als Eröffnungsbeitrag der Berlinale außerhalb des offiziellen Wettbewerbsprogramms lief. Verhaltener Applaus und vereinzelte Buhrufe deuteten schon darauf hin, dass dieses Thema, die Heroisierung zweier Scharfschützen, die immerhin aus dem Hinterhalt mit Präzision in Serie Menschen töten, nicht unbedingt den Geschmack der Kinogänger traf.

Nicht jeder Film, mit dem ich starke Emotionen oder bleibende Erinnerungen verbinde, ist zwangsläufig ein Welterfolg geworden. Für mich ist viel wichtiger, einfach gute Arbeit abgeliefert zu haben und dabei wertvolle Lebenszeit zu kreieren. Nicht mehr, aber auch nicht weniger.

Nebenbei lief der Studienbetrieb an der Musikhochschule in Dresden nahtlos weiter, und jeder Tag meiner Abwesenheit musste durch Üben und Nachholen des verpassten theoretischen Stoffes wieder hereingeholt werden. Ich weiß nicht genau, wie meine Kommilitoninnen und Kommilitonen mich damals erlebt haben. Gestern an irgendeinem Filmset, heute im Hörsaal. Ich jettete durch die Welt, war aber oft unsicher und bildete mir ein, wenn ich mit meinem (gebraucht gekauften) 7er-BMW angefahren käme, würde das nicht so auffallen. Meine Schwächen und Ängste konnte ich super überspielen. Man stelle sich vor, wie ich als 25-Jähriger mit quietschenden Reifen vor der Uni halte und mich mit Sonnenbrille und langem schwarzen Mantel aus den weißen Ledersitzen schäle. Was für ein Dickstrahlpisser!, könnte man denken. Aber so war es nicht. Wenn ich heute auf den jungen Lenn von damals schaue, dann war er ein Abbild seiner Mutter. Ein kleiner Bohemien, der Luxus liebt und das Leben genießen will. Der Duden bringt es klar auf den Punkt: Ein Bohemien ist eine »unbekümmerte, leichtlebige und unkonventionelle Künstlernatur«! Das wollte ich sein, dazu gehörte aber in meinem Fall auch eine ordentliche Portion Eskapismus. Es gab ja einiges, das ich vergessen wollte, vor dem ich flüchtete. Also gab ich Vollgas und feierte das Leben! Ich lud meine Freunde ein, nicht um sie zu beeindrucken, sondern weil ich es gerne tat, weil es mir Freude bereitete. »Geld muss man ausgeben, dann kommt neues nach!«, war mein Motto, und ich war stolz auf mich, ich hatte mir das alles selbst erarbeitet. Und deshalb hatte ich damals nicht das Gefühl, arrogant zu sein. Ob mein Hedonismus aber bei anderen immer gut ankam, weiß ich nicht. Selbst- und Fremdwahrnehmung sind ja bekanntlich nicht immer deckungsgleich. Tatsächlich war mein gesamtes Verhalten eine Art Überlebensstrategie, und die hieß: pure Lebensfreude, Spaß und Großzügigkeit!

Einmal sagte eine Freundin zu mir: »Wenn du angerauscht kommst, denken wir immer, du bist eine Figur aus *Reich und schön!*« Das war damals der Titel einer US-amerikanischen Daily Soap, die in den 1990er Jahren neben *Baywatch* und *Dallas* eine der meistgesehenen Serien der Welt war. »Reich und schön« war eigentlich nie mein Traum gewesen, ich hatte andere Ziele: Studium abschließen, weiter Filme machen, in der Welt unterwegs sein. Doch ohne es zu merken, manifestierte ich damals ein Verhalten, das mir später noch große Probleme bescheren sollte. Ich kompensierte mit meinem Feuerwerk der guten Laune und dem Aktionismus ja lediglich die große Angst vor dem Alleinsein. Die Wunden in meiner Seele waren noch lange nicht verheilt, ich hatte mir nur einen Panzer zugelegt. Es galt nun permanent zu verhindern, dass Ruhe einkehrte, ich allein war und Trauer und Ängste das Regiment übernahmen. Also war ich dauernd damit beschäftigt, meine Umgebung zu unterhalten, und das konnte ich perfekt. Einen Lenn mit schlechter Laune, Sorgen, Ängsten und Schwächen gab es nicht. Ich performte auf ganz hohem Spaßniveau. Letztlich hatte ich mich selbst dazu verdammt, ständig den Strahlemann zu geben. Doch das Ganze hatte einen fiesen Haken: Wenn sich trotz meiner Bemühungen keine gute Stimmung einstellen wollte, schwand meine Kraft, ich hatte ja überhaupt keine Reserven. Mein Energiehaushalt war abhängig von den positiven Reaktionen der anderen. Ich speiste mich aus ihrer Freude. Und wenn die Quelle nichts hergab, fiel ich in mir zusammen. Ruhe oder gar trübe Stimmung konnte ich nicht ertragen, es musste fröhlich, laut und munter zugehen. War das nicht der Fall, flüchtete ich nach Hause und verkroch mich. In Wirklichkeit war der Clown und Entertainer sehr einsam. Ich sehnte mich nach Wärme und Geborgenheit, ich vermisste meinen Vater und im tiefsten Inneren auch meine Mutter und meinen Bruder. Nicht selten stieg ich noch nachts nach einer Party in Dresden oder Gott weiß wo in mein Auto und fuhr nach Hause. Mein Akku war leer. Auf diesen langen Autofahrten konnte ich meine Maske fallen lassen, und ich weinte hemmungslos. Weinen tat mir gut, danach fühlte ich mich besser.

Rückblickend war in meinem Alltag für Reflexion und innere Einkehr überhaupt kein Platz. Es waren höchstens Momentaufnahmen, die ich aber nicht länger zuließ, weil ich mir sonst hätte eingestehen müssen, schwach zu sein. Eine wirkliche Reflexion (vielleicht sogar mit professioneller Hilfe) hätte ich mir schon selbst auferlegen müssen. Doch dafür hatte ich keine Kapazitäten. Und vor allem keine Zeit. Wie sollte das gehen: weniger drehen? Nein, dazu hatte ich die Arbeit vor der Kamera längst viel zu liebgewonnen. Weniger Auftritte mit der Band? Nein, auch auf das Glück, das mich immer noch durchströmt, wenn ich live vor Publikum auftrete, wollte ich nicht verzichten. Und mein Studium war sowieso heilig. Grundlagenfächer wie Musiktheorie oder Musikgeschichte nahmen viel Raum ein. Manche Lehrkräfte versuchten, mich vor die Wahl zu stellen, in welcher Richtung ich nun weiterarbeiten und auf welche ich dafür verzichten sollte: »Sie müssen sich nun mal entscheiden, Herr Kudrjawizki!« Ich dachte gar nicht daran! Hätte ich mich wirklich nur auf das Geigenstudium oder nur auf die schauspielerische Arbeit fokussiert, ich hätte mich unerfüllt und unglücklich gefühlt. Also lebte ich im schnellen Wechsel bis nachmittags in Dresden, dann auf der Autobahn, dann in Berlin, wo unsere Irish

Folkband weiterhin mehrmals in der Woche gebucht war, oder irgendwo in der Republik bei Lesungen der wunderbaren Marianne Sägebrecht. Nach dem Auftritt ging es entweder noch in der Nacht oder am frühen Morgen des folgenden Tages zurück über die Autobahn, damit ich morgens in Dresden wieder in der Hochschule saß – oft genug, damit sich derselbe Ablauf gleich am Nachmittag oder dem nächsten und dem übernächsten Tag wiederholen konnte. So sammelte ich locker an die 60 000 Kilometer pro Jahr.

Es machte mir wirklich Spaß, mich physisch an meine Grenzen zu bringen. Das ist das Leben, mein Leben, dachte ich.

Zu dieser Zeit wohnte ich an verschiedenen Orten Ostberlins. Es waren aber selten heimelige Rückzugsorte, an denen ich Kraft tankte oder – schlimmer noch – »zu mir kommen« konnte. Eigentlich hielt ich es in irgendwelchen Zimmern oder Wohnungen nie lange aus, sondern streifte lieber durch das nächtliche Berlin. Dazu kam, dass ich damals auch einfach wenig Glück mit meinen Nachbarn hatte. Um es mal freundlich auszudrücken.

Von der Wohnung mit dem Außenklo in der Wühlischstraße in Friedrichshain war ich irgendwann ins Lichtenberger Nibelungenviertel gezogen. Hier gab es zwar ein Innen-WC, trotzdem blieb ich nicht lange dort, denn wenn ich auf der Geige übte oder mit der Band probte, gab es sofort Ärger mit dem Ehepaar in der Wohnung unter mir. Selbst lebten beide ausgesprochen geräuschintensiv – von ihren ehelichen Kampfhandlungen über die lautstark leidenschaftliche Versöhnung bis hin zur morgendlichen Entsorgung der leeren Schnapsflaschen in die Mülltonne. Musizierte ich aber in meiner Wohnung, klingelte sofort einer von beiden und erkundigte sich – oft schon mit leichten Artikulationsstörungen –, wann »das Gefiedel« denn endlich aufhöre.

So war es auch an einem Abend, als wir für einen Auftritt probten. Gegen 18 Uhr klingelte die Frau und verlangte die sofortige Einstellung des Musikbetriebes. Ich erklärte ihr, dass wir nach Hausordnung das Recht hätten, noch bis zwanzig Uhr zu proben. Sie zog unter Protest ab, dafür aber klingelte eine Stunde später der Ehemann. Inzwischen hatte man unten eine Stunde fröhlich weitergetrunken. Offensichtlich war er der Meinung, dass seine Frau das Inhaltliche bereits abgewickelt hätte. Er beschränkte sich darauf, auszuholen und mich mit einem kräftigen Schlag ins Gesicht zu Boden zu bringen. Ich war tatsächlich für einen Moment außer Gefecht gesetzt, jedenfalls waren meine Bandkollegen so erschrocken, dass sie darauf bestanden, mich sofort in die Notaufnahme des nahe gelegenen Klinikums zu bringen. Von dort kehrte ich mit einer attraktiven Schleudertrauma-Halsmanschette nach Hause zurück – und dem festen Vorsatz, mir alsbald eine andere Wohnung zu suchen.

Die fand sich wenig später in der Gudrunstraße. Hier waren es nun weniger in Alkohol eingelegte Nachbarn, die meinen häuslichen Frieden störten, als eine Gruppe junger Skinheads. Es kam zwar zu keiner offenen Konfrontation, aber als ich eines Abends mit meiner Geige die Wohnung verließ, standen ein paar von ihnen im Treppenhaus. Begegnungen mit diesen Typen kannte ich ja schon aus der Wendezeit. Ein Skinhead sah mir nach und sagte, für mich besonders gut hörbar, zu seinen Kameraden: »Dieses Haus müsste man auch mal richtig reinigen!« Auch keine besonders anheimelnde Umgebung für mich und meine Freunde. Rassismus und Antisemitismus waren Anfang der 2000er Jahre leider immer noch präsent. Glücklicherweise fand mein Freund Felix irgendwann ein kleines Haus mit fünf leeren Wohnungen in der Schönhauser Allee, in das ich mit drei weiteren Freunden einzog. Und zumindest was anstrengende Nachbarn betraf, kehrte Ruhe ein.

Ich beendete die Hochschule 2003 mit dem Abschluss als »Diplomviolinist«, ein sehr schönes Wort, das mir erlaubte, meinen Lebensunterhalt auch weiterhin mit der Musik zu bestreiten. Ich hatte für meine Diplomprüfung ein Programm erarbeitet, das ich in der Aula vor Publikum präsentierte. Neben vielen anderen waren Nora, Onkel Ilja und meine Freunde gekommen. Meine Mutter war nicht da, auch Sascha nicht, und diese Tatsache versetzte mir einen Stich. Tief in meinem Inneren sehnte ich mich nach Harmonie und Frieden, nach meiner alten Familienbande. Mein Vater war seit fast zehn Jahren tot, doch für mich war er immer präsent. Und der Erste, der nach bestandener Prüfung erfahren sollte, dass ich unseren Traum wahr gemacht hatte. Mein erster Gedanke galt ihm: Papa, ich hab' es geschafft!

Noch wertvoller als ein Abschluss aber war mir mein Studium wegen der Begegnung mit all den außergewöhnlichen Menschen. Besonders mit Gustav Schmahl, dem ich viel zu verdanken habe. Er starb, kurz nachdem ich mein Studium abgeschlossen hatte. Sein Tod ist mir nahegegangen, beinahe so, als wären wir verwandt gewesen. In unseren Seelen, denke ich, waren wir es; wieder ein Verlust, der mir sehr zu schaffen machte. Aber ich nahm mir wieder keine Zeit, hatte wieder keine Bereitschaft zur inneren Einkehr. Es musste weitergehen. »Leben auf der Überholspur« heißt es oft anerkennend, wenn jemand auf diese Weise unterwegs ist, eine verbreitete Umschreibung, um anderen oder sich selbst zu schmeicheln.

Für mich traf das nicht nur auf der Autobahn zu. Die Geschwindigkeit, zu der ich dort wie in meinem übrigen Leben auflief, kann ich aus heutiger Sicht nur als das Tempo meiner Flucht vor mir selbst erkennen: Wo ständig neuen Anforderungen genügt werden, wo nach einem Termin sofort der nächste bewältigt werden muss, hat die Seele kaum eine Chance nachzukommen. Im besten Fall beeindruckt man seine Umgebung damit, wie wunderbar man all das geregelt kriegt! Eine Täuschung, die bei mir auch noch auf einer Selbsttäuschung beruhte. Ich sollte es später schmerzhaft feststellen.

LIEBE IST STÄRKER ALS DER TOD

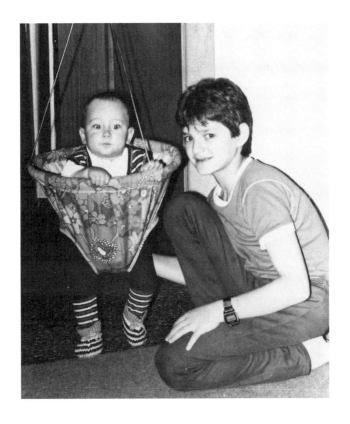

Mit meinem Halbbruder Jan. Foto: privat

Viele verschiedene, beinahe allesamt interessante Angebote für die Arbeit als Schauspieler, dazu meine Musik – nach außen hin schien mein Leben allmählich in den Bahnen zu verlaufen, die ich mir vorgestellt hatte.

Es machte mich außerdem sehr froh, dass sich auch die Beziehung zu meinem Halbbruder Jan zunehmend intensivierte. Uns trennte zwar ein Altersunterschied von elf Jahren, aber irgendwann rief Jan mich immer öfter an, und wir trafen uns gelegentlich. Er war mittlerweile 17, und in diesem Alter bespricht man in der Regel nichts mehr mit der Mama, da kann man einen großen Bruder gut gebrauchen. Mir war ein solches Bruderverhältnis ja leider nicht vergönnt gewesen, als ich in seinem Alter war. Daher fand ich es sehr schön, dass er nun ein Teil meines Lebens wurde. Immerhin verband uns ein gemeinsamer Papa, den wir beide verloren hatten. Mit Jan kam ein Stück Familie zu mir zurück.

Die Beziehung zu meiner Freundin, mit der ich damals zusammen war, zerbrach. Es lag wahrscheinlich daran, dass ich selten mal drei oder vier Abende hintereinander in Dresden war, was nach Beendigung meines Studiums natürlich noch seltener der Fall war. Für meine Freundin, die in einer konstanten Beziehung leben wollte, war das nicht länger auszuhalten. Ich war nun Ende zwanzig, und dauerhafte Partnerbeziehungen waren nicht unbedingt mein Thema.

Aber es gab eine Frau, die seit der Schulzeit beständig in meinem Leben war: meine verlässliche Freundin Nora. Erst Jahre später gestanden wir uns ein, zu unterschiedlichen Zeiten immer mal wieder in den anderen verliebt gewesen zu sein – aber zumeist lebten wir gerade in einer festen Beziehung. Davor hatten wir als bester Freund / beste Freundin natürlich immer den größten Respekt. Außerdem signalisierte mein völlig chaotisches Leben auf der Achse Berlin-Dresden-Drehort-Bandprobe-Auftrittsort über längere Zeit wohl nicht gerade den Wunsch nach einer festen und dauerhaften Beziehung. So blieben wir eng beieinander, ohne je richtig zueinanderzukommen – eine Vertrautheit, die über Jahre entstanden und jedem von uns ans Herz gewachsen war. Bekanntlich ist aber nichts im Leben so beständig, dass es sich nicht doch eines Tages völlig ändern kann. Für mich schlug diese Stunde an einem Sommerabend im Jahre 2004.

Nora und ich waren verabredet, wir wollten zusammen zu einem Jazz-Dance-Kurs im Park-Center in Berlin-Treptow gehen. Ich wartete vor dem Haupteingang und erinnere mich noch genau an den Moment, als sie, vom S-Bahnhof Treptow kommend, erst die Puschkinallee und dann die Straße Am Treptower Park überquerte. Sie trug eine Lederjacke und eine gestreifte Hose mit leichtem Schlag.

Warum es ausgerechnet dieser Augenblick war, in dem ich mit einem Mal wusste, dass wir zusammengehören, richtig, fest und natürlich für immer, kann ich bis heute nicht sagen. Es war eine plötzliche, unwillkürliche Sicherheit, die einfach Besitz von mir ergriff und Fragen nach dem Warum und allem, was bisher gewesen war, gar nicht aufkommen ließ. In mir lief ein biochemischer Prozess ab, ich war verliebt, und mein Körper reagierte auf eine andere Weise auf sie als sonst. Dieses Gefühl traf mich gänzlich unerwartet, aber es machte mich misstrauisch, weil es ein völlig neues Licht auf unsere ganze Beziehung warf.

Ich ließ mir erst einmal nichts anmerken. Aber natürlich spürte auch sie die Veränderung beim Tanzen, an der Art, wie ich sie anschaute und berührte. Nora hingegen hatte diese Empfindung immer mal wieder gehabt und irgendwann den Gedanken aufgegeben, dass aus uns ein Paar werden könnte. Und so trennten wir uns an diesem Abend mit sehr aufwühlenden Gefühlen, verloren darüber aber kein Wort. Ich brauchte ein paar Tage, um mir über alles klarzuwerden und rief erst mal Onkel Ilja an. »Überleg dir das gut«, sagte er, »du riskierst eure Freundschaft. Aber bedenke auch, ob du diese Chance noch mal bekommst, ist es das Risiko vielleicht wert?« Und er lieferte mir prompt die Antwort. Er glaubte: ja.

Und ich dachte: Wenn es jemand mit mir aushalten kann, dann Nora. Wir hatten eine gemeinsame Geschichte, sie hatte meinen Vater gut gekannt, wir hatten seinen Tod gemeinsam durchgestanden, sie war mit mir durch dick und dünn gegangen. Sie kannte mich besser als jeder andere, vor allem hatte sie meinen Irrsinn erlebt: Studium, Filme drehen, Konzerte geben. Heute hier, morgen da.

Meine Entscheidung war gefallen, und schließlich fragte ich sie, ob sie mit mir zusammenleben wollte. Ich hatte ja mittlerweile eine akzeptable Wohnung in der Schönhauser Allee. Hier wollte ich mit Nora leben. Sie war zwar in einer Beziehung, die aber schon so gut wie zerrüttet war, also hatte ich kein schlechtes Gewissen, irgendetwas zu zerstören.

Natürlich hatte auch sie sich längst Gedanken über uns gemacht, brauchte aber noch etwas Bedenkzeit. Sie musste sich immerhin darüber klarwerden, was auch ich vorher ernsthaft bedacht hatte: Wie riskant es war, nach einer über so viele Jahre gewachsenen engen Freundschaft eine Liebesbeziehung einzugehen. Auch darüber haben wir damals nicht miteinander gesprochen, aber jeder hatte für sich dieselben Gedanken. Und noch ein anderes Problem machte mir zu schaffen: Nora und ich waren nie wirklich auf Augenhöhe gewesen. Spielten nun die fünf Jahre Altersunterschied keine Rolle mehr, war das aber vor 15 Jahren sehr wohl so gewesen. Sie war zehn, als ich Konzertmeister wurde, ich studierte, da war sie noch in der Schule, ich drehte Filme mit Jude Law, als sie zur Uni ging. Ich war immer ein paar Nasenlängen voraus. Und wir würden uns diese Augenhöhe erarbeiten müssen, sonst würde eine Beziehung nicht funktionieren. Scheiterten wir, standen wir vor den Trümmern unserer langen Freundschaft. Wir hatten seit dieser Zeit so viele gemeinsame Momente, und was uns seit vielen Jahren fest verband, wäre unwiederbringlich verloren gewesen. Ich hatte viel Zeit zum Nachdenken, denn Nora ließ mich drei Tage lang schmoren. Ich hielt durch und meldete mich nicht bei ihr. Und immer wieder kreisten meine Gedanken um ihre Entscheidung: Sagt sie ja, gibt es keinen Weg mehr zurück. Eigentlich war unsere Beziehung 15 Jahre lang auf Spannung gewesen, okay, bei ihr war der Flitzebogen immer ein bisschen mehr gespannt gewesen als bei mir, doch nun sollte der Pfeil abgeschossen werden. Was für ein Wahnsinn! Am dritten Tag ging ich zu einer Grillparty, Ablenkung war immer gut für mich, und dann kam endlich ihr erlösender Anruf: »Ich komme zu dir.« Das war das Ja, und eine Stunde später fielen wir uns in die Arme. Die romantischen Gefühle für mich waren Gott sei Dank nie versiegt. So fühlte es sich also an, wenn man im siebten Himmel war!

Nora hatte sich inzwischen von ihrem Freund getrennt, und wir konnten in unser neues Leben starten. Wir verbrachten jede Sekunde zusammen, und da war es irgendwie logisch, dass sie auch gleich zu mir ziehen konnte. Die Wohnung war groß genug für zwei, und erst durch Nora wurde sie schön und wohnlich.

Jetzt würde eine wunderbare Zeit beginnen.

Und es wurde bald schwierig. Nora, die noch im Musikstudium steckte, musste erleben, was es bedeutete, mit einem Partner zusammen zu sein, der höchst selten einmal über längere Zeit zu Hause war. Ich trat zwar nicht mehr jeden Abend in irgendwelchen Kneipen auf, hatte inzwischen aber als Schauspieler gut zu tun. Sie nahm nun hautnah und ganz praktisch an meinem unsteten Leben teil, begleiten konnte sie mich aber natürlich nicht. Sie studierte in Berlin, ich reiste in der Weltgeschichte herum. Vielleicht stellte sich neben Verlustangst auch eine Art Desillusionierung ein, denn zuvor hatte sie ja nur den Glamour gesehen, nun konnte sie hinter die Kulissen blicken: viel Arbeit, wenig Zeit und viele Menschen, mit denen sie mich teilen musste.

Auch für mich brachte unsere Zweisamkeit eine völlig neue Herausforderung. Nach und nach ging mir auf, dass es ein Unterschied ist, ob man als Single lebt, abends oder nachts in die leere Wohnung kommt, und die Rolle, die man den ganzen Tag über für sich und die anderen gespielt hat, mal eben über die Flurgarderobe hängt. Und damit meine ich nicht die professionellen Film- und Fernsehrollen. Sondern meine Rolle des Clowns und Entertainers, des ewig strahlenden, gut gelaunten Sonnyboys!

Nun musste ich diese Rolle rund um die Uhr spielen, und mich verließ zunehmend die Kraft. Wenn ich normalerweise spürte, dass meine Super-Gute-Laune-Kräfte schwanden, verließ ich die Party und konnte in meiner Höhle allein und ich selbst sein. Dort durfte ich Sehnsucht haben, traurig und schwach sein.

Jetzt musste ich rund um die Uhr für gute Laune sorgen und ständig alle Bälle in der Luft halten. Ich kannte Noras Bedürfnisse, ihre Wünsche und Erwartungen, all das galt es, in meiner Vorstellung zu bedienen. Es gab immer noch dieses Ungleichgewicht zwischen uns, und ich mit meinem grenzenlosen Harmoniebedürfnis wollte, dass alles so schön wie möglich ist. Ein unglaublicher Kraftakt.

Ich komme völlig erschöpft von einem Dreh, mein Magen ist flau, der Kreislauf im Keller, ich habe kaum etwas gegessen und mich beim Spiel total verausgabt. Einen Moment bleibe ich noch im Auto sitzen, schließe die Augen und atme tief durch, ich muss Kraft tanken für den letzten Akt des Tages: gute Laune. Als ich auf die Haustür zulaufe, kommt es mir im wahrsten Sinne des Wortes hoch: Ich muss kotzen. Lenn, reiß dich zusammen, denke ich. Ich nehme den Kopf hoch, und bevor ich den Schlüssel ins Schloss stecke, setze ich mein schönstes Lächeln auf. »Hallo, ich bin da!«

Normalerweise war in diesen Situationen mein erster Impuls, mich zu verkriechen. Aber nun wartete da jemand auf mich, den ich liebte, der alles mit mir teilen und am Ende vielleicht sogar noch herauskriegen wollte, wer ich wirklich bin. Mit der gemeinsamen Wohnung war mir mein Versteck abhandengekommen.

Von Tag zu Tag schnürte es mir mehr die Kehle zu. Ich bekam Platzangst, schnappte im wahrsten Sinne des Wortes nach Luft, traute mich aber nicht, etwas zu sagen. Abgesehen davon konnte ich es auch nicht. Über meine Gefühle reden, über Bedürfnisse, Ängste und Nöte? Da war ich raus. Mit anderen über deren Gefühle reden, kein Problem, ich war schon immer ein empathischer Typ. Aber mein Innenleben? Das hatte ich in den letzten zwanzig Jahren verkümmern lassen. Was tun? Mir ging es miserabel.

Nora war nicht der Mensch, den ich täuschen wollte. Sie sollte sich bei mir wohlfühlen und eine Geborgenheit empfinden, die es für mich selbst bislang kaum gegeben hatte.

Wenn man aber so eng zusammenlebt, bekommt man in einer Beziehung auch den Spiegel vorgehalten. In mir reifte langsam der Verdacht, dass mein demonstrativer, zur Schau gestellter Optimismus, mein hartnäckiges Vorwärtsdenken und mein ständiges Getriebensein aus einer ganz anderen Quelle kamen. Aber wer möchte schon feststellen, dass er die letzten zehn Jahre lang auf irgendeine Weise immer vor sich selbst weggerannt ist?

Heute weiß ich, dass ich stattdessen meine Flucht auf diese Weise einfach fortsetzen wollte: Vielleicht, dachte ich, wäre es besser für uns, wenn wir zusammen sind, aber nicht zusammenwohnen? Auf diese Weise hätte ich mein Versteck zurück, und alles wäre gut.

Nora beantwortete diese Frage eindeutig. Wenn sie ausziehen würde, wäre es aus zwischen uns. Natürlich wollte ich keine Trennung, also musste ich einen anderen Weg finden. Einfach weitermachen war keine Option. Aber so langsam war ich körperlich und seelisch am Ende, und ich machte endlich einen Schritt, gegen den ich mich so lange gesträubt hatte: Ich suchte mir einen Therapeuten. Und das war die beste Entscheidung. Klar war von Anfang an: keine Tabletten! Ich startete nun mit einer Joggingrunde in den Tag, ich musste meinen Körper und meinen Geist bewegen. Und ich lernte neue Verhaltensmuster: Kam ich nach Dreharbeiten nach Hause, nahm ich mir Zeit für mich und kommunizierte das auch klar. Ich zog mich zurück und schöpfte neue Kraft. Nach ein paar Therapiesitzungen hatte ich das Gefühl, auf einem guten Weg zu sein.

Doch meine inneren, tiefer sitzenden Probleme lösten sich dadurch nicht. Unter der Oberfläche führten sie ein fröhliches Eigenleben. Sie schwelten weiter. Und auch ich machte einfach immer weiter. Heute ist mir beinahe so, als hätte es einer Katastrophe bedurft, um endlich den Prozess in Gang zu setzen, der meine Flucht vor mir selbst stoppen konnte.

Dann kam der Abend des 19. Dezember 2005. »Lenn, du musst sofort kommen!« Ich hatte zwar kein engeres Verhältnis zu der Exfrau meines Vaters und ihrer Tochter, aber ich war der einzige nahe Verwandte und Jan, mein Stiefbruder, eine Art Bindeglied zwischen uns. Erschüttert von der unfassbaren Nachricht seines Todes, mit Polizei und neugierigen Journalisten konfrontiert, hatten mich die beiden vollkommen überfordert angerufen.

Auch ich war fassungslos, als ich Näheres erfuhr, vor allem als ich hörte, wie unsäglich banal sich alles abgespielt hatte.

Jan fuhr abends gegen 20.45 Uhr gemeinsam mit seiner Freundin im Bus nach Hause. Dort saßen drei junge Männer, die anfingen, zu provozieren und herumzupöbeln. Als sie auf Jans Freundin zugingen und sie beleidigten, stellte Jan sich schützend vor sie. Die Situation war bedrohlich, aber für Jan gab es gar keine andere Möglichkeit in diesem Moment.

Der Wortführer der drei drohte mit seiner Bierflasche, die Jan ihm abnahm, um dann alle drei aus dem gerade haltenden Bus zu drängen. Der Energie, die Jan dabei aufgebracht haben muss, hatten sie nichts entgegenzusetzen und stiegen an der hinteren Bustür aus. Jan blieb in der noch offenen Tür stehen. Die Jungen gingen draußen ein paar Meter weiter, dann zog einer von ihnen ein Messer und kam zurück.

Er traf meinen kleinen Bruder mitten ins Herz.

Das alles war so schnell und unvermittelt geschehen, dass die anderen Leute im Bus die mörderische Attacke zuerst gar nicht bemerkten. Auch der Fahrer hatte nichts gesehen und keinen Alarm ausgelöst – damals die Voraussetzung dafür, dass die Videoaufnahmen im Bus nicht nach sechs Minuten überspielt wurden. So jedenfalls las ich es später in der Zeitung. Erst als Jan zusammengebrochen war, konnte man sehen, was geschehen war. Er wurde mit dem Rettungswagen ins Unfallkrankenhaus gebracht, wo er wenige Minuten später an den inneren Verletzungen starb.

Die 7. Berliner Mordkommission suchte nach einem etwa 17 bis 19 Jahre alten Deutschen, etwa 1,70 m groß, schlank und dunkelhaarig, mit großen dunklen Augen und »länglichen kindlichen Gesichtszügen«. Für Hinweise, die zur Ergreifung des Gesuchten führten, wurden 5000 Euro Belohnung ausgesetzt.

Wie sich nach seiner Festnahme herausstellte, war der Junge mit den kindlichen Gesichtszügen, der meinen Bruder umgebracht hatte, alles andere als ein unbeschriebenes Blatt, im Gegenteil, er hatte schon ein umfangreiches Vorstrafenregister vorzuweisen.

Erfahrungen, mit denen er auch im Gerichtssaal gut agieren konnte, vielleicht noch gecoacht durch einen Verteidiger, der genau wusste, was das Gericht in solchen Fällen gern hört. Bitterkeit ergriff uns Angehörige: Wieso hatte der Junge, der jetzt so reumütig und besonnen auftrat, an jenem Abend das Messer gezogen?

Wofür hatte er überhaupt eines bei sich!?

Das Gericht kam nach Abwägung aller Tatsachen zu einem Urteil und verhängte sechs Jahre Jugendstrafe, verbunden mit der Verpflichtung, eine Lehre zu absolvieren.

Uns erfasste dumpfe Verzweiflung: Mein Bruder war tot, und der Verantwortliche für diese Wahnsinnstat würde seine Strafe bestimmt nicht einmal in voller Länge absitzen müssen. Und wenn er Lust dazu hatte, ist er bei dieser Gelegenheit bestimmt auch noch zu einer Berufsausbildung gekommen! Man nennt es wohl »günstige Sozialprognose«.

Ja, es ist bitter und im Moment der Urteilsverkündung wahrscheinlich gar nicht möglich, so eine, offenbar noch ausgewogene, juristische Entscheidung als angemessene »Antwort der Gesellschaft« zu nehmen – auf alles, was dieser Jugendliche unserer Familie angetan hat. Er hat nicht nur das Leben meines Bruders ausgelöscht, sondern auch die Seelen der Hinterbliebenen tief verletzt.

Viele von Jans Freunden waren zur Beerdigung gekommen, und zu sehen, wie viele Menschen ihn gemocht hatten und nun vermissten, machte meinen Schmerz noch größer. Jans Mutter versagte die Stimme bei ihren Abschiedsworten: »Du liebtest die Sonne, die Menschen, du hattest noch so viel vor, so viele Träume ...«.

DER WEG DER HEILUNG

*Bei der Oscar-Verleihung für »Die Fälscher« 2008, von links:
Stefan Ruzowitzky, Adolf Burger, Benedikt Neuenfels, Karl Markovics,
Lenn Kudrjawizki. Foto: Mattias Frik*

Ich war froh und dankbar, Nora in dieser Zeit bei mir zu haben. Sie kannte mich lange genug, hatte auch schwierige Wendungen im Leben meiner Familie miterlebt, und in vielem verstanden wir uns ohne Worte. Ich war ja, was meine Probleme betraf, eher der große Schweiger.

Und da ich meine Gefühle immer am besten über die Musik ausdrücken konnte, nahm ich zusammen mit Felix das Album »LENN PopArt« auf, in dem wir Elemente von Pop- und Filmmusik miteinander verbanden. Doch auch das konnte mich nur für kurze Zeit ablenken. Panikattacken begleiteten mich, die Trauer um Jan, der Schock über seinen brutalen Tod. Innere Unruhe, Ängste – das konnte nicht ewig so weitergehen. Das sah auch Nora so, und sie blieb behutsam, aber hartnäckig an meinem Thema dran. Und so langsam keimte in mir die Einsicht, dass ich nun wirklich etwas tun musste.

Es würde ein Weg der kleinen Schritte werden, und auf Fortschritte sollten auch wieder Rückschläge folgen. Aber alles, was ich nun tat, erlebte und durchlitt, brachte mich, ohne dass es mir zunächst bewusst war, näher ans Ziel.

Bisher war meine Rastlosigkeit Flucht gewesen, tatsächlich war ich aber auf der Stelle gelaufen und verharrte ohnmächtig in meinem Dilemma. Nun sollte echte konstruktive Bewegung in kleinen Etappen Veränderung mit sich bringen.

Schon in der Vergangenheit hatte ich die Erfahrung gemacht, dass meine verschiedenen Rollen auch immer etwas mit mir selbst zu tun haben. Sie brachten etwas in mir zum Klingen. Und diese Töne hallten nach. Hatte ich in der Vergangenheit diese Signale erfolgreich »überhört«, war ich nun zunehmend bereit, sie wahrzunehmen. Sie setzten Prozesse in Gang, in denen ich mich unweigerlich mit mir beschäftigen musste, sie zwangen mich, mein Leben und die Erlebnisse meiner Kindheit zu hinterfragen, mich mit meiner Vergangenheit auseinanderzusetzen. Und heute glaube ich, dass die Rolle des Loszek der Anfang davon war.

Mir wurde diese Rolle in dem Film *Die Fälscher* angeboten. Ich fühlte mich zwar, mittlerweile seit fast sechs Jahren, sehr wohl bei meinen Kollegen im *Abschnitt 40*, aber für freie Schauspieler gilt sozusagen das ungeschriebene Gesetz, auch aus dem sicheren Hafen einer laufenden Produktion immer schon die Fühler nach einer neuen, im günstigsten Fall direkt anschließenden Aufgabe auszustrecken. Selbst bei spektakulären und hoch dotierten Projekten ist »Weißt du schon, was du danach machst?« eine der Fragen, die sich Schauspieler am häufigsten stellen.

Der Film, bei dem Stefan Ruzowitzky Regie führen sollte und auch das Drehbuch geschrieben hatte, fußt auf wahren historischen Begebenheiten und auf den Erinnerungen des tschechischen Buchdruckers Adolf Burger, der im August 1942 als antifaschistischer Widerstandskämpfer und Jude verhaftet wurde und in ein Konzentrationslager kam. Dieses Schicksal zwang ihn, Mitwirkender eines noch nie da gewesenen finanzpolitischen Umsturzversuches zu werden: Nach einem von Hitler und dem Reichsführer der SS Heinrich Himmler abgesegneten Plan sollte der britische Geldmarkt mit mehr als 130 Millionen gefälschter britischer Pfundnoten überschwemmt werden, um das Finanzsystem des British Empire zum Einsturz bringen, seine Wirtschaft in den Kollaps zu treiben und seine Kraft in den Kämpfen gegen das deutsche Heer zu lähmen.

Für die Aktion »Bernhard«, so der Name des beispiellosen Plans, wurden aus allen Konzentrationslagern Spezialisten zusammengezogen und in zwei vom übrigen Lager streng abgeschirmten Baracken des KZ Sachsenhausen untergebracht. Niemand im übrigen Lager durfte wissen, was hier vor sich ging. Alles war höchst geheim, denn nach der Zerstörung der britischen Finanzwelt sah der größenwahnsinnige Plan Hitlers vor, in der gleichen Weise auch noch mit dem US-amerikanischen Dollar zu verfahren.

Die ganze Dimension der Geschichte und der daraus erwachsende Anspruch an ihre filmische Umsetzung waren mir noch nicht völlig klar, als ich zum Casting fuhr. Die Szene, die ich in Deutsch mit russischem Akzent zu spielen und in Teilen zu improvisieren hatte, war hoch emotional. Ich hatte den Eindruck, dass es gut funktionierte. Diese Rolle wollte ich spielen!

Als die Entscheidung zu meinen Gunsten gefallen war und ich das vollständige Drehbuch las, erkannte ich, dass jede der Hauptfiguren eine bestimmte Symbolkraft ausstrahlte. Das Ensemble ergab eine Art Aufstellung, ein Organigramm. Ruzowitzky ist ein belesener, sehr reflektierter Regisseur und Autor, dem es auch um den philosophischen Kern jeder Arbeit geht, auch wenn der im Film vielleicht gar nicht verbalisiert wird.

Wer Filme über die Zeit der Nazidiktatur kennt, weiß, dass bei diesem Thema viele Autoren, aber auch Schauspieler leicht der Einladung zur Schwarz-Weiß-Malerei folgen; auf der einen Seite die Nazibestien, auf der anderen die moralisch makellosen Kräfte des Widerstandes. Ruzowitzky aber ließ KZ-Häftlinge mit starken persönlichen Brüchen agieren.

Salomon Sorowitsch, sozusagen der Kopf der Fälschergruppe und gespielt von dem wunderbaren Karl Markovics, ist im Grunde ein Bonvivant, der einfach nur durch die Zeitläufte in die Maschinerie der SS gerät. August Diehl dagegen, der die Rolle des Adolf Burger hat, bewegt sich in der Spannung seines persönlichen Konflikts, durch die Geldfälschungen direkt den Krieg der Deutschen und das Sterben auf den Schlachtfeldern zu verlängern.

Die Furcht, aus diesem geheimen Spiel der Nazis nicht lebend herauszukommen, befällt alle Betroffenen von Anfang an: Zu gefährlich wäre das Wissen, das jeder in der Runde irgendwann mit nach draußen nehmen würde.

Auch auf der anderen Seite steht ein Mann vom Fach: SS-Sturmbannführer Friedrich Herzog war während der Weimarer Republik Kriminalbeamter im Falschgelddezernat. Er kennt die Fälscherszene genau, weiß, wer wirklich gut darin ist, und stellt die Gruppe zusammen. Devid Striesow spielt den zu Macht und Uniform gekommenen deutschen Beamten virtuos mit einer Mischung zwischen kalkulierter Jovialität und Gänsehaut erzeugender kalter Grausamkeit, einen Mann, der ohne Probleme über Leben und Tod entscheiden kann, wenn seine Stimmung von einem Moment zum anderen umschlägt. Der Regisseur zeigt ihn auch nach dem Dienst – als liebevollen, kultivierten Familienvater, der allmählich ahnt, dass dem Tausendjährigen Reich weitaus weniger Zeit beschieden sein könnte als gedacht.

Die auf dem Babelsberger Gelände originalgetreu errichteten KZ-Baracken erfüllten mich vom ersten bis zum letzten Drehtag mit Beklommenheit. Schon bei den Proben merkte ich, wie die Atmosphäre förmlich in mich hineinkroch.

Hinzu kam, dass einige Kollegen und ich für unsere Rollen als Häftlinge extra gehungert hatten, um uns ihnen auch optisch und von der Stimmung her anzunähern.

Als Häftling musste ich einen etwa zehn Zentimeter breiten kahlen Streifen vom Hinterkopf bis in die Stirn tragen. Die Haare mussten wieder einmal runter. Das war diesmal nicht ganz unkompliziert, weil ich noch bei der aktuellen Staffel von *Abschnitt 40* drehte. Ich brauchte also eine Perücke. In großer Hoffnung rief ich meine vertraute Maskenbildnerin an, die mir schon bei meiner allerersten Fernsehrolle, dem in Tschernobyl verstrahlten Wladimir, eine Radikalglatze geschnitten und meine schulterlangen Haare sorgsam über die Jahre verwahrt hatte. Es war ein besonderes Gefühl, seine eigenen Haare nach so vielen Jahren mit all der darin gespeicherten Energie wieder in Händen zu halten. Für die Dreharbeiten von *Abschnitt 40* bekam ich allerdings eine Perücke aus fremdem Haar.

Die Fälscher stellte ein starkes Wechselbad der Gefühle für alle Beteiligten dar. Sogar die Komparsen hatten sich – als KZ-Häftlinge wie als SS-Lagerpersonal – so in ihre Rolle gefunden, dass sich der Lagereindruck bei uns verdichtete. Der überlebende Zeitzeuge Adolf Burger, der uns – fast neunzigjährig – zum Pressetermin am Set besuchte, empfand diese Bedrückung ebenfalls: »Ja, so war es. So hat es ausgesehen«, sagte er tief bewegt.

Ich spielte Loszek, einen religiösen Juden, der mit der Fälschung von Pässen beauftragt ist: Die Pässe der in den Lagern Ermordeten wurden eingesammelt und für deutsche Zwecke, etwa bei der Spionage, weiterverarbeitet.

Meine emotionalste Szene im Film war der Moment, als

Loszek unter den neu eingetroffenen Papieren die Pässe seiner kleinen Töchter findet und sich sofort über ihr Schicksal im Klaren ist. Loszek versucht, sich das Leben zu nehmen, und wird gegen seinen Willen von den anderen gerettet. Wir drehten die Szene zweimal.

Wie im Drehbuch verlangte, lag ich am Ende stumm am Boden. Wir waren fertig, aber ich war in diesem Augenblick völlig unfähig aufzustehen und blieb einfach liegen. Niemand sprach ein Wort, auch unser Regisseur nicht. Er ging an mir vorbei und strich mir nur kurz über den Kopf ...

Ich glaube, *Die Fälscher* und Loszek waren eine der wichtigsten Aufgaben meiner bisherigen Laufbahn als Schauspieler. Hier war ich einmal mehr an meine physischen und psychischen Grenzen gegangen – und wahrscheinlich weit darüber hinaus. Für jemanden in meiner damaligen Verfassung sicher nicht gerade der Gesundheit förderlich. Genau für diese Rolle hatte ich zuvor den Workshop besucht, die Vorbereitungen auf Loszek hatten mir die erste Panikattacke beschert, jene sonderbare und beängstigende Erfahrung, die mich zutiefst verunsichert hatte. Ich glaubte damals tatsächlich, besser gewappnet zu sein. Doch die Rolle hatte mir mehr zugesetzt, als ich es zugeben wollte.

So sehr uns alle die Arbeit in ihren Bann gezogen hatte, so erleichtert waren wir, als wir schließlich fertig waren und unsere Häftlingskleidung oder SS-Uniformen zurück in den Fundus geben konnten. Ich glaube, uns allen ist diese Arbeit lange nachgegangen.

Heute ist mir klar, dass ich mich in dieser aufreibenden Zeit nur noch mehr von mir entfernte, denn meine psychische Verfassung spitzte sich insbesondere nach dem furchtbaren Tod meines Halbbruders langsam, aber unaufhaltsam zu. Meine Seele fing allmählich an zu rebellieren. Davon zeugten ja auch die Panikattacken.

Es fällt mir nicht leicht, die Dinge, die sich damals in meinem Innenleben bewegten, konkreten Zeiten zuzuordnen. Oft sind äußere Ereignisse ja nur Daten, an denen sich schon länger laufende Entwicklungen verdichten, um gewissermaßen in eine neue Qualität umzuschlagen oder uns überhaupt erst richtig bewusst zu werden. Doch diese Entwicklung nahm nun Fahrt auf. Ohne es zu wissen, befand ich mich auf einem neuen Weg.

Einsam auf dem Gipfel

Die Fälscher sah ich vollständig zum ersten Mal auf der Berlinale im Februar 2007 mit 1000 Zuschauern aus der ganzen Welt. Es war jemand anderer als ich, der da auf der Leinwand zu sehen war. Inzwischen hatte ich mich von Loszek gelöst, die Dreharbeiten lagen ja nun schon über ein Jahr zurück, und auch die Therapie (wenngleich nur kurz) hatte mir geholfen. Ich konnte den Film als Zuschauer erleben und das beglückende Gefühl, dass das, was ich mit dieser Rolle ausdrücken wollte, aufgegangen war – auch dank des Regisseurs und meiner Kollegen und Kolleginnen.

Dann erfuhren wir, dass *Die Fälscher* für den Oscar nominiert war.

Wir fliegen zum Abend der Verleihung nach Los Angeles, wo man uns in eine weiße Stretchlimousine verfrachtet. Der Wagen, der von außen einer rollenden Festung gleicht, wirkt innen eher etwas klaustrophobisch, aber das Bewusstsein, dass eine solche

Fahrt für manchen der Gipfel aller Glückseligkeit ist, macht mich wieder locker.

Da nicht alle aus unserem Team live an der Preisverleihung teilnehmen können, sollen wir anderen den Abend an großen Bildschirmen im Gebäude des österreichischen Konsulats verfolgen. (*Die Fälscher* war eine österreichisch-deutsche Produktion.)

Bester Laune fahren wir am Wilshire Boulevard vor. Ein milder Februarabend senkt sich über Los Angeles, ein leichter Wind weht uns bei zwanzig Grad entgegen, als wir das Konsulat betreten. Der österreichische Botschafter und seine Frau erwarten uns schon, die Begrüßung verläuft wenig formell und sehr herzlich. Es hat den Anschein, als hätte man sich im Gebäude des Konsulats auf ganz besondere Weise auf diesen Abend vorbereitet. In jedem Raum gibt es große Monitore, mit Möglichkeiten zum Sitzen und Fläzen. Alles, was Rang und Namen hat in der österreichischen und deutschen Community, ist zu Gast. Alle drücken uns die Daumen, die Stimmung ist gelöst und ausgelassen. Immerhin ist ja bereits die Nominierung für den Oscar eine große Ehre für den Film und seine Mitwirkenden vor und hinter der Kamera.

Die Spannung wächst. Als wir die Worte »*And the winner is ... ›The Counterfeiters!‹*« (englischer Filmtitel) hören, bricht im Konsulatsgebäude ein frenetischer Jubel los. Wir springen freudeschreiend auf und fallen uns in die Arme.

Der Regisseur hält eine kurze und unprätentiöse Dankesrede, die uns alle sehr rührt: »Ich hatte die tollste Besetzung, die beste Crew und die beste aller Familien zu Hause, daher war es einfach für mich.«

Dann erinnert er an bedeutende Filmgrößen wie Billy Wilder,

Fred Zinnemann oder Otto Preminger, die von den Nazis aus Österreich vertrieben wurden und Asyl und Arbeitsmöglichkeiten in den USA gefunden hatten. *Die Fälscher* erscheint wie eine späte Huldigung für diese Männer und zahllose andere Künstler, die diesen Weg gehen mussten. Wir sind stolz, in dieser Tradition zu stehen. Dann feiern wir, und jeder will dieses Hochgefühl so lange wie möglich auskosten. Ich laufe nach draußen in den Garten, ich bin so aufgedreht und muss meine Energie irgendwie loswerden. Drinnen herrscht absolute Partystimmung, ich möchte Nora anrufen und ihr alles haarklein erzählen. In Berlin muss es jetzt gegen acht Uhr morgens sein, und alle machen sich auf den Weg zur Arbeit. Doch ich erreiche sie nicht. Von ihrer Mutter erfahre ich, dass sie wegen Bauchschmerzen zum Arzt musste, ich soll mir aber keine Gedanken machen, es sei nur eine Lappalie. Ich habe trotzdem ein eigenartiges Gefühl.

Bis zum Rückflug nach Deutschland probierte ich, Nora zu erreichen, hatte aber kein Glück und versuchte, mich selbst zu beruhigen. Noras Mutter hätte mir doch gesagt, wenn es etwas Ernstes gewesen wäre. Im Flugzeug dachte ich noch einmal an unsere »Oscar-Nacht« und erinnerte mich an die Dreharbeiten für *Die Fälscher* und daran, wie nah die Figur des Loszek und sein Schicksal mir gekommen waren. Natürlich war mir das auch schon bei anderen Rollen so ergangen, diesmal aber war die innere Berührung stärker und nachwirkender gewesen. Das ist in der Arbeit des Schauspielers nicht ungewöhnlich. Es kann aber zum Problem werden, wenn man von der Rolle nicht konsequent zu sich selbst zurückkehrt und einen klaren Abschluss findet. Denn bald folgt ja die nächste Aufgabe, die – im besten Falle – wieder eine andere Saite in uns zum Klingen bringt. Genau aus diesem Grund hatte ich mich für den Workshop des Schauspielers Bjorn Johnson entschieden. Mit seiner Hilfe war es mir dann am Ende gelungen, mich von Loszek, seinem Schmerz und seiner Todessehnsucht wieder zu lösen. Schon einige Rollen, die ich bis dato gespielt hatte, waren an mein Eingemachtes gegangen. Ich hatte gespürt, dass es gefährlich werden kann, wenn Rollen eine Spur auf unserer Seele hinterlassen. Oder man aus der Haut, die man sich überzieht, nicht wieder rauskommt. In Österreich gibt es den launigen Ausspruch, wenn man lange genug in den Abgrund schaue, wäre der Abgrund in einem. Glücklicherweise gibt es inzwischen methodische Ansätze, solche Abgründe in sich gar nicht erst zuzulassen.

Und ich glaubte, mittlerweile gut gewappnet zu sein, auch dank der Übungen mit Johnson und dem Einsatz meiner »Werkzeuge«, die ich gelernt hatte. Aber glauben heißt eben: nicht wissen.

Auf dem Boden der Tatsachen

Nora war mit starken Krämpfen in die Klinik gebracht worden, wo man eine Eileiterschwangerschaft mit lebensgefährlichen Komplikationen und ohne Alternative zur sofortigen Operation festgestellt hatte. Und das alles während ich unseren Oscar feierte! Warum hatte mir niemand Bescheid gegeben, wie es wirklich um sie stand? Die Oscar-Euphorie war wie weggeblasen, ich hatte Angst um Nora, Schuldgefühle und schlechtes Gewissen machten sich breit. Glücklicherweise hatte sie die Operation gut überstanden, die Schwangerschaft aber musste abgebrochen werden, da der Embryo keine Überlebenschance hatte. Ich war am Boden zerstört, einerseits überglücklich, dass Nora außer Lebensgefahr war, andererseits tieftraurig. Wir hatten, ohne es zu wissen, ein Kind erwartet und es verloren. Es war schlimm. Für uns beide. Wir hatten uns ja so sehr ein Baby gewünscht. Nora litt unter dem Verlust, aber sie war auch schockiert, mit welcher Eiseskälte ihr die Ärztin diese Nachrichten überbracht hatte. »Sie sind schwanger. Aber an der falschen Stelle.« Unfassbar! Und erst später realisierten wir die möglichen Konsequenzen, die hatte man uns nämlich auch nicht mitgeteilt: dass Nora vielleicht nie ein Kind bekommen könnte. Ich machte mir im Nachhinein große Vorwürfe, dass ich in diesen schweren Stunden nicht bei ihr gewesen war und stattdessen mit Champagner gefeiert hatte. Doch unsere Liebe trug uns durch den Schmerz. Wir meisterten auch diesen schweren Schicksalsschlag gemeinsam.

Rückblickend ist es für mich unvorstellbar, wie ich nach derartigen Tiefschlägen einfach weitermachen konnte. Auf jedes Erfolgserlebnis und Glücksgefühl folgte eine Katastrophe.

Doch so langsam dämmerte mir: Ich lief nicht nur vor mir selbst davon, sondern verhinderte auch, dass andere mir nahekamen. Mir wurden doch so viel Liebe, Zuneigung und Verständnis entgegengebracht, waren das nicht genug gute Gründe, mich nun endlich auch zu öffnen?

Hier begann ich erstmals zu verstehen, dass, obwohl mein bisheriges Leben von Verlust geprägt gewesen war, ich dennoch Liebe in meinem Leben hatte, derer ich würdig sein wollte und die ich nicht bereit war aufzugeben.

Dorthin, wo es weh tut

Es dauerte nicht lange, und Nora wurde erneut schwanger, was uns wie ein Wunder vorkam. In dieser Zeit war ich mit einem Projekt beschäftigt, das mir besonders am Herzen lag und seit Jans Tod in meinem Kopf herumgeisterte. Ich wollte einen Film drehen, um die schrecklichen Ereignisse zu verarbeiten. Aber auch um eine Botschaft zu senden: Schaut her, in welcher Welt wir leben! In einer Welt, in der Jugendliche andere brutal niederstechen. Was ich während meiner Arbeit bei *Abschnitt 40* von Polizisten gehört hatte, konnte ich kaum glauben. Dass unbedarfte Jugendliche in Berlin am Wochenende mit Macheten und Küchenmessern bewaffnet ausgehen, weil sie sich im Notfall vor solchen Typen verteidigen wollen, wie dem, der meinen Bruder umgebracht hat. Wie kann es sein, dass es junge Leute gibt, die aus Langeweile losziehen, um andere zu verprügeln und auszurauben, die, ohne mit der Wimper zu zucken, auf andere einstechen und hilflose Menschen überfallen und zusammenschlagen? Wie kann es sein, dass Jugendliche auf die Idee kommen, anderen Leid zuzufügen? Diese Vorstellung lag fernab von meinem Verständnis und machte mich fassungslos. Wer sind ihre Vorbilder? Kommen sie aus Amerika, wo jeder bis an die Zähne bewaffnet durch ein Einkaufszentrum laufen kann? Oder dienen die Mächtigen dieser Welt als *Role Models* für diese jungen Menschen? Die Skrupellosen und Machthungrigen, die Kriege anzetteln und dafür verantwortlich sind, dass Menschen getötet werden oder leiden und flüchten müssen?

Um genau diese Fragen sollte es in meinem Film gehen.

Um Politiker, die im Weltsicherheitsrat Nationen vertreten und für den Frieden sorgen sollten, wo doch der eine dem anderen nicht traut. Länder, die bis an die Zähne bewaffnet, sich gegenseitig bedrohen und im Zweifel sofort losschlagen. Ich wollte diesem Bild mit Liebe begegnen und mit dem Symbol des Lebens schlechthin: mit der Geburt eines Kindes, das die Aggression beendet und alle friedlich stimmt. Als Drehort kam mir ein besonderer Ort in den Sinn: das Krematorium in Berlin-Baumschulenweg. Genau jenes, in dem die Trauerfeier für meinen Bruder Jan stattgefunden hatte. Eine beeindruckend große Halle mit 29 Säulen, in dessen Zentrum im Boden ein großes, mit Wasser gefülltes Becken eingelassen ist. Zuerst wurde meine Bitte um Drehgenehmigung abgelehnt, aber ich suchte das Gespräch mit den Verantwortlichen und erklärte ihnen mein Vorhaben: dass es hier um die Zukunft unserer Kinder und Jugendlichen ging. Um ein Bewusstsein für ein großes Problem, das wir nicht länger ignorieren konnten. Schließlich willigten sie ein.

Der Film *Thank You, Mr. President*, bei dem ich Regie führte, lief im Rahmen der Kurzfilmnächte im Bayerischer Rundfunk, im RBB und auf vielen Festivals, unter anderem in Murnau, wo wir den Kurzfilmpreis gewannen. Ich habe ihn meinem Bruder Jan gewidmet.

Die Arbeit mit den Schauspielern an diesem Ort war sehr intensiv und für mich damals ein wichtiger Meilenstein auf meinem Weg der Heilung. Nora, die unser Kind unter ihrem Herzen trug, war dabei ständig mit im Raum und verwandelte ihn dadurch in einen Ort des Lebens, der Zukunft und der Hoffnung. Fahre ich heute an dem Krematorium vorbei, hat es für mich seinen Schrecken verloren. Ohne das Leid, das Jans Tod auslöste, zu schmälern, konnte ich doch diesem Schmerz für mich etwas entgegensetzen. Durch den Film an diesem Ort habe ich die Erfahrung gemacht, wie wichtig der Prozess der Erlösung ist, im wahren Leben und als Schauspieler: Ganz gleich, wie abgründig der Charakter ist, den ich spiele, ich suche am Ende immer nach Erlösung für diese Figur. Denn es gibt einen Grund, warum sie böse ist. Das entschuldigt sie nicht und macht sie nicht besser, aber die eigene Haltung ändert sich, und ich kann sie vielleicht ein wenig verstehen und mich dadurch auch wieder von ihr lösen. Das hilft auch im echten Leben: loslassen können und sich mit Menschen und Erlebnissen zu versöhnen, trägt zur eigenen Heilung bei. Und im besten Fall findet man seinen inneren Frieden.

In die Wüste
Noch im selben Jahr stand ein weiteres großes Projekt auf dem Plan:

Die Päpstin. Der Film beruht auf dem gleichnamigen Weltbestseller von Donna Woolfolk Cross und spielt im neunten Jahrhundert: Johanna, Tochter eines Dorfpriesters, der der damals übliche und streng begrenzte Lebensweg als Ehefrau und Mutter gewiesen scheint, fühlt eine ganz andere Bestimmung in sich. Als Mann, nämlich Bruder Johann, verkleidet, findet sie Zugang zu geistlicher Bildung, wird Priester*In und landet nach rasanter Kirchenkarriere schließlich auf dem Stuhl des Papstes.

Die Constantin-Film, schon durch Werke wie *Das Parfum* mit einer guten Nase für international gängige, große historische Kinostoffe ausgestattet, sicherte sich die Verfilmungsrechte und gewann für die Regie den international renommierten Regisseur Volker Schlöndorff.

So weit, so gut – bis der Altmeister erfuhr, dass die Constantin *Die Päpstin* als einen sogenannten Amphibienfilm plante. Das bedeutete keinesfalls, dass die Päpstin sowohl im Wasser als auch an Land leben und wie die kleine Meerjungfrau gelegentlich untertauchen musste: Die saloppe Bezeichnung »Amphibienfilm« deutete auf die Art seiner Finanzierung hin.

Geld für eine Filmproduktion zusammenzutragen verlangt auf andere Art vielleicht genau so viel Kreativität wie das Schreiben oder Inszenieren des Werkes. Denn auch der bescheidenste Neunzig-Minuten-Streifen wächst sich allzu schnell zum ausgesprochenen Millionending aus. Noch dazu ein historischer Stoff, der vor dem Hintergrund der jahrhundertealten Macht- und Prachtentfaltung der katholischen Kirche ins Laufen kommt. Wenn dann die Filmförderung fürs ganz große Kino nicht so üppig sprudelt, wie es nötig wäre, tun Produzenten gut daran, einen Fernsehsender ins Boot zu holen, der in Aussicht auf die spätere, nach dem Kinoeinsatz terminierte Fernsehverwertung des Films schon mal die eine oder andere Million auf den Tisch legt. Genau hier wird der Film zur »Amphibie«, denn er läuft im Kino und im Fernsehen und kann dort in gewissen Zeitabständen immer wieder wiederholt werden.

Ein Umstand, mit dem die Kreativen aller Sparten sich dabei abfinden müssen: Natürlich möchte ein Fernsehsender, der Geld zu einer Produktion beiträgt, auch mitreden, wenn es um die Umsetzung geht. Dann ist der Aufschrei der Kinofraktion groß: Man weiß ja, was dabei herauskommt, wenn es etwa neben einem Hundert-Minuten-Kinofilm noch eine Fernsehfassung von zweimal neunzig Minuten geben soll, dann wird nämlich »gepanscht«, so der Vorwurf der Anti-Amphibien-Allianz. Das rechnerisch realistische Gegenargument: Mit dieser Art von deutschem »Kinoreinheitsgebot« bekommt man heute keinen aufwendigen Stoff mehr produziert. Am Ende übernahm Sönke Wortmann die Regie.

Ich spielte Pater Jordanes, der sich mit anderen Geistlichen streng dagegenstemmt, dass Johann(a) auf den Stuhl des Papstes kommt.

Nicht nur der Stoff dieses Films sollte besonders sein. Auch der Drehort hatte es in sich: Die marokkanische Stadt Ouarzazate, etwa zweihundert Autokilometer von Marrakesch entfernt, am Rande der Sahara. Hier erstreckt sich, außerhalb der Stadt, ein gewaltiges Filmgelände mit verschiedenen Studios. Der noch relativ junge, seit Anfang der 1980er Jahre bestehende Filmkomplex hat in kürzester Zeit Filmgeschichte geschrieben. Monumentalfilme und aufwendige Serien wie *Game of Thrones, Prison Break, Königreich der Himmel* oder *Der Medicus* sind hier entstanden.

Die Aufgabe reizte mich sehr, aber Nora war schwanger, und ich wollte sie nicht allein lassen, denn ich würde einen ganzen Monat ständig in Ouarzazate sein müssen. Die Entscheidung fiel uns nicht leicht, wir freuten uns beide auf das Kind und wollten bis zu seiner Geburt so viel Zeit wie möglich zusammen verbringen. Trotzdem beschlossen wir am Ende, dass ich das Rollenangebot annehmen würde. Der Schauspielerberuf ist oft nicht gerade familienfreundlich, aber Nora war erst im fünften Monat, und sie stand nach wie vor als Geigerin auf der Bühne. Sie bestärkte mich, nach

Marokko zu fliegen, sie fühle sich gut, und mit ihren Eltern in der Nähe wäre das alles kein Problem.

Für Mitteleuropäer erwies sich der marokkanische Drehort als leicht gewöhnungsbedürftig: In Sommermonaten können die Mittagstemperaturen in Ouarzazate schon mal auf vierzig Grad Celsius klettern. Dadurch und im wärmenden Licht der Scheinwerfer kommt unter dem opulenten goldbestickten schweren Priestergewand eine ganz besondere Gemütlichkeit auf.

Während früher aus Zeit- und somit Geldersparnis gerne mal sieben Tage die Woche »durchgedreht« wurde, waren 2008 die Wochenenden schon drehfrei. Ich ging zu unserer Stuntcrew, weil ich wusste, dass hier immer Ausritte veranstaltet wurden, einfach um die Pferde, die für unsere Dreharbeiten benötigt wurden, in Bewegung zu halten. Anfangs waren die Verantwortlichen wenig begeistert, wenn ich in den Sattel stieg, denn ihre Furcht, ich könnte vom Pferd fallen und zum Versicherungsfall der Produktion werden, war zu groß. Bald aber merkten sie, dass ich mich gut hielt. Begeistert und so lange es ging, ritt ich durch die Wüste und konnte mich gar nicht sattsehen an den gigantischen Sanddünen.

Es war ein einmaliges Gefühl, auf dem Rücken des Pferdes diese Landschaft zu durchstreifen. Die Wüste ist ein perfekter Ort zum Nachdenken. Es gibt nichts, was einen ablenkt, nur endlose Weite und Stille. Wie weit mag der Kaukasus von Marokko entfernt sein? Sechs-, siebentausend Kilometer? Für Erinnerungen keine Distanz.

Wie immer, wenn es irgendwie machbar war, hatte ich auch diesmal meine Geige im Gepäck. Und wie immer fand sich auch unter den Kollegen jemand, der, genau wie ich, gern Musik machte. John Goodman, der den Papst Sergius spielte, hatte von meiner Leidenschaft für die Violine gehört. Er sang und spielte Mundharmonika. Unsere Schnittassistentin lag stimmlich sehr nah an Amy Winehouse. Sie brachte noch andere Musikfans mit, und es wurde eine unvergessliche Session.

Goodman sang Jonny Cashs »Ring of Fire«, ich »Those were the days my friend«. Wieder einmal waren die Amerikaner überrascht, dass es neben der englischen auch eine russische Fassung gibt.

Natürlich triggerten solche Abende meine Sehnsucht nach meinem Zuhause, nach Nora. Wie wünschte ich, sie könnte das alles miterleben, doch andererseits war es auch ein gutes Gefühl zu wissen, dass Nora und ich uns voller Vertrauen loslassen konnten, dass jeder seine eigenen Wege gehen durfte und wir uns trotzdem nah waren.

Vollkommen bewegungslos

Wieder zurück in Berlin verging die Zeit wie im Fluge, und bald schon stand Weihnachten vor der Tür, doch das Fest mussten wir im Krankenhaus feiern. Die letzten zwei Monate vor der Geburt durfte Nora sich nicht mehr als nötig bewegen. Die Ärzte hatten ihr klipp und klar mitgeteilt: nur liegen. Und das unter ärztlicher Aufsicht. Zu groß war die Gefahr einer erneuten Komplikation. Nora war zwar in guten Händen, die Ärzte und Pflegerinnen kümmerten sich rührend, doch die Furcht konnte ihr keiner nehmen. Es war ein Auf und Ab. Mal überwog die Freude aufs Kind, dann wieder kamen die Ängste. Wir versuchten, die düsteren Gedanken zu verdrängen. Und ich unterstützte Nora, so gut es ging.

Während ich nach außen hin funktionierte, spürte ich in meinem Inneren immer öfter wieder Leere und Verlorenheit. Ich war fahrig und unkonzentriert. Wenn es nicht direkt die Arbeit betraf, etwa das Lesen von Drehbüchern oder das Lernen einer Rolle, war ich unfähig, eine Zeile zu lesen, zu erfassen oder mir einzuprägen. Und nachts hatte ich jetzt öfter Träume, in denen ich meinem Vater begegnete.

Er steht an einem traurig verregneten, frühen Herbstmorgen in der Einfahrt unseres Wochenendgrundstücks im Brandenburgischen und schaut zum Haus, zu mir, ohne ein Wort zu sagen. Der Wind wirbelt ein paar Blätter vor seinen Füßen auf. Ich erwidere seinen Blick und sehe ihn lange an, aber er spricht immer noch kein Wort –, obwohl er doch sehen muss, wie sehnsüchtig ich darauf warte.

Er, der einmal der wichtigste Mensch in meinem Leben war, und ich, wir stehen einander stumm und wie Fremde gegenüber. Dann, nach einem langen Moment der Stille, schlägt meine Trauer in Wut und Verzweiflung um. »Warum musstest du so früh gehen, warum hast du mich allein gelassen!?« So absurd es sich anhört, ich mache meinem Vater Vorwürfe, dass sein Herz aufgehört hat zu schlagen. Im Wachsein und bei klarem Verstand ist mir dieser Gedanke nie gekommen, jetzt aber, im Traum, muss ich ihn damit konfrontieren.

Papa antwortet nicht.

Ich erwache und fühle mich wie zerschlagen.

Zurück ins Licht
Am 13. Februar 2009 wurde unser Sohn Lior geboren. Lior ist ein althebräischer Name und bedeutet »Mein Licht«. Nach allem, was ich in meiner Kindheit erlebt hatte, war die Aussicht, selbst ein Kind zu haben und ihm einen glücklichen Start ins Leben zu ermöglichen, eine große Freude, wirklich ein Licht in meinem Leben.

Es ist ein kalter Tag, der Winter schafft es gerade mal auf knapp drei Grad unter null, die Sonne und ein paar Wolken mit Schnee wechseln einander ab. Auf der Entbindungsstation der Pankower Klinik Maria Heimsuchung halte ich meinen Sohn im Arm. Er ist ganz still und wirkt etwas müde. Seine Reise ans Licht der Welt hat ihn viel Kraft gekostet.

Meine Gefühle spielen verrückt, dieses ganz neue Bewusstsein, ein Leben in den Händen zu halten. Ein Leben, für das ich mich ab jetzt bis ans Ende meines eigenen Lebens verantwortlich fühlen werde! Ich schwanke zwischen Euphorie und Tränen. Um mich und meinen Sohn zu beruhigen, singe ich ihm das russische Lied vor, das er in den letzten Wochen in Noras Bauch von mir schon so oft gehört hat, und von dem es eine deutsche Version des Dresdner Liedermachers Gerhard Schöne gibt:

Wie die Fußgänger schimpfen,
in den klitschnassen Strümpfen,
und der Regen rinnt übern Asphalt.
Was für Augen sie machen,
denn sie sehen mich lachen,
an einem Tag, der so trübe und kalt.

Ich bin so glücklich,
Ich spiel für alle Mundharmonika, na klar.
Denn Geburtstag hat man leider nur einmal im Jahr.

Singen hilft immer: Ich habe mich einigermaßen beruhigt, und auch mein Sohn wirkt ganz zufrieden. Musik scheint ihm zu gefallen.

Mit fünf Jahren wird Lior die Musikschule besuchen. Sein Instrument ist erst das Schlagzeug und später dann das Cello, und die Musik ist etwas, was uns verbindet. Das wusste ich natürlich an diesem Februartag noch nicht, aber ich empfand sofort eine innige Bindung zu ihm, auch wenn es in den ersten Tagen, nachdem ich Nora und Lior aus der Klinik abgeholt hatte, zu dritt noch etwas ungewohnt war. Aber gerade an diese neue familiäre Situation knüpfte ich die Hoffnung, jetzt könne alles gut werden. Heute kommt es mir beinahe so vor, als hätte ich damals meine eigenen Kindheitserfahrungen mit dem ganz anderen, glücklichen Leben dieses Kindes »überschreiben« wollen, etwa wie man eine fehlerhafte Datei korrigiert. Indem ich meinem Sohn das gab, was ich nie hatte, könnte ich wiedergutmachen, was in meiner Vergangenheit passiert war. So sagte ich es mir selbst und schien es zunächst auch zu glauben. Aber das war natürlich nur eine Wunschvorstellung.

Unterwegs mit Dämonen

Wenn ich nicht drehen musste oder auf der Bühne stand, lag ich jetzt oft einfach nur in unserer Wohnung auf dem Sofa. Aber es war keine Entspannung, die sich dabei einstellte:

Auch wenn ich völlig bewegungslos war, kam es mir vor, als führe ich Berg-und-Tal-Bahn. Nur dass mein inneres Karussell nicht hell erleuchtet war, wie jene auf dem Weihnachtsmarkt oder auf der Kirmes, sondern mich immer nur durch die Finsternis trug. Eine dunkle Zeit.

Nora machte sich Sorgen um mich. Sie wollte wissen, was mit mir los war, und war überzeugt davon, dass es helfen würde, darüber zu sprechen: »Lenn, rede mit mir!«, sagte sie eindringlich. Doch ich schlug ihre Gesprächsangebote weiter aus. Ich wusste nicht, was ich hätte sagen sollen. Ich selbst bekam ja meinen Zustand nicht zu fassen.

Meistens konnte ich diese Ratlosigkeit ganz gut verbergen – wozu ist man schließlich Schauspieler: »Es geht mir gerade nicht so gut ... das wird schon wieder ... brauche nur etwas Zeit ...« Nora kannte mich ja schon länger als jemanden, der am liebsten alle Probleme mit sich selbst ausmacht. Ich wusste damals nur nicht, wie lange sie sich noch mit meinen ausweichenden Antworten begnügen würde.

Und die Veränderungen, die Lior in unser Leben als Paar brachte, zogen und trugen uns. Es musste weitergehen, wir mussten unsere Beziehung auf neue Weise finden. Wir hatten ja nun einen ganz anderen Tagesablauf, andere Pflichten, neue Sorgen und Verantwortung. Ich wollte meinen Beitrag dazu leisten, auch wenn ich merkte, dass es mich noch mehr Kraft kostete als bisher. Ein Rückzug war jetzt so gut wie unmöglich, Nora und Lior brauchten mich, doch diese Kraftanstrengung setzte mir extrem zu. Immer öfter fiel ich in ein schwarzes Loch.

Früher war es mir immer pathetisch und exaltiert erschienen, wenn depressiv veranlagte Kollegen oder Freunde davon sprachen, dass sie mit Dämonen kämpfen. Inzwischen hatte ich das Gefühl, dass meine ganz persönlichen Dämonen sich auf Dauer bei mir einquartiert hatten. Selbst in Momenten, wo ich mich besser fühlte, ich gelassen und gut gelaunt war, wartete ich argwöhnisch schon auf das nächste Tief.

Statt diese Situation anzunehmen und mich meinen Dämonen zu stellen, begab ich mich aber bei nächster Gelegenheit wieder auf die Flucht. Schließlich hatte ich in dieser Zeit auch immer die diffuse Angst, in meiner Arbeit zu versagen und meine Familie nicht ernähren zu können. Jedes neue Engagement war also in doppelter Hinsicht ein Segen.

Zeitreise in die Vergangenheit

Diesmal war es eine deutsch-österreichische Produktion – *Der Mann mit dem Fagott* über das Leben von Udo Jürgens.

Mit dem DDR-Kinderchor war ich ihm bei einem seiner letzten Auftritte in der DDR schon mal begegnet, und zwar auf der Bühne im Berliner Friedrichstadtpalast. Voller Neid musste ich mitansehen, wie unsere größeren Mädchen auch aus einiger Entfernung nur so dahinschmolzen. Persönlich kennenlernen sollten wir einander viele Jahre später. Udo Jürgens war damals schon eine lebende Legende und hatte in sechsjähriger Arbeit mit einer Coautorin das Erinnerungsbuch *Der Mann mit dem Fagott* geschrieben, das sich lange in den Bestsellerlisten hielt.

Ich spielte in dem Film einen sowjetischen Soldaten während der Besatzung Österreichs nach dem Zweiten Weltkrieg. Eigentlich keine große Rolle, aber für die Handlung des Buches wie des Films und den historischen Rahmen von fast schon gleichnishafter Bedeutung.

Gedreht wurde viel an Originalschauplätzen, unter anderem am früheren österreichischen Familiensitz der Familie Bockelmann – so Jürgens' eigentlicher Familienname – auf Gut Ottmanach bei Klagenfurt.

Durch Zufall reisten Udo Jürgens und ich dort zur gleichen Zeit an, und so saßen wir plötzlich gemeinsam in einem Wagen, der uns an den Drehort brachte. So nah beieinander merkte ich bald, dass er während unserer kurzen Fahrt – Ottmanach liegt eine knappe halbe Stunde vom Bahnhof Klagenfurt entfernt – von einer starken inneren Bewegung erfasst wurde. Er hatte Gut Ottmanach seit etwa fünfzig Jahren nicht mehr betreten. Dieser Tag war für ihn der Moment seiner Rückkehr in ein sehr fernes, beinah versunkenes Leben, in eine Welt, die es bis jetzt nur noch in seiner Erinnerung gegeben hatte und in seinen Träumen.

Angekommen auf dem Gut, konnte ich miterleben, wie nahe ihm das Wiedersehen mit dem Ort seiner Kindheit wirklich ging. Hier hatte er prägende Jahre verbracht, auch eine in jeder Hinsicht schmerzhafte Kindheitsepisode im nationalsozialistischen Jungvolk erlebt: Sein Gruppenführer schlug ihn damals derart heftig ins Gesicht, dass eines seiner Trommelfelle platzte; für einen Musiker ein lebenslanges Handicap.

Als wir gemeinsam über den Hof liefen, blieb er plötzlich wie angewurzelt stehen und zeigte auf einen der Kinderdarsteller, der schon in Maske und Kostüm unterwegs war. Es war der Junge, der seinen jüngeren Bruder Manfred darstellen sollte. Udo Jürgens suchte in den Fotos auf seinem Mobiltelefon und zeigte mir das entsprechende, authentische Kinderbild seines Bruders. Produktion und Kindercasting hatten wirklich ganze Arbeit geleistet. Der Junge im Hof war dem kleinen Manfred zum Verwechseln ähnlich.

Jetzt sah ich im Gesicht des damals 74-Jährigen, wie der Lauf einer Biographie sich öffnete und die Zeitebenen ineinanderflossen, ein Moment, der auch mich stark ergriff. Ich war damals Mitte dreißig und gewann eine Ahnung davon, wie sich in einem langen Leben Kreise schließen können, welche Menschen, Melodien oder andere sinnliche Eindrücke zu uns zurückkehren, wenn sie in uns geweckt werden, wir es zulassen oder nach ihnen rufen. Jeder, der sich, so wie ich jetzt für dieses Buch, bewusst erinnert, weiß, dass solche Begegnungen glücklich verlaufen, genauso aber auch schmerzliche Gefühle in uns wecken können. Jede gedankliche Zeitreise, sei es nach Stawropol zu meinem Großvater, in den Plattenbau meiner Kindheit oder nach Rumänien, löst starke Emotionen in mir aus. Ein Lied, das mich an meinen Vater erinnert, der Geruch von Pelmeni oder ein kleines Sturmfeuerzeug lassen ganze Bilderfluten durch meinen Kopf wirbeln. Mir war bei meinem Gespräch mit Udo Jürgens plötzlich bewusst, wie sehr uns alle unsere frühen Jahre prägen, wie stark die Vergangenheit in uns bis heute nachwirkt und dass die damit verbundenen Erlebnisse uns auch berühren dürfen.

Da stand ein Mann vor mir, dem seine Erinnerungen nahegingen.

Er verdrängte nicht, überspielte nicht, er ließ alles zu. Ganz im Gegensatz zu mir. Ich versuchte, meine Bilder zu verbannen, weil ich mit den damit verbundenen Gefühlen nicht umgehen konnte. Doch ich bin mir heute sicher, dass mich diese Begegnung wieder einen kleinen Schritt weitergebracht hat auf meinem Weg.

Auch mit meiner Rolle verband Udo Jürgens Erinnerungen, die seinen Lebensweg bestimmt hatten: Der von mir dargestellte sowjetische Soldat Aljoscha Kasajev hatte im Hof Musik gemacht und Mundharmonika gespielt; der Klang seiner Melodien prägte sich dem jungen Udo ein – und weckte den Wunsch in ihm, später selbst Musiker zu werden. Wieder einmal spiegelten sich mein eigener Lebensweg, meine Herkunft und meine kulturelle Prägung auf wunderbare Weise in einer Rolle: Dieser Aljoscha war auch ein Stück von mir.

Als die Familie Bockelmann Gut Ottmanach verlassen musste, übergaben sie Aljoscha die Bronzeplastik »Der Mann mit dem Fagott«, die seit Zeiten des Großvaters im Besitz der Familie war und sie bis dahin immer wie eine Art Schutzheiliger begleitet hatte. Nahezu legendenhaft, aber wirklich authentisch, ging die Geschichte dann auch im wahren Leben weiter: Udo Jürgens war längst ein Weltstar, als ihn im September 2010 ein Anruf aus Moskau erreichte. Es war wie ein Wunder. Aljoscha Kasajev lebte und er hatte den bronzenen »Mann mit dem Fagott« seit sechseinhalb Jahrzehnten treulich behütet!

Udo Jürgens flog nach Moskau. Es kam zu einem bewegenden Treffen zwischen beiden Männern in der russischen Hauptstadt, bei dem die Bronzeplastik an Udo Jürgens übergeben wurde und auf diese Weise für immer in die Familie zurückkehrte.

Im Film durfte ich dann – gewissermaßen als zweifache optische Erinnerung – gleich eine Doppelrolle spielen: zum einen den jungen Soldaten und später den Enkel des jetzt greisen Aljoscha.

Udo Jürgens, der selbst schon in einem knappen Dutzend Kinofilmen mitgespielt hatte, auch wenn er längst nicht mehr zu jedem einzelnen davon stehen mochte, brachte eine sympathische Aufgeregtheit mit zum Set: »Und? War gut?«, fragte er mich jedes Mal, wenn eine Szene mit ihm abgedreht war.

Auch wir kamen uns im Laufe der Dreharbeiten über die Musik näher. Ich spielte ihm den Titel »Today is my day« aus meinem gleichnamigen Kurzfilm vor, der ihm sehr gut gefiel. Wir sprachen auch übers Älterwerden, denn genau in die Dreharbeiten fiel Udo Jürgens' 75. Geburtstag, den wir in kleinem Kreise feierten.

Um ihn musikalisch zu überraschen, spielte ich auf der Geige Fritz Kreislers »Praeludium und Allegro im Stil von Pugnani«. Ich vermute, Udo Jürgens hatte nicht damit gerechnet, am Drehort seines Films mit einer solchen Darbietung überrascht zu werden. Er bedankte sich bei mir, sichtbar gerührt. Höre ich heute im Autoradio eines seiner Lieder, denke ich an die Zeit in Kärnten zurück, auch an meine Rolle, die des einfachen Soldaten, der so prägend für sein Leben wurde.

Prägung. Herkunft. Gewichtige Worte und die Grundlage jeder Biographie. Das Fundament unseres Lebens. Nach dieser eindrücklichen Begegnung war mir mehr denn je klargeworden, wie wichtig es ist, an die Orte seiner Mütter, Väter und Vorväter, seiner Kindheit und Jugend zurückzukehren. Und sei es nur in Gedanken. Wir müssen wissen, wer wir sind. Und warum wir so sind, wie wir sind.

Abwärtsspirale

Unser veränderter Alltag im Leben als ein Paar mit Kind und die Arbeit für Film und Fernsehen füllten mich jetzt ganz aus. Da Nora nach wie vor als Musikerin arbeitete und wir ihre Auftritte mit meinen Drehverpflichtungen koordinieren mussten, waren wir auch logistisch gefordert. Zwischen uns entstand eine neue, andere Partnerschaft, die mir guttat. Wir begegneten uns zunehmend auf Augenhöhe, und mir wurde immer bewusster, dass wir unumkehrbar eine Familie gegründet hatten. Das war immer mein Traum gewesen, nur hatten meine Ängste all die Jahre dagegengearbeitet. Nun erlebte ich allmählich, dass das alles nicht so schlimm war, wie die Dämonen mir immer glauben machen wollten. Ich hatte aber leider die festzementierte Erfahrung gemacht, dass immer, wenn ich glücklich war, sich prompt eine Stimme meldete, die Zweifel und Ängste säte. Ich wartete geradezu auf den kleinen Dämon, der dann auch verlässlich auftauchte und das Schöne und Gute mit negativen Bildern aus der Vergangenheit torpedierte. Und so kämpfte ich ständig mit den inneren Stimmen, die mir mein Glück wieder madig machen wollten. Vielleicht war es aber auch ein Warnsignal, das mir sagen wollte: Achtung, es ist nicht alles gut! Da sind noch jede Menge Altlasten, und diesen Müll solltest du endlich mal wegbringen!

Mit jeder glücklichen Stunde, die wir zu dritt erlebten oder jeder für sich, taten sich verlässlich Erinnerungen aus meiner eigenen Kindheit auf, Stimmungen und Verletzungen, die ich eigentlich nicht wieder hatte wachrufen wollen. Auch wenn ich mir – manchmal bis zur Verzweiflung – selbst beteuerte, dass ich mittlerweile ganz bewusst den Gegenentwurf zu meiner eigenen Kindheit lebte, die Dinge kamen wieder. Und sie blieben: die Erlebnisse mit meiner Mutter, die Streitereien meiner Eltern oder mein bis dahin für mich noch immer nicht ganz ungetrübtes Verhältnis zu meinem Bruder Sascha.

Mir war dann, als rutschte ich in eine emotionale Spirale, in der sich mein altes Leben vor mir auftat, und manchmal erschien es mir sogar so, als müsste ich mein neues dagegen verteidigen. Auf der einen Seite lehnte ich mich entspannt zurück, wollte den glücklichen Moment festhalten, ihn mir einprägen und nicht vergessen. Dann aber folgte augenblicklich eine körperliche Gegenreaktion: Ich spürte ein beklemmendes Druckgefühl in der Brust, und die Botschaft aus der Erinnerungsschublade war deutlich: Achtung, Lenn, dein Glück könnte kaputtgehen, und alles bricht zusammen! Du weißt doch nur zu gut, wie schnell alles vorbei sein kann!

Inzwischen weiß ich, dass Dinge, die nicht geklärt, besprochen oder erledigt werden, weil die Zeit fehlt, weil wir oder uns nahe Menschen dazu nicht bereit sind oder weil wir fürchten, eine Klärung nicht zu verkraften, von uns selbst oft ins Unbewusste gedrängt werden. Dort aber leben sie weiter – als mentale Blockaden, die viel später, in noch weit entfernt liegenden Zeiten, in unser Leben eingreifen können. Reagieren wir dann wieder mit dem Versuch der Verdrängung, kann die Vergangenheit uns jedes Mal einholen und so Macht über uns und unser gegenwärtiges Leben gewinnen. Die Zeit heilt nämlich längst nicht alle seelischen Wunden, wie viele Jahre auch vergangen sein mögen, seit wir sie empfangen haben. Doch um bereit zu sein, sie ans Tageslicht zu holen, braucht es einen gewissen Leidensdruck. Warum sollte man sonst freiwillig in die Katakomben seiner Seele hinabsteigen, um dort ein wenig in den alten Mülltüten herumzuwühlen?

Während es mir also immer schlechter ging, erschien mir umso deutlicher, dass ich unbedingt etwas tun musste. Vor allem, um meine Liebe zu Nora und unsere Familie zu erhalten. Mein Zustand würde unsere Beziehung auf Dauer belasten, und ich musste handeln. Also fuhr ich nach Kreuzberg und vertraute mich Ilja an. Er kannte mich mittlerweile gut genug, um gleich zu ahnen, was mit mir los war.

Wir sprachen lange, und dabei erzählte Ilja auch aus seinem Leben, von seiner Kindheit und seiner Jugend. Und er half mir, einen Blick auf mich selbst zu werfen, ohne mir gute Ratschläge zu erteilen.

Alles, was ich erlebt hatte, lag klar vor mir, von mir immer wieder erinnert oder gegen meinen Willen aus dem Gedächtnis aufgetaucht. Ich glaubte, mein neues Leben könnte mich einfach von all den alten Dingen, die mich so belasteten, befreien. Aber so funktioniert es nicht. Man kann Geschehenes nicht ungeschehen machen, aber ich wollte lernen, es so zu betrachten und zu bewerten, dass es mich nicht weiter und für den Rest meines Lebens als seelische Bedrückung begleitet. Ich musste mich von alten Schuldgefühlen befreien, von tiefen Verletzungen und Ängsten. Dazu musste ich sie erst einmal akzeptieren, meine schwache Seite zulassen und als einen Teil von mir annehmen. Eine Aufgabe, die allein und ohne professionelle Hilfe nur schwer zu bewältigen ist, aber ich wollte es versuchen.

Ein großer Schritt

Ich ging also weiter auf meinem Weg, und Nora begleitete mich. Wir dachten keinen Moment daran aufzugeben. Dazu war unsere Liebe zu stark und die Hoffnung groß, dass ich mich aus meinen dunklen Löchern würde herauskämpfen können. Allerdings wandelte sich unser Leben erneut, und die Seelenarbeit trat wieder einmal in den Hintergrund. Nora wurde wieder schwanger. Wir hatten in den letzten Jahren immer mal wieder über ein zweites Kind gesprochen und waren überglücklich, dass wir nun bald zu viert sein würden – eine in sich völlig selbständige Familienbande! Nun sprachen wir auch immer öfter übers Heiraten.

Hätte man mich zwei, drei Jahre zuvor gefragt, ich hätte den Gedanken weit von mir gewiesen. Auch ohne Trauschein konnte man glücklich sein! Was ein Zusammenleben mit Trauschein für eine Beziehung und eine Familie bedeuten konnte, hatte ich ja in der Ehe meiner Eltern erlebt. Da war es wieder, das Störgeräusch aus meiner Vergangenheit, bestens geeignet, gleich wieder den (Miss-)Ton in unserer Gegenwart anzugeben! Doch nach und nach stellte ich fest, dass diese Abneigung gegen eine Ehe nicht daher kam, dass ich nicht heiraten wollte, sondern der Angst geschuldet war, die Fehler meiner Eltern zu wiederholen. Aber wodurch sollte denn vorbestimmt sein, dass die Ehe meiner Eltern richtungsweisend für meine eigene sein würde? Was hinderte mich, mit Nora, Lior und unserem zweiten Kind so zusammenzuleben, wie ich es mir vorstellte? Ja, ich wollte Nora heiraten. Und Nora wollte es auch. Vertrauen, Liebe und Zuneigung trugen uns nun schon so lange. Das wollten wir besiegeln.

Auf unsere romantischen Gefühle und die Vorfreude auf eine schöne Hochzeit im Kreise der Familie folgte dann erst mal Ernüchterung. Dabei wollten wir einfach nur die Unterlagen für die standesamtliche Eheschließung zusammentragen. Aber so »einfach« war das leider nicht. Unser Besuch auf dem Standesamt wurde für uns zum bleibenden Erlebnis deutscher Bürokratie. Die Standesbeamtin warf einen langen Blick auf meine sowjetische, in kyrillischer Schrift ausgestellte Geburtsurkunde, dann auf meine Personalpapiere und schüttelte bedauernd den Kopf.

»Mit diesen Unterlagen kann ich Sie nicht trauen!« Den unerhörten Hintergrund und Ehehinderungsgrund sah sie in der Tatsache, dass mein Familienname Kudrjawizki bei unserer seinerzeitigen Einbürgerung nicht nach DIN ins Deutsche umgeschrieben worden sei. Da war er wieder, mein komplizierter Nachname!

Mein Einwand, dass ich unter diesem Namen mit ebenjener Schreibweise inzwischen eine Schauspielkarriere gemacht hatte und in allen Vor- und Abspännen sowie den Archiven dazu als Lenn Kudrjawizki geführt würde, beeindruckte sie überhaupt nicht. Ausnahmslos alle Unterlagen für die Eheschließung hätten DIN-gerecht zu sein. Am Ende war ich selbst einfach nicht DIN-gerecht!

Und während wir einigermaßen rat- und wortlos vor der Sachbearbeiterin saßen, fiel mir eine kleine Episode ein. Vor Jahren hatte ich einen Auftritt bei einer Modenschau gehabt. Dabei führte ich einen Anzug über den Laufsteg, blieb in der Mitte stehen und spielte ein gefälliges Stück auf der Geige. Die Mitarbeiter des deutschen Fernsehsenders hatten meinen Namen offenbar durch Zuruf in Erfahrung gebracht und hielten ihn wohl für ein besonders abgefahrenes Künstlerpseudonym. Jedenfalls war mein Laufstegauftritt im Fernsehen von der Unterzeile »Len Colawhisky« begleitet. Ob ich der Beamtin diese Schreibweise anbieten sollte? Meine Kinder würden es mir gewiss ewig danken.

Andererseits erschien mir die Dame in dieser Situation nicht humorvoll genug, außerdem war Nora den Tränen nahe. Also ließ ich »Len Colawhisky« lieber stecken.

Die Angelegenheit wurde noch eine Weile hin und her diskutiert. Dann sah die Dame auf die Uhr: »Wissen Sie was, Sie haben Glück – ich muss jetzt zu einem Kindergeburtstag!« Der Stempel sauste auf unser Formular. Nora und ich konnten unser Glück kaum fassen. Noch heute wünschen wir dem Kind, das damals Geburtstag feierte, allen Segen dieser Erde.

Nach der standesamtlichen Trauung heirateten wir in der Berliner Nikolaikirche nach jüdischer Zeremonie. Mir war das eine Herzensangelegenheit, es war ein Zeichen der Verbundenheit zu meiner Herkunft. Nach dem Ja-Wort zertrat ich mit meinem Fuß ein Glas, wie es bei uns Tradition ist: einerseits ein Symbol für die Zerstörung des Tempels in Jerusalem, aber auch eine Ermahnung, dass das Leben nicht nur aus Sonnenseiten besteht. In guten wie in schlechten Zeiten eben. Es war ein wunderbares Fest, natürlich mit viel Musik und zahlreichen »Masel-tov«-Wünschen. Lior stand während der ganzen Trauung zwischen uns, denn wir hatten ihm erzählt, dass WIR heiraten. Und dazu gehörte natürlich auch er. Genauso wie das kleine Wesen, das in Noras Bauch darauf wartete, endlich das Licht der Welt zu erblicken.

Einige Monate später war es so weit, unsere Tochter Lenia

wurde geboren. Ihr Name bedeutet im Altgriechischen die Fackel und im Lateinischen die Sanfte.

Wieder spürte ich diese große Dankbarkeit, das vollkommene Glück, als ich sie in den Armen hielt. Aber es mischte sich auch eine Beklemmung in mein Gefühl. In was für einer Welt würde meine kleine sanfte Fackel aufwachsen?

Nach vorne gehen
Schon seit geraumer Zeit beobachtete ich die Entwicklungen in unserer Gesellschaft mit Sorge. Rassismus und Diskriminierung wurden immer unverhohlener zur Schau gestellt. Die Welt hatte nach 9/11 ein neues Feindbild. Ich hielt mich damals für weitgehend vorurteilsfrei, merkte plötzlich aber an mir selbst, wie ich arabisch aussehende Menschen kritisch beäugte. Ich war entsetzt, dass die Amerikaner (und Politiker im Allgemeinen) es geschafft hatten, mich so zu beeinflussen. Ich fragte mich immer häufiger, was in unserer Gesellschaft eigentlich los war, und wer da warum gegen wen etwas hatte? Was sollte es bringen, wenn wir die arabische Welt als Feindbild sehen? Für mich als Jude, der ich auch aufgrund meines Aussehens und meiner Herkunft Rassismus erfahren hatte, ein Thema, das mich ungemein beschäftigte. Ich wollte einen kleinen Film zu diesem Thema drehen, was ich kurz nach Lenias Geburt auch in die Tat umsetzte. Ich inszenierte den rassistischen Akt eines Erwachsenen aus dem Blickwinkel eines kleinen unschuldigen Jungen. Wir drehten im Studio Babelsberg in einem Flugzeug, was ja nach den Angriffen auf die Türme des World Trade Center zum Inbegriff des Terrorwerkzeugs geworden war.

Das Kind verfolgt mit großen Augen, dass eine Frau sich

weigert, neben einem arabisch aussehenden Mann mit Gebetskette ihren Platz einzunehmen. Bevor die Situation zu eskalieren droht, schreitet der Pilot beschwichtigend ein. Dabei lässt er es sich nicht nehmen, seine antirassistische Haltung zu demonstrieren, indem er den zuvor diskriminierten Mann ausgesprochen höflich behandelt. Für mich stand die zentrale Frage im Raum: Wie wird die Situation den kleinen Jungen prägen? Wird er auch eine Angst oder Abneigung gegen Menschen entwickeln, die arabisch aussehen? Oder erinnert er sich an den Piloten und nimmt sich ihn zum Vorbild?

Außergewöhnlich bei diesem Kurzfilm war, dass ich die Komparsen zum Teil mit meiner eigenen Familie besetzte. Nora spielte eine Stewardess, Tante Tamara und Onkel Ilja Passagiere und Noras Papa ebenfalls einen Fluggast. Unser Sohn Lior, gerade mal vier Jahre alt, spielte den kleinen Jungen. Mir gab die Arbeit im Kreise meiner Familie ein gutes Gefühl. *Business as usual – Der Prophet fliegt mit* war für mich ein weiterer wichtiger Meilenstein bei der Verarbeitung meiner Vergangenheit. Auch ich war attackiert, diskriminiert und rassistisch beleidigt worden. Aber ich war kein Opfer mehr.

Bei sich ankommen

Beruflich stand bei mir nun das nächste Highlight an, und die Familie musste erst mal wieder über längere Strecken auf mich verzichten. Ich hatte eine Rolle in der amerikanischen *Jack-Ryan*-Filmreihe bekommen. *Jagd auf Roter Oktober, Die Stunde der Patrioten* oder *Das Kartell* waren Kinofilme, die seit dem Start der Reihe 1990 im Kino große Erfolge feierten. Ich hatte *Jagd auf Roter Oktober* als 16-Jähriger gesehen, mit Alec Baldwin als Commander Dr. Jack Ryan und Sean Connery als

Kapitän Ramius, und konnte damals natürlich nicht im Entferntesten ahnen, dass ich irgendwann mal selbst dabei sein würde.

Als meine Agentur anrief und mir mitteilte, dass ich für eine Rolle im neuen Jack-Ryan-Film *Shadow Recruit* unter der Regie von Kenneth Branagh angefragt sei, hatte ich die volle Dimension des Unternehmens gar nicht richtig vor Augen. Ich musste erst mal kapieren, dass das alles wirklich wahr war. So aufregend das Projekt von da an für mich wurde, der Weg zur Rolle war erst einmal der gleiche wie auch bei anderen Produktionen. Man schickte mir eine Szene aus dem Drehbuch, die ich selbst an der Kaffeetheke in dem kleinen Musikstudio aufnahm, das ich mit Freunden vor einiger Zeit eingerichtet hatte: Mit einer kleinen Kamera bewerkstelligte ich, wofür man eigentlich auch heute noch zu Probeaufnahmen ins Studio fährt.

Meine Agentur schickte die kleine Spielszene an die Produktionsfirma und versuchte nach Kräften, die alte Casting-Regel »Machen – nach Hause gehen – vergessen!« zu beherzigen. Schließlich wusste ich aus eigener Erfahrung, wie es Schauspielern und Schauspielerinnen ergeht, die nach einem Casting, exakt ab dem Morgen danach, wochenlang das Telefon hypnotisieren oder mehrmals am Tag in die Mailbox schauen –, schließlich müsste inzwischen doch längst eine Entscheidung gefallen sein?!

Achtung: Diese Geduldsprobe kann sich im wirklichen Schauspielerleben durchaus über Monate hinziehen. Bei entsprechend ausgeprägten Umgangsformen ist es sogar möglich, dass man nie wieder etwas von der Produktion hört.

Der Umgang mit Absagen gehört übrigens fest in den mentalen Werkzeugkoffer jedes Schauspielers. Das muss man aushalten, umso mehr, weil ja eine Absage auch noch die unterschiedlichsten Gründe haben kann: Vielleicht passt man einfach nicht zu den anderen Darstellern, oder der Regisseur / Produzent / Redakteur vom Sender stellen bei Ansicht der Probeaufnahmen fest, sich doch »irgendwie« etwas ganz anderes vorgestellt zu haben. Es muss also gar nicht an mangelnder Qualität oder Nicht-Können liegen.

Diesmal aber ging es ziemlich schnell; innerhalb von zwei oder drei Wochen wurde ich für die nächste Runde zu Probeaufnahmen in die Londoner Pinewoodstudios eingeladen, wo der Film als US-amerikanische Produktion gedreht werden sollte.

Am Flughafen wartete eine Limousine mit Fahrer auf mich. Das fühlte sich schon mal gut an, obwohl mir klar war, dass dieser Transfer noch lange keine Anerkennung von Starqualitäten bedeutete, sondern nur ein winziger Posten im Riesenbudget einer Hollywoodproduktion war.

Ich glaube, es war Lilli Palmer, die, als sie längst ein Weltstar war, einmal beklagt hat, dass man sie zu Beginn der Dreharbeiten immer mit dem Rolls-Royce abgeholt, nach Drehende aber meistens in einem zerbeulten Kombi am Airport abgekippt hätte.

In den Studios angekommen, setzte man mich in einen Warteraum, wo ich gefühlte zwei Monate, also dreißig bis vierzig Minuten, zubrachte. Endlich bat mich eine Assistentin in eine Art großes Zelt, das in einer der Studiohallen aufgebaut war. Es gab einen Tisch mit Obst und Wasser und zwei Stühle.

Ein Mann kam herein, setzte sich neben mich und begann

ein Gespräch mit mir. Er fragte mich über mein Leben aus, woher ich kam, was ich schon gemacht hatte. Meine Nervosität nahm etwas zu, denn ich ahnte, was von diesen Minuten abhängen konnte. Die Rolle, für die ich im Gespräch war, war die eines CIA-Mitarbeiters mit russischen Wurzeln, der an der Fahndung nach einem russischen Bösewicht beteiligt ist, der einen Wirtschaftsterrorakt gegen die USA plant. Die Amerikaner lieben solche einfachen Storys, bei denen niemand Probleme hat, sich schnell zwischen Schwarz und Weiß zu entscheiden. Der Mann, mit dem ich mich unterhielt, war allerdings nicht der Casting-Direktor, sondern gleich Kenneth Branagh selbst, der Regisseur und einer der Hauptdarsteller.

Ich hatte drei Szenen vorbereitet, die er mit mir im freien Spiel quasi zu einer Szene zusammenextemporieren wollte. Das hörte sich schrecklich kompliziert an, und im Studio waren dafür jede Menge Licht und eine 35-Millimeter-Kamera aufgebaut. Als die Kamera lief und wir miteinander arbeiteten, in Englisch natürlich, ahnte ich nicht, dass das schon gar kein Casting mehr war. Das hatte man mir einfach verschwiegen. Es war bereits ein Kameratest. Und wenn ich den vergeigen würde, müsste Mr. Branagh sich einen neuen Russen suchen.

Branagh bedankte sich bei mir, die Limousine kutschierte mich nach Heathrow, und ich flog zurück nach Berlin. Dort dauerte es auch nur noch wenige Tage, und meine Agentur erhielt die endgültige Zusage. Ich lag noch verschlafen im Bett auf unserem Wochenendgrundstück in Brandenburg, als Mattias, mein Agent, anrief und sagte: »Du drehst für PARAMOUNT Amerika.«

Ich war in dem Film der sogenannte *Cast Number Five*. In Amerika wird solchen Positionen eine ziemliche Bedeutung beigemessen. Sie erscheinen auch in den Verträgen und regeln die Reihenfolge der Namen im Vor- und Abspann und vor allem auf dem Kinoplakat. Bei *Shadow Recruit* bedeutete *Number Five*, dass ich vor mir nur Chris Pine (als Jack Ryan), Keira Knightley, Kevin Costner und Kenneth Branagh hatte.

Ich konnte noch etwa drei Wochen darüber nachgrübeln, was das alles für mich bedeutete, dann flog ich wieder nach London. Dort ging es allerdings nicht gleich vor die Kamera. Ich reiste extra für die Maske (Hair und Make-up sind bei amerikanischen Produktionen getrennt), für Kostümproben und das Stunttraining an.

Letzteres, um zu erkennen, wie weit der Schauspieler bei Szenen im und ums Auto selbst eingesetzt werden kann. Wer es nämlich gar zu zaghaft angeht, wird beim Drehen eher durch Stuntmen ersetzt. Ich sollte also mit Vollgas auf ein Hindernis zurasen und möglichst erst in der wirklich allerallerletzten Sekunde das Steuer herumreißen. Wir trainierten die richtige Reaktion auf das Ausbrechen des Wagens aus der Spur, und ich tat all die Dinge, bei denen der Kinozuschauer später vorsichtshalber für Sekunden die Augen schließen kann – ganz im Gegensatz zum Schauspieler.

Anschließend gab es ein Schießtraining mit allen Kalibern, die es so gibt, weil in Agenten- und Actionfilmen ja gelegentlich der eine oder andere Schuss fällt. Was das anbelangte, hatte ich schon während der sechs Jahre bei *Abschnitt 40* genug Erfahrungen sammeln können; für diese Produktion hatte ich übrigens auch einen Waffenschein machen müssen, damit ich wusste, wie man mit den Dingern umgeht.

Und dann wurde endlich in den legendären britischen Pinewoodstudios gedreht!

Ein sonderbarer Moment, da stand immerhin Kevin Costner, und ich würde gleich mit ihm zusammenarbeiten. Ich wartete, bis er allein war, ging zu ihm und sagte:

»*I'm Lenn, and I'm playing Constantin.*«

»*Hi, I'm Kevin Costner.*«

»*Sure you are*«, sagte ich verdattert, wer sollte er schließlich sonst sein, und wir waren bald mitten in einem angeregten Gespräch. Er fragte mich nach einer speziellen Szene, die eigentlich erst für ein paar Monate später disponiert war, aber ich war schon darauf vorbereitet. Costner kam auf die Idee, die Szene kurz zu probieren. Neben dem Dialog ging es darum, dass ich (Constantin) meinem CIA-Chef einen Laptop übergebe. Da wir keinen zur Hand hatten, benutzte ich, um gegenständlicher zu sein, meine Waffenattrappe. Costner nahm sie und steckte sie ein.

Kurz darauf wurde ich zum Set gerufen:

»*Go on first position!*«

Für diese Szene würde ich aber die Pistole brauchen.

»Kevin, *I need my weapon*«, sagte ich.

Costner grinste: »*Try to survive without one!*« (Sieh zu, wie du ohne zurechtkommst!). Humor hatte er schon mal. Natürlich schickte er kurz darauf seine Assistentin mit der Waffe zu mir. Es war sozusagen Freundschaft auf den ersten Schuss.

In der ersten Woche wurde fast nur nachts gedreht, und ich lernte auch meine wunderbare Kollegin Keira Knightly kennen, die ebenfalls fröhlich, freundlich und sehr professionell war.

Aufregender Höhepunkt der ersten Drehwoche ist der Showdown des Films. Bei solchen Produktionen wird selten chronologisch gedreht, man beginnt am ersten Drehtag also nicht exakt mit der ersten Szene im Drehbuch, sondern mit einer, die sich technisch gerade am besten realisieren lässt, was die Verfügbarkeit der Schauspieler anbelangt, das Wetter zulässt oder einfach welcher der Außendrehplätze genau um diese Zeit abgesperrt werden kann.

In unserer Szene fallen zwischen mir und dem Hauptdarsteller Chris Pine gerade mal drei Sätze, weil im Übrigen eine wilde Autofahrt quer durch Moskau (bzw. Liverpool) abläuft. Auf dem Dach unseres Wagens ist dafür eine Art Gokart installiert: Hier sitzt ein Stuntman, der den Wagen eigentlich steuert, denn sämtliche technischen Funktionen sind aus dem Motorraum direkt auf diese Art Pilotenkanzel auf dem Autodach umgeleitet.

Wir im Inneren des Wagens haben keinerlei Einfluss auf technische Abläufe, wie die rasende Geschwindigkeit oder das Durchdrehen der Reifen. Chris Pine am Steuer muss und kann nur so tun, als wäre er Herr des wild gewordenen BMWs. So hat natürlich keiner von uns beiden absolute Gewissheit darüber, ob der Stuntman, der uns mit 150 Stundenkilometern auf die bewusste Mauer zurasen lässt, es wirklich schaffen wird, ganz kurz vor dem Aufprall noch erfolgreich nach rechts auszuscheren. Der Wahnsinn in unseren Augen ist absolut echt und später im Film deutlich zu sehen.

Auch meinen Kollegen Pine lässt das wohl nicht kalt, und ich habe den Eindruck, dass er dieselben Ängste hat wie ich und mit seinen Nerven und seiner Kraft ziemlich am Ende ist. Für mich, der nie Schwäche zeigen will, ein bedeutender Moment. Da hat offenbar jemand die Hosen gestrichen voll und versucht erst gar nicht, so zu tun, als wäre das hier ein Sonntagsspaziergang.

Die Szene, die im Film etwa dreißig Sekunden lang ist, wird sechs lange Stunden wieder und wieder gedreht. Solche temporeichen Szenen sind – wie alle übrigen – bis ins Kleinste getimt und durchkalkuliert. Jede Bewegung muss zum richtigen Zeitpunkt auf die genau vorherbestimmte Position führen. Auch als Schauspieler hat man in diesem System zu funktionieren, und das unter den Augen des Regisseurs und der mitunter bis zu 250 Leuten, die sich am Set tummeln. Natürlich liefert man da professionell das Maximum ab, aber mir dämmert, dass ich trotzdem nicht den coolen Superhelden spielen muss.

Durch unsere erste witzige Begegnung hatte ich mit Kevin Costner die ganze Drehzeit über freundlichen Kontakt. Als er erfuhr, dass ich meine Geige bei mir hatte, brachte er seine Gitarre aus Los Angeles mit, und fortan konnten wir in seinem Wohnwagen Musik machen, wann immer wir Wartezeiten hatten. Da es die bei großen Produktionen reichlich gibt, konnten wir ein breites Repertoire durchspielen. Costner hatte seinerzeit seine »Modern-West«-Band und ich in Deutschland nach dem ersten Album »LENN PopArt« seit kurzem das zweite *Colors of Life* auf dem Markt.

Jetzt spielte ich Folksongs mit dem Idol meiner Kindheit, oder wir improvisierten. Das hatte etwas Berauschendes. Und mir wurde wieder einmal klar, wie weit ich es aus eigener Kraft geschafft hatte: aus dem Lichtenberger Plattenbau in den Wohnwagen eines Hollywoodstars, der Freude daran hatte, mit mir zu musizieren. Aus dem kleinen Jungen mit der Geige, der so viel Prügel hatte einstecken müssen, war ein erfolgreicher Typ geworden, der gemocht und respektiert wurde.

Jede Filmarbeit hat irgendwann unweigerlich ihren letzten Drehtag, und ich musste mich schweren Herzens von den wunderbaren Kollegen und Kolleginnen verabschieden. Von der Wirkung von *Shadow Recruit* auf meine Karriere hatte ich mir einiges versprochen. Ich war stolz, und als deutscher Schauspieler in einer internationalen Produktion möchte man natürlich gerne auch in seiner Heimat gesehen werden. Aber am Ende gab es leider keine Premiere in Deutschland. Ich reiste dann zur Filmvorführung nach London und stand plötzlich auf dem roten Teppich. Um mich herum Fernsehteams aus aller Welt, schreiende Fans und irgendein Reporter, der mir ein Mikrophon vors Gesicht hielt. Ich war leicht erkältet und bemerkte, dass mir plötzlich die Nase lief. Da die Kamera bereits in Nah-, also eigentlich Nächsteinstellung auf mein Gesicht gerichtet war, konnte ich weder diskret hochziehen, noch effizient in ein Taschentuch schnäuzen. Um der Schwerkraft entgegenzuwirken, hob ich zuerst den Kopf, als wäre der Interviewer einen Meter größer als ich. Dann versuchte ich, mit Drehen und Neigen des Kopfes nach rechts und links den Fluss der Dinge aufzuhalten. Es gelang, aber als ich mir das Interview später ansah, wirkte ich, um es charmant auszudrücken, hochnervös.

Meine Arbeit für diesen Film brachte mir einen Teil meiner Leichtigkeit zurück, und ich bekam eine Ahnung, was für ein wunderbares Arbeiten es sein konnte, wenn ich mich, über das bloße Funktionieren hinaus, wieder mit ganzer Kraft auf eine Rolle konzentrieren konnte. Und nicht nur das: Ich bekam auch Stück für Stück mehr Selbstbewusstsein, was nicht zu vergleichen war mit den früheren »Auftritten« des Gute-Laune-Sonnyboys. Da war ich ja von echter Souveränität weit entfernt gewesen. Nun fing ich allmählich an, meinen Selbstwert zu erkennen.

Ich hatte viele kleine wichtige Schritte gemacht, am Ziel war ich aber immer noch nicht.

DER LETZTE (KRAFT-)AKT

Mit Nora auf dem Leipziger Opernball 2018. Foto: Marco Prosch

Zurück in Berlin, konnte ich feststellen, wie schnell man wieder ins gewohnte Leben findet. Familie und Kinder sorgen für eine exakte Punktlandung – das gilt bestimmt auch für Kollegen und Kolleginnen, die *Cast Number One* gewesen sind.

Für mich war die Arbeit eine Form von Therapie, weil sie für Glücksgefühle, Sicherheit und Zufriedenheit sorgte, die beste Grundlage, um überhaupt mit seinen Altlasten aufräumen zu können. Aber ich hatte zu wenig Zeit, um mich wirklich mit mir auseinanderzusetzen. Ich nahm sie mir auch nicht, weil ich mir immer noch nicht eingestehen wollte, dass es überhaupt notwendig ist, in die Tiefe meiner Psyche hinabzusteigen.

Viele Etappen lagen hinter mir: Ich hatte einsam auf dem Gipfel gestanden, war auf dem Boden der Tatsachen gelandet. Bin dorthin gegangen, wo es weh tut, und hatte die Stille und Einsamkeit der Wüste auf mich wirken lassen. Ich hatte vollkommene Bewegungslosigkeit erlebt und zurück ins Licht gefunden. Ich war mit Dämonen unterwegs gewesen, hatte eine Zeitreise in die Vergangenheit gemacht und immer wieder die Abwärtsspirale erlebt. Ich war einen großen Schritt nach vorne gegangen, und ja, ich hatte das Gefühl, auch langsam bei mir anzukommen. Wahrscheinlich ist das genau die Leidensreise, auf die man gehen muss, bis man endlich kapiert, was mit einem los ist.

Tatsächlich versuchte ich immer noch, einfach die Symptome, so gut es ging, im Griff zu haben. Wir hatten nun neben unseren Berufen zwei kleine Kinder, und der Alltag musste gestemmt werden. Und ich durchlitt weiterhin meine emotionalen Berg- und Talfahrten. Drehte ich (in dieser Zeit: *Transporter*, Stefan Zweigs *Vor der Morgenröte*, *Starfighter*, Tatorte, Fernsehserien und diverse russische Filme), konnte ich mich prima ablenken. Aber weil das alles offenbar noch nicht genug war, gründete ich zusammen mit meinen Freunden Felix und Stefan und Nora das Berlin Show Orchestra. Wir träumten von einer Verbindung aus klassischen Instrumenten und klassischem Repertoire mit elektronischen und digitalen künstlerischen Mitteln, von visuellen Highlights, Lasershow, Dancing Violin Show und sogar Akrobatik.

Unser erster größerer Auftritt fand 2015 in Frankfurt am Main statt, in einer Auftragsproduktion des Hessischen Rundfunks zum Tag der Deutschen Einheit mit ungefähr 10 000 Zuschauern.

Als unser Orchester ein Jahr später den britischen Singer-Songwriter Jimmy Somerville bei einem Auftritt auf dem Leipziger Opernball begleitete, ahnte keiner, dass Leipzig danach für weitere drei Jahre eine feste Adresse für uns bleiben würde.

Kurzum: Ich powerte gnadenlos weiter. Aber wann immer ich mit meiner Vergangenheit, mit meiner Kindheit und den ungelösten Konflikten konfrontiert wurde, fiel ich in das schwarze Loch. Meist kamen die Auslöser von außen, ein Telefongespräch mit meiner Mutter, eine SMS-Konversation mit meinem Bruder. Und augenblicklich kehrten die alten Verhaltensmuster zurück: Ich schämte mich, war hilflos, fühlte mich verletzt oder ärgerte mich. Heute weiß ich, dass man in diesem Zusammenhang vom »inneren Kind« spricht.

In solchen Situationen übernahm sozusagen der kleine Lenn in mir die Regie, und der konnte den Konfrontationen natürlich nicht gewachsen sein. Er reagierte so, wie er es immer schon getan hatte. Ich war gefangen in den alten kindlichen Strukturen. Und ich litt. Mein ganzes Leben hatte ich nun versucht, meine düsteren Gedanken zu verdrängen, Probleme mit mir selbst auszumachen oder meine Ängste mit beruflichem Erfolg zu überschreiben. Doch so ging es nicht mehr weiter. Egal, wie glücklich meine Gegenwart war, ich konnte mein Glück nicht genießen und mich den Herausforderungen des Lebens stellen, weil Episoden aus meiner Vergangenheit immer wieder ihren Platz in meinem Kopf einforderten. All meine Versuche, allein damit zurechtzukommen, waren gescheitert, und ich war bereit, mir das einzugestehen. Der berühmt-berüchtigte und dazu notwendige Leidensdruck war nun endlich erreicht. Nachdem es mich Jahre gekostet hatte zu akzeptieren, dass meine Kindheit, die Auseinandersetzungen meiner Eltern, der in meinen Augen sinnlose Verlust meines Vaters und meines Halbbruders, mich psychisch schwer verletzt hatten, war es nun an der Zeit, auch meinen letzten Schutzwall einstürzen zu lassen. Ich musste erneut mit jemandem sprechen. Auch wenn das bedeutete, einen Schritt zu gehen, den ich nicht wieder rückgängig machen konnte, und Dinge zu offenbaren, denen ich mich selbst noch nicht hatte stellen können.

Nach mehreren dumpfen Tagen auf dem Sofa, war mir klar: Jetzt oder nie. Du musst etwas ändern! Diesmal sollten es nicht nur ein paar Sitzungen sein, wie vor zehn Jahren. Ich wollte gründlich in die Tiefe gehen.

Mein Agent und enger Freund Mattias Frik half mir, eine Therapeutin zu finden, eine ganzheitliche Ärztin, zu der ich von nun an einmal in der Woche ging, wenn ich nicht gerade wegen Dreharbeiten außerhalb Berlins war. Unser eigentlich nie abreißendes Gespräch dauerte insgesamt länger als drei Jahre und veränderte meinen Blick auf das Leben, meine Vergangenheit und Gegenwart grundlegend. Ich hatte bewusst auf Medikamente verzichtet. Meine Therapeutin gab weder Einschätzungen zu den von mir zur Sprache gebrachten Dingen, noch erteilte sie mir irgendwelche Ratschläge. Sie half mir, so einfach es sich anhört, zu meinen eigenen Schlüssen zu kommen und viele Dinge aus meiner Vergangenheit neu und anders zu betrachten. Und es tat mir nicht weh.

Es ging auch nicht allein um mich. Ein Perspektivwechsel brachte neue Klarheit. Ich dachte darüber nach, wie es wohl Mama ergangen war, als unsere Familie zerbrach und sie mit Sascha und mir nach Rumänien fuhr. Wie sie die Zeit danach erlebt hatte, als Papa das Sorgerecht für mich bekam, als ich zu ihm zog? Ich hatte sie lange wie einen Feind betrachtet, wie jemanden, der mir nicht guttat. Aber irgendwo tief in ihrem Inneren muss doch auch sie eine ganz bestimmte Erwartung an ihr Leben, einen wie auch immer gearteten Glücksanspruch gehabt haben. Wie konnte der ausgesehen haben, und, vor allem, was davon hatte sich erfüllt? War sie am Ende in ähnlichen Denkspiralen gefangen wie ich, die sie unablässig nach unten zogen? Bei allem, was wir miteinander erlebt hatten, spürte ich, dass mich immer noch etwas verband mit meiner Mutter, und es war ein Gefühl, das ich jetzt gern und voller Erleichterung annehmen konnte.

Wie war es meinem Bruder Sascha ergangen, als er erfuhr, dass unser Papa gar nicht sein leiblicher Vater war, sondern irgendjemand anderer? War für ihn nicht eine Welt zusammengebrochen? Wie hat er es verkraftet, als ich mit Papa wegging? Musste er mich nicht genauso vermisst haben wie ich ihn? Ich suchte für die Menschen, die mir nahe gewesen waren, nach Erlösung, wie ich es auch am Ende eines Drehs mit meinen Rollen machte. Dieser andere *Point of View* war wichtig, ich wollte keine Schuld verteilen und niemanden anklagen. Ich wollte verstehen und mitfühlen.

Nun konnte ich auch mit mir in einen Dialog eintreten: Was für ein Partner war ich Nora, was für ein Vater für meine Kinder und wie könnte meine und unsere Zukunft aussehen?

All diese Dinge bewegten mich, und ich merkte voller Erleichterung, dass ich in Ruhe darüber nachdenken konnte. Diese Gedanken hatten mit der Zeit etwas Ordnendes, als erhielte ich nach und nach den Blick von oben auf ein Labyrinth, in dem ich so lange umhergeirrt war, immer wieder unter Schmerzen irgendwo anstoßend. Und mit jeder Therapiesitzung wuchs mein Wunsch, meinen Frieden zu machen, mit meinen Eltern, mit Sascha, wie immer er jetzt zu mir stand. Ich war kein Kind mehr, nicht mehr allem wehrlos ausgeliefert, was um mich und mit mir geschah. Mein Heilungsprozess setzte endlich ein, und ich sollte spüren, wie ich mich Schritt für Schritt veränderte. Ich fiel immer seltener in die alten kindlichen Verhaltensweisen zurück, entstanden Konflikte, konnte ich zunehmend besser damit umgehen.

Dieser kleine Junge, der da nachts ganz allein auf einem Feld in Rumänien gestanden und nach seinem Vater gerufen hatte, das war ich gewesen. Und ich verdrängte den Gedanken daran nicht mehr, er war mir nicht mehr unangenehm, sondern ich fing an, anders auf dieses Kind zu blicken. Mit Liebe und Verständnis. Ich konnte seine Ängste sehen, die Schuldgefühle, die innere Zerrissenheit. Auch der kleine Lenn brauchte Erlösung, und ich, der Erwachsene, der Gereifte, war nun in der Lage, ihn von all dem Schmerz zu erlösen.

Ich wusste, dass es die ersten Erfolge meiner Therapie waren. Mir fiel es spürbar leichter, wirklich auf meine Umwelt einzugehen; meine Fassade war durchlässiger geworden, in beide Richtungen. Mit Nora konnte ich mich jetzt endlich austauschen. Sie hat über all die Jahre nichts unversucht gelassen, unsere Situation zu reflektieren, manchmal auch unter Ausklammerung der Dinge, die sich in meiner Vergangenheit zugetragen hatten. Ein Denkansatz, den mir so auch die Therapie schon nahegebracht hatte. Nur wer sich mit seinen Schemata auseinandersetzt, kann feststellen, ob er sich in ausgetretenen Pfaden bewegt. Ich musste mein persönliches Muster von Gefühlen, Gedanken und Erinnerungen identifizieren, weil es mein Verhalten steuerte. Alte kindliche Ängste und Erfahrungen begleiteten mich als Erwachsener immer noch und waren dafür verantwortlich, dass ich immer in die gleichen Psychofallen tappte.

Die Verhaltenstherapie kann diese Erkenntnis unterstützen und dazu ermutigen, diese Pfade zu verlassen, Kraft geben, einfach abzubiegen und neue Wege zu finden. Hatte ich mich zu lange als Opfer meines Elternhauses empfunden? Natürlich war es auch damals nicht immer nur allein um mich gegangen. Vielleicht galt es einzusehen, dass Menschen oft in die eine oder andere Richtung handeln, weil sie einfach nicht anders können.

Viele Jahre waren vergangen seit meinem Zusammenbruch beim Dreh der *Fälscher*. Ich konnte zurückblicken auf mehr als ein Jahrzehnt von Familienglück, beruflichen Erfolgen, wunderbaren Begegnungen und großen Abenteuern. Vor allem war es für mich persönlich auch ein Jahrzehnt der emotionalen Entwicklung. Ich konnte endlich verstehen, dass zum

Leben auch das Loslassen gehört. Innerer Frieden begann sich bei mir einzustellen.

Mehr als zehn Jahre lang hatte ich im Traum mit meinem Vater gehadert, ihm Vorwürfe gemacht, dass er mich so früh verlassen hatte. Dann, eines Nachts, steht er wieder traurig auf dem Weg vor unserem Grundstück, wortlos im kälter werdenden Herbstwind. Diesmal aber finde ich plötzlich die Kraft, auf Papa zuzugehen: Ich umarme ihn, halte ihn fest und lege stumm den Kopf an seine Schulter, als wollte ich endlich ausruhen. Wir sagen nichts, aber eine große Ruhe erfasst mich, es ist ein Moment tiefen Friedens. Ich bin dankbar, dass er da ist und wir uns wiedersehen. Das Erwachen ist diesmal anders. Und danach werde ich diesen Traum nie wieder haben.

Eine weitere große Herausforderung wartete auf mich in Form einer Rolle, die mich wieder an meine emotionalen Grenzen bringen sollte. Doch diesmal bekam ich keine Panikattacken mehr oder brach zusammen, sondern ich nutzte auch diese Arbeit für meine Reise zu mir selbst. Im Nachhinein kann man sich schon fragen: Warum waren diese Rollen alle zu mir gekommen? Zufall, Schicksal, Karma?

Vikings ist eine kanadisch-irische TV-Serie um den Familienclan von Ragnar Lodbrok, der im frühen Mittelalter als Wikinger und König von Dänemark gelebt haben soll. Ich hatte Teile der Serie, die über sieben Jahre (2013–2020) lang im Fernsehen lief, irgendwann auf einem Langstreckenflug gesehen und war total beeindruckt gewesen.

Nun konnte ich es kaum fassen, als man mir eine Rolle in dieser mit sechzig Millionen US-Dollar budgetierten Produktion anbot. Eine Familiensaga. Und dazu noch ein gnadenloser Machtkampf zwischen zwei Brüdern, von denen einer ich sein sollte.

Würde die Rolle in *Vikings* auch der letzte Akt meiner Vergangenheitsbewältigung werden?

Wie immer begann der Weg zur Rolle mit kleinen Schritten. Ich produzierte wieder ein Selftape und schickte es der Produktion. Auf die Frage »*Are you able to ride a horse?*« (Können Sie reiten?), konnte ich wahrheitsgemäß antworten: »*Of course I can. If not, I would learn it today.*« (Natürlich kann ich reiten. Wenn nicht, würde ich es heute noch lernen.) Ich war zwar schon als Kind im Kaukasus geritten und ein paar Jahre zuvor durch die marokkanische Wüste, doch ich wollte meine Fähigkeiten im Sattel auffrischen. Denn in dieser Hinsicht war bei *Vikings* schon etwas mehr gefragt als ein leichter Trab durch Blumenwiesen, das hatte man auch meinem Agenten unmissverständlich mitgeteilt. Die Anforderungen waren mithin so, dass ich natürlich nicht erst auf die feste Zusage der Rolle warten konnte, um mich dann in entsprechender Weise in Form zu bringen.

Ich hatte gute Erfahrungen mit einem Reiterhof bei Berlin, meldete mich gleich dort an und übte dreimal die Woche: reiten ohne Sattel, reiten mit Speer, Schild und Schwert. Auch davon drehte ich Videos, die meine Agentur an die Produktionsfirma schickte. Ich muss mich ganz gut gehalten haben, schließlich wurde ich nach England eingeladen, weil man meine Reitkünste jetzt vor Ort überprüfen wollte.

Der Chef der eigens für die Reitszenen gebildeten Abteilung gab mir verschiedene Aufgaben, wie und wohin ich mein Pferd zu lenken hätte, sah sich alles sehr kritisch an, um mich schließlich mit einem »*That was very good!*« wieder nach Hause zu schicken.

Und dann kam endlich die erlösende Nachricht, und der Traum ging in Erfüllung: Ich würde Teil der irren *Vikings*-Welt werden!

Ich sollte Prinz Dir spielen, dessen jüngerer Bruder ihm in einem brutalen Machtkampf viel Leid zufügt, der ihn demütigt, foltert und schließlich sogar an Ketten gelegt in einen Hundekäfig sperrt. Starker Tobak. Ich hätte mich an meinem Filmbruder abarbeiten, all meine alte Wut, Enttäuschung und Verletzung hineinlegen können. Doch das tat ich nicht, ich legte die Rolle ganz bewusst so an, dass ich meinem fiktiven Bruder nach seinem (Film-)Tod vergeben wollte. Auch hier waren mir Erlösung und Versöhnung wichtig, insbesondere weil es ein Thema war, das mir so naheging.

Als Nächstes musste ich zur Anfertigung der Kostüme und zur Probe der Schlacht- und Fechtszenen anreisen. Bei den Kostümen legte man großen Wert auf historische Authentizität; und obwohl sich am Ende immer noch unter den Zuschauern Experten finden, die nicht bis in die letzte Gürtelschnalle oder den letzten Hornknopf zu überzeugen sind, war alles aus Leder und Metall maßangefertigt.

Der Umstand, dass heute offenbar niemand mehr so ganz genau weiß, was im Mittelalter in Dänemark, England oder Irland im Einzelnen passiert ist, machte es dem Ideengeber Michael Hirst und seinen Autorenkollegen leicht, sehr kreativ mit dem Material zu spielen. Was hier an historischen Eckpunkten belegt ist, wurde zeitlich gerafft oder zusammengefasst, um die äußere Spannung nicht abreißen und die handelnden Personen in immer neue dramatische Situationen und Konflikte stürzen zu lassen. Opulent im Personal, in Ausstattung und Maske produziert und reichlich mit genau choreographierten Schlacht- und Kampfszenen versehen, entstand ein Fernsehereignis von einer Wucht, die die Zuschauer jahrelang in ihren Bann zog.

Gedreht wurde im Norden Irlands, und die Route Berlin-London-Dublin wurde mir sehr vertraut – und ist mir vor allem auch wegen einer Reise unvergesslich.

Einmal landete ich in Heathrow und erfuhr, dass wegen eines Unwetters an einen Weiterflug nicht zu denken sei. Unwetter gehen vorüber, ich beschloss, mich in Geduld zu üben, was mir das andauernde Klacken in den Anzeigetafeln, das bei immer mehr Flügen in der Hiobsbotschaft »*cancelled*« gipfelte, allerdings unmöglich machte. Am Ende erwischte es auch meinen Flug.

Ich fragte mich am Handy zu der für die Organisation der An- und Abreise der Mitwirkenden zuständigen Stelle der Produktionsfirma durch, schilderte mein Unwettermissgeschick und wurde gebeten, mich einen Augenblick zu gedulden. Als man mich nach weniger als einer Stunde zurückrief, hatte mir die Crew im fernen Irland einen perfekten Ersatzreiseplan gebastelt, der mir allerdings nicht die grenzenlose Freiheit über den Wolken, sondern ein Abenteuer des Schienenstrangs mit einem Finale unter dem Motto »Fährmann, hol über!« verhieß. Erst einmal sollte ich mit der U-Bahn von Heathrow zur Central Station fahren, um dort einen Zug nach Mittelengland zu besteigen. Ich tat, wie mir geheißen.

Der Tag ging zur Neige, als ich meine Bahnfahrt antrat. Ich fahre gern Eisenbahn, zumal ich ja auch noch mit leichtem Gepäck reiste, denn meinen Koffer hatte ich in den Katakomben des Flughafens oder im Gepäckraum des Flugzeugs nach Dublin zurücklassen müssen.

Wenn ich am frühen Morgen des nächsten Tages eine anstrengende und komplizierte Szene zu drehen habe, bevorzuge ich allerdings schnellere Beförderungsmittel. Aber was half es – in dunkler Nacht fuhr ich wie in einem Geisterzug durch Großbritannien. Mittlerweile meldete sich auch ein handfester Hunger, aber im Zug gab es keinen Speisewagen, und die Betreiber des Buffetwagens hatten sich offenbar schon zur Ruhe begeben. Doch es schimmerte Licht am Ende des Tunnels, jedenfalls leuchtete mir ein Fish-and-Chips-Imbiss am Bahnsteig des Umsteigebahnhofes entgegen, doch genau in dem Moment, als mein Zug zum Stehen kam, erloschen im Imbiss alle Lichter, und die Angestellten gingen in den wohlverdienten Feierabend.

Was tut man nachts um zwei auf einem Bahnsteig, in dem man eher das Gleis neundreiviertel zum Umsteigen nach Hogwarts vermutet als einen nationalen Verkehrsknotenpunkt? Man beißt die Zähne zusammen und versucht, das wütende Knurren im Magen zu ignorieren. Irgendwann ging die Reise weiter.

Ich verpasste meine Fähre und musste die nächste nehmen. Früh um 5.20 Uhr erreichte ich Dublin zu Wasser. Dort wartete ein Wagen auf mich, der mich an den Drehort in Ashford Castle brachte.

Dort gab es – man freut sich auch über kleine Dinge – eine Zahnbürste und einmal Unterwäsche zum Wechseln, und ab ging's in die Maske. Ich war seit meinem Abflug von Berlin-Tegel jetzt beinahe 48 Stunden auf den Beinen. Meine deshalb etwas grimmige Außenwirkung konnte ich gleich produktiv einsetzen. Immerhin drehten wir die Szene, in der ich im offenen Gelände überfallen, überwältigt und verschleppt werde.

Es gibt jede Menge Pferde, maximalen Körpereinsatz und martialische Schwertkämpfe, das Ganze in blütenweißem Kunstschnee, der übrigens biologisch abbaubar ist, nach dem Dreh liegen bleibt, um sich allmählich organisch in den Boden zu fügen.
Die Szene ist kompliziert und gefährlich, denn wenn auch nur einer der mit schwerem Gerät Fechtenden (ein knappes Dutzend!) von der quasi millimetergenauen Choreographie abweicht, kann es zu schweren Verletzungen kommen. Durch die Strapazen der Reise, meine Übermüdung und meine Unterzuckerung aber wird jede Menge Adrenalin freigesetzt, und ich fechte wahrlich wie um mein Leben.
Am Ende bin ich drehbuchgemäß brutal überwältigt und ohnmächtig geschlagen. Zwei Soldaten müssen mich durch den Schnee schleifen und locker über ein Pferd werfen. Auch das ist x-mal geprobt. Jetzt aber ist es das Pferd, das für Überraschung sorgt. Als ich auf meiner Brust in seine Richtung gezerrt werde, sehe ich durch meine zusammengekniffenen Augenlider, wie das stolze Tier in aller Pferdegemütsruhe noch eine größere Marge Pferdeäpfel fallen lässt, und das so exakt, dass die beiden Soldaten mich auf unserem Weg akkurat durch den wärmenden Dung ziehen müssen. Schließlich obwaltet auch hier eine strenge Choreographie. Die Soldaten sind kurz versucht, die Szene abzubrechen, aber Kunst verlangt bekanntlich Opfer, da muss man sich auch schon mal buchstäblich durch die Scheiße ziehen lassen. Ich spüre, wie eine beträchtliche Portion warm und weich unter meiner Lederrüstung einsickert, und es ist eine große Erleichterung, als der Regisseur am Ende zufrieden nickt.

An meinem letzten Drehtag gab es ein weiteres denkwürdiges Ereignis, das ich mir allerdings selbst bereitete. Ich kam vom Set und freute mich auf meine Geige. Sie hatte mich – natürlich im sicheren Handgepäck – auf meiner turbulenten Reise begleitet. Zwei meiner Schauspielerkollegen hingegen vertrieben sich die Zeit auf andere Weise: Sie warfen sich gegenseitig einen Rugbyball zu. Als er, quasi als Irrläufer, in meine Richtung flog, setzte sich reflexartig mein Sportgen durch, und intuitiv streckte ich die Hand aus. Das aber hätte ich besser nicht getan.

Am Nachmittag sollten wir einen ganz besonders ausgelassenen Tanz drehen, bei dem ich mich in Rückenlage mit beiden Händen am Boden abstützen musste, um, etwa wie bei den berühmten Kosakentänzen, die Beine in die Luft wirbeln zu können.

In dem Moment, als mein ganzes Körpergewicht auf meiner gespreizten Linken zum Liegen kam, spürte ich, dass etwas nicht stimmte. Ich wollte vor Schmerz aufspringen! Diese Improvisation aber hätte sich nur schwer in den Ablauf des Tanzes einordnen lassen. Also biss ich die Zähne zusammen und brachte meinen Part mit Würde zu Ende. Danach wurde ich zum Röntgen gefahren.

Ich hatte mir das dritte Fingerglied meines linken Mittelfingers gebrochen, nur wenige Millimeter unterhalb des Fingernagels, wo nach ärztlicher Auskunft absolut nichts zu gipsen, sondern nur zu schienen war. Der Doktor machte mir klar, dass ich lediglich abwarten konnte, dass die Fraktur langsam wieder zusammenwuchs. Er ahnte nicht, welches erdrückende Gewicht sein salopp vorgetragener Befund für mich als Geiger hatte, der in diesem Beruf durchaus weiterarbeiten wollte.

Weil wirklich allerletzter Drehtag und ich »abgedreht« war, wie es so schön heißt, hatte sich der Fahrer der Produktion, der mich in die Klinik gefahren hatte, bereits zurück zum Drehort begeben, wo eben die Abschlussfete Fahrt aufnahm.

Wieder einmal stand ich mutterseelenallein auf der Straße, diesmal in Dublin, und fragte mich, was diese an sich lachhafte Verletzung für meine Laufbahn als Musiker bedeutete. Ich suchte nach einem Song aus meinem Irish-Pub-Repertoire, der meiner Gemütslage nur annähernd gerecht wurde und kam nur bis »The Rocky Road to Dublin«.

Die Rolle als Prinz Dir in *Vikings* war tatsächlich ein großer Meilenstein, in mehrfacher Hinsicht. Vor allem aber war es der letzte Kraftakt bei der Aufarbeitung meiner ungelösten Konflikte. Die Figur des gedemütigten Prinz Dir und ich verschmolzen teilweise miteinander, aber so wie ich mich in die Rolle hineinbegeben hatte, konnte ich sie auch wieder verlassen – und mit meinem Bruder meinen Frieden machen.

Während meiner drei Jahre dauernden Dreharbeiten zu *Vikings* hatte unser Berlin Show Orchestra jedes Jahr einen Auftritt beim Leipziger Opernball. Seit mehr als einem Vierteljahrhundert ist der Ball in jedem Herbst eines der großen gesellschaftlichen Ereignisse in Leipzig: Aus der ganzen Bundesrepublik reisen Gäste an, um daran teilzunehmen. Eines der wichtigsten, wenn nicht eigentlich das wichtigste Thema des Leipziger Opernballs ist die Tatsache, dass hier Jahr für Jahr hohe Summen für die Stiftung »Leipzig hilft Kindern« gesammelt werden, mit denen in der letzten Zeit unter anderem der Kinderschutzbund, der Verein Zukunft für Kinder e. V., der Förderverein des Zentrums für Drogenhilfe e. V., die

Stiftung Kinderklinik Leipzig und das Kinderhospiz Bärenherz unterstützt wurden.

Nun stand das alljährliche Ereignis wieder vor der Tür, und ich sollte eigentlich als Moderator und Violinsolist mit den Musikern unseres Berlin Show Orchestras auftreten. Ich kam aber gerade von den *Vikings*-Dreharbeiten und hatte ja als Souvenir einen gebrochenen Mittelfinger im Gepäck. Er steckte in einem schmucken Kunstlederüberzug, und Geige spielen war ohne weiteres nicht möglich. Aber absagen? Auf gar keinen Fall! Also mussten wir, getreu dem Leitmotiv meines Vaters »Es gibt immer einen Grund, etwas nicht zu tun«, improvisieren.

Nora und ich stehen auf der Bühne und teilen uns eine Geige, die an ihrer Schulter ruht. Während ich mit der Rechten den Bogen führe, greift Nora die Saiten. Wir spielen also das Motiv aus der »Moldau« von Bedřich Smetana gemeinsam. Es klingt ohnehin sehr emotional, aber das Besondere unseres Auftritts ist, dass die Geige, während wir spielen, von Noras Schulter an meine wechselt, ohne dass dabei die Melodie oder der Rhythmus unseres Spiels beeinträchtigt werden.

Sehe ich heute den YouTube-Mitschnitt als Momentaufnahme dieses Abends, bin ich immer noch tief berührt.

Ein Bild der vollkommenen Harmonie mit einer wunderbaren Botschaft: Das Leben geht zur Not auch ohne Geige weiter, in Verbindung mit meiner Frau ist alles möglich.

Nora und ich haben einen langen Weg zurückgelegt, und ich empfinde Liebe, Dankbarkeit und Frieden. Ich bin endlich angekommen.

FRIEDEN SCHLIESSEN

Während der Dreharbeiten für den Kroatien-Krimi.
Foto: Conny Klein

Das Licht ist ein wenig verhangen an dem Tag, als wir an der Klagemauer drehen. Die *Kotel* (hebräisch Mauer) ist für religiöse Juden der heiligste Ort auf Erden, weil es sich um Überreste des Zweiten Tempels, eigentlich des wiedererbauten Salomontempels, handelt.

Ich habe in den Tagen zuvor hier die Betenden beobachtet. Sie schieben kleine Zettel mit Gebeten, Wünschen und Danksagungen in die Fugen des Mauerwerks. Es müssen Tausende sein. Zweimal im Jahr, vor dem Pessachfest und am Sonntag vor dem jüdischen Neujahrsfest Rosh ha-Shana, zieht der Rabbiner mit vielen Helfern jeden einzelnen Zettel heraus, um sie auf dem Ölberg zu begraben. Die jüdische Religion verbietet, etwas zu verbrennen, worauf der Name Gottes steht.

Ich bin nicht religiös, aber in dem Moment, als die Kamera läuft und ich auf meiner Geige zu spielen beginne, fühlt es sich an, als wäre diese Musik meine Botschaft, die in die Klagemauer, in die Fugen zwischen den Blöcken des Jerusalemer Meleke-Kalksteins dringt. Ein Gedenken an alle, die wir verloren haben. Meine Urgroßeltern, überrollt und für immer unauffindbar durch den verbrecherischen deutschen Überfall auf die Sowjetunion, den Cousin meiner Mama, in dessen Ausweis die Deutschen den Vermerk »Nationalität: jüdisch« lasen und ihn sofort hinrichteten, meinen Papa, der viel zu früh sterben musste, und Jan, mein jüngerer Bruder, der doch noch sein ganzes Leben vor sich hatte.

Kaddish ist ein Film von Konstantin Fam, Sohn einer ukrainischen Jüdin und eines vietnamesischen Vaters, in dem ich 2019 die Hauptrolle spiele. Ähnlich wie 2006 *Die Fälscher* erinnert er wieder stark an das Schicksal meiner eigenen Familie. Es ist die Geschichte von Leonids Großvater, der als Geiger in einem KZ-Orchester spielen muss, bevor die Nazis ihn und die anderen Musiker ermorden, und einem deutschen Geigenbauer, der als SS-Wachmann im KZ auftaucht. Nach der Befreiung des Lagers erschleicht er sich die Identität von Leonids totem Großvater, um seiner Bestrafung zu entgehen. Das alles enthüllt Leonid (den ich darstelle) auf einer Art Odyssee nach Jerusalem, die ihn durch Russland, Weißrussland und auch nach New York führt. Unterwegs verliebt er sich in Rachel, die Enkelin eines Nürnberger Geigenbauers. Sie hält sich für eine Jüdin, muss aber am Ende erkennen, dass ihr Großvater eben jener SS-Mann gewesen war. Begebenheiten aus der Generation der Großväter machen es Rachel und Leonid unmöglich, ihre Liebe zu leben.

Als ich die Szene an der Klagemauer drehe, werden in mir wieder persönliche Erlebnisse wachgerufen. Aber ich spüre genau, dass es diesmal ganz anders ist als beim *Fälscher*. Ich kann das, was ich vor der Kamera spiele, gut unterscheiden von den persönlichen Empfindungen, die dabei in meinem Inneren ablaufen: Ich bin nicht der polnische Häftling Loszek, der im KZ Sachsenhausen von der Ermordung seiner Töchter erfährt, und nicht der russische Geiger Leonid, der seinen toten Großvater betrauert. Ich bin Lenn Kudrjawizki, und alles, was ich an Geschichten in mir trage, und alles, was ich noch im Leben und bei der Arbeit erfahre, macht mein Leben reicher und manchmal eben auch schwieriger. Ich hatte gelernt, damit umzugehen, auch wenn mir das nicht immer bewusst ist und es sich hier, an der Klagemauer in Jerusalem wieder einmal deutlich zeigt.

Dafür bin ich meiner Therapeutin unendlich dankbar. Die

Zeit, die ich über die Jahre in ihrer Praxis verbracht habe, hilft mir heute, meine Gedanken besser zu lenken als früher, wo jede aufblitzende Emotion mich auf die sonderbarsten inneren Abwege einladen konnte und ich mir schließlich eine Art emotionalen Schutzpanzer zulegte. Insofern bedeutet Therapie für mich auch nicht die in irgendeinem Zeitrahmen liegende »Behandlung«, »Heilung« oder »Pflege«. Es ist eher so, als hätte ich eine Art seelischer Grundausstattung für die Auseinandersetzung mit mir selbst und meiner Umwelt erhalten, die offenbar lebenslang gepflegt und erneuert werden muss.

Ich weiß seitdem sicher, dass es keinen Sinn hat, Schmerz oder Konflikte zu ignorieren. Man behält sie in sich, wo sie meist noch schwerwiegender und bedrückender werden. Auch meine Umwelt, Menschen, die mir nahestehen, erhalten falsche Signale oder fühlen sich getäuscht, wenn ich auf bestimmte Umstände, Situationen oder Fragen, wie es mir geht, gar nicht oder ausweichend reagiere. Das Wort »authentisch« ist etwas abgegriffen, trifft es aber in diesem Zusammenhang genau. Nur wenn ich mir selbst vertrauen kann, dass mein Verhalten echt und glaubhaft ist, kann ich auch in der Außenwirkung glaubhaft und auf Augenhöhe mit anderen umgehen. Das gilt auch für meinen Beruf, mein Spiel, schon für meine Art, eine Rolle anzulegen. Das Nachdenken darüber muss lange vor dem ersten Drehtag beginnen.

Als Konstantin mir die Rolle des Leonid anbot, war mir bewusst, worauf ich mich einlasse. Dass ich Geige spielen konnte, war für ihn eine glückliche Fügung. Für mich bedeutete es, dass ich über die Musik noch näher an die Figur herankommen würde. Denn daran hat sich seit dem Tag, als mein Vater mir zum ersten Mal eine Geige in den Arm legte, nichts geändert. Musik ist für mich der direkte Weg zu meinen Emotionen. Es ist meine Sprache. Mein Seelenheil.

Umso mehr musste ich vor Drehbeginn, Wege finden, wie ich Distanz gewinnen konnte. Ich wusste, dass ich auf mich aufpassen musste, die Parallelen zu meiner Familiengeschichte würden mich unweigerlich auch in meine eigene Vergangenheit führen.

Zur Vorbereitung auf den Film setzte ich mich wieder mehr mit den jüdischen Traditionen auseinander, die in meinem Alltag eigentlich keine Rolle spielen, wenngleich ich manchmal gern allein in die Synagoge gehe. Einfach weil ich die Stimmung mag und es mich an meine Wurzeln erinnert.

Im Judentum ist das *Kaddisch*, nachdem der Film benannt ist, eines der wichtigsten Gebete. Außerhalb der religiösen Kreise ist diese Lobpreisung Gottes wohl am bekanntesten in ihrer Bedeutung als Totengebet: Nach einem Todesfall in der engeren Familie spricht es der nächste männliche Angehörige zwölf Monate lang jeden Tag, dann immer, wenn der Todestag sich jährt.

Die Dreharbeiten für die Geschichte des jungen jüdischen Geigers Leonid, dem am Abend eines Konzertauftritts in Moskau eine fremde Geige untergeschoben wird, begannen 2018 im Moskauer Taganka-Theater. Von dort an tritt Leonid eine lange Reise an, um die Herkunft der geheimnisvollen Violine zu erforschen, in deren Inneres ein Hakenkreuz klebt.

Wir reisten in einem ganz kleinen Team, die Produktion war betont unaufwendig. In New York blieben wir für etwa zwei Wochen. Wir wohnten in Brooklyn in einer vierstöckigen Villa, in der wir praktischerweise auch gleich die meisten der Innenmotive drehen konnten.

Jetzt konnte ich auch meinen Kontakt zu den New Yorker Kudrjawizkis wiederbeleben, und das endete dann immer in wunderbaren Familienfeiern, die wir russisch-ukrainische Juden (oder jüdische Russen) mit lebhaften Gesprächen, viel Essen und Musik zelebrieren.

In diesen Momenten wurde mir schmerzhaft bewusst, dass ich einen wichtigen Teil meiner Familie immer noch vermisste. Aber ich versuche immer wieder, die Balance im Verhältnis zu meiner Mama und zu meinem Bruder herzustellen. Mal gelingt es besser, mal weniger gut. Vielleicht sind unsere Leben inzwischen zu weit voneinander entfernt. Eine bittere Erkenntnis, die ich bis heute nicht annehmen mag. Ich glaube immer noch fest daran, dass wir versuchen sollten, behutsam aufeinander zuzugehen, ohne dabei etwas erzwingen zu wollen.

»*We can not choose the family we are born in, but we can choose the family we die in*«, sage ich in *Kaddish* zu meiner Filmpartnerin. Ich liebe diesen Ausspruch sehr, weil er unseren eigenen Handlungsspielraum aufzeigt. Wir sind auf unserem Lebensweg nicht wehrlos den äußeren Umständen ausgeliefert, es liegt in unserer Hand, etwas zu ändern, mögen die Herausforderungen auch gewaltig sein.

Lange Zeit in meinem Leben fühlte ich mich ausgeliefert, den Traumata meiner Väter, der Willkür meiner Mutter, den Rollen, die ich im echten Leben und im Film spielte. Doch mittlerweile weiß ich, dass man etwas bewirken kann innerhalb seiner »klassischen« Familie, aber inzwischen habe ich den Begriff Familie für mich ausgeweitet. Es sind die Menschen, mit denen ich mich umgebe, mit denen ich arbeite, die mir Kraft geben und für die ich Verantwortung tragen möchte.

So eine Art Familienbande, zu der ich schon seit 2015 gehöre, ist auch das Team der »Kroatien-Krimis«. Jedes Jahr entstehen zwei neue Folgen, für die wir zweieinhalb oder drei Monate in Kroatien arbeiten. Ganz gleich, ob wir im Frühjahr oder im Herbst, der hier meist noch sehr sommerlich ist, vor Ort sind, ich habe die Hafenstadt Split, die als »Hauptstadt Dalmatiens« gilt, und all die großartigen Orte in der südkroatischen Landschaft, an denen wir drehen, in mein Herz geschlossen.

Aber es ist nicht nur die Postkartenkulisse, deretwegen ich mich hier so gut aufgehoben fühle. Die Drehbuchautoren sind bemüht, Stoffe zu finden, in denen wir uns dem Leben des Landes und der Leute hier nähern, also keine Kriminalfälle, die man so, egal wo, vor dem Hintergrund jeder x-beliebigen europäischen Stadt ins Bild setzen könnte. Meine Kollegin Jasmin Gerat spielt als Stascha Novak eine selbstbestimmte kroatische Frau, die bei ihren Ermittlungen allerdings oft genug mit überkommenen Vorstellungen konfrontiert wird. Emil Perica (meine Rolle) sieht sich zwar als moderner Mann, er kommt jedoch aus einer sehr der Tradition verhafteten kroatischen Familie und hat immer mal wieder Probleme mit den selbstbewussten Alleingängen seiner Kollegin. Eine Konstellation, aus der sich schon viele Spielmöglichkeiten ergeben.

Glücklicherweise arbeiten im Team hinter der Kamera meist kroatische Kollegen, so dass es im Bedarfsfall kein weiter Weg zum Abgleich mit dem wirklichen Leben ist. Dazu kommt, dass unser jeweiliger Drehbuchautor oft vor Ort ist, um die Stimmung, die am Schauplatz unserer Geschichten herrscht, in sich aufnehmen zu können.

Im Laufe der Jahre haben sich auch herzliche Kontakte mit den Leuten in Split oder Zagreb entwickelt, und zu den Deutschen, die hier ständig leben. In manchen Kneipen und Cafés sind wir längst alte Bekannte und gern gesehene Gäste.

Wenn ich in Kroatien arbeite, wird mir auch immer wieder die relative Sicherheit bewusst, in die meine eigene Familie eingebettet ist. Seien es die Schrecken des Kroatien-Krieges in den 1990er Jahren, die noch fest im Bewusstsein der Bevölkerung sind, oder die Folgen der Erdbeben, etwa Ende Dezember 2019 um Petrinja, in der ärmsten Region Kroatiens. Davon waren auch Familien von Kollegen aus unserem Team betroffen. Vor allem die Kinder traf es hart, die auch während der Corona-Pandemie sehr zu leiden hatten. Zerstörte Wohnbauten, Kindergärten und Schulen; wer dort durch die Orte fuhr, bekam eine ungefähre Vorstellung davon, was es bedeutet, wenn der Boden, auf dem man sich sonst so sicher fühlt, zu schwanken und zu beben beginnt, wenn alles, was einem vertraut erscheint, innerhalb von Sekunden buchstäblich in sich zusammenfällt; die Stadt verwüstet, die gewohnte Welt vollkommen aus den Fugen.

Im Jahre 2019 fuhr ich mit meinem Freund Wolf Bosse mit E-Bikes von Leipzig nach Split zu den Dreharbeiten. Die siebentägige, 1400 Kilometer lange Fahrt (insgesamt 14 000 Höhenmeter) führte uns durch sechs Länder, über drei Mittelgebirge und den Alpenrand bis an die Adriaküste. Wir wurden von einem kleinen Kamerateam begleitet, das uns half, unsere Spendenaktion öffentlich zu machen: Zehn Euro kamen für jeden gefahrenen Kilometer zusammen.

Drei Jahre später fuhren wir direkt nach Petrinja, diesmal mit dem E-Auto. Wir erreichten *Mala cuća* (kleines Haus), eine Einrichtung, in der behinderte Kinder leben, die professionelle Betreuung und Förderung brauchen. Doch für nicht einmal ein Zehntel der in der Region lebenden Bedürftigen reicht die Kapazität dieses Hauses aus. »Haus der Wunder« wird es von den Einheimischen genannt, es war kurz vor dem Erdbeben komplett umgebaut und saniert worden.

Jetzt war alles so stark beschädigt, dass das Haus wegen Einsturzgefahr nicht mehr betreten werden durfte. Gerade weil die Schwächsten in der Gesellschaft so schwer betroffen waren, wurde mir wieder einmal klar, wie wichtig hier unmittelbare und greifbare materielle Hilfe ist. 60 000 Euro sammelte unsere Aktion »Antritt mit Herz«, die direkt an Unicef für den Wiederaufbau von *Mala cuća* gespendet wurden.

Mich erfüllt Dankbarkeit für alle, die uns dabei halfen und spendeten.

Neben allen Unwägbarkeiten meines Berufes ist es ein großes Privileg, in der Öffentlichkeit zu stehen. Was liegt da näher, als andere davon profitieren zu lassen, die zu schwach oder noch zu klein sind, um aus dem Schatten zu treten. Man muss nicht gleich die ganze Welt retten wollen: Sie an einer Stelle ein bisschen besser zu machen hilft schon sehr.

Im Frühjahr 2022 stand auch mein Sohn Lior auf der Besetzungsliste des Kroatien-Krimis. Für gewöhnlich warnen Schauspieler ihre Kinder vor diesem Beruf mit seinen vielen Unwägbarkeiten und der relativ feststehenden Tatsache, dass sich hier auch Qualität nicht immer durchsetzt. Umso verwunderlicher oder gar nicht verwunderlich ist es, wie viele von ihnen diesen Weg dann trotzdem einschlagen.

Es ist viel zu früh, darüber nachzudenken, ob die Schauspielerei für Lior etwas Ernstes ist. Nora und ich wollen, dass er und seine Schwester Lenia behütet aufwachsen, und sie alle Freiheit und Ruhe haben, die es braucht, um die Wahl eines Berufes zu treffen, auch Zeit für Experimente und Irrtümer, obwohl das für Eltern immer etwas schwierig ist. Sie glauben einfach, besser erkennen zu können, wenn ihr Kind dabei ist, sich zu verzetteln. Wir haben uns aber fest vorgenommen, den Entscheidungen und Wünschen unserer Kinder Respekt zu zollen, und ich werde garantiert nicht in Ohnmacht fallen, wenn Lior uns eines Tages bekannt geben sollte, er wolle Zahnmedizin studieren oder eine Tischlerlehre machen. Unsere Lenia hat das Talent für die Geige von uns beiden einfach verdoppelt und besitzt dazu noch eine unbändige Energie zum Üben. Das freut uns natürlich sehr, doch was und ob sie etwas daraus macht, bleibt ihr überlassen.

Das Schauspielen macht Lior Spaß, das konnten wir schon ahnen, als er als Vierjähriger in *Business as usual – Der Prophet fliegt mit* so wunderbar natürlich vor der Kamera agierte. Und dann soll er es eben machen. Mit seinen mittlerweile 14 Jahren ist er als Kinderdarsteller schon in einigen Produktionen zu sehen gewesen. In der neuen Staffel des Kroatien-Krimis spielt er den Sohn einer kroatischen Familie, die in den Kriminalfall verstrickt ist.

Wir drehen eine Szene vor dem Polizeipräsidium in Split. In Berlin ist es grau und regnerisch, wie mir Nora am Telefon erzählte, hier blühen schon die Mandelbäume und Mittelmeer-Zypressen. Ich komme mit Lior drehbuchgemäß aus dem Gebäude, der Kommissar und der Junge, wir unterhalten uns und treffen draußen auf meine Kollegin Stascha und Liors Filmmutter. Ich schaue meinen Sohn an. Als hätte er nie etwas anderes gemacht, bewegt er sich vor der Kamera und bringt professionell seinen Text. Schon gestern Nachmittag in der Drehpause, als wir am Hafen entlangschlenderten, ist mir aufgefallen, wie selbstbewusst er inzwischen geworden ist. Als der Regisseur und ich ihm später erklären wollten, wie er sich bei einer Einstellung bewegen muss, hat er dazu eine eigene Meinung und überzeugt den Regisseur.

Es ist ein sehr besonderes und wärmendes Gefühl, meinen »kleinen« Sohn, der inzwischen fast so groß ist wie ich, plötzlich als Kollegen und vollkommen eigenständige Persönlichkeit neben mir zu sehen. Aber auch ein bisschen traurig, weil es nicht mehr lange dauern wird, da wird er seine eigenen Wege gehen. Ich denke an die zahlreichen Kurven meiner eigenen Biographie, an die Erzählungen meines Großvaters, an die Abende in Stawropol, an den Weg meines Vaters von Leningrad nach Berlin. Ich hoffe inständig, dass Lior keinen so schweren Rucksack zu tragen hat, dass ich meine Ängste und inneren Kämpfe nicht an ihn weitergegeben habe. Dass ich etwas entgegensetzen konnte ...

»Lenn? Hallo, Lenn – ist irgendwas?«

Ich schrecke auf. Der Regisseur sieht mich leicht ungeduldig an.

»Das wäre jetzt gerade dein Einsatz gewesen, Papa«, Lior stößt mir mit dem Ellenbogen in die Seite und grinst mich breit an.

DANKE SAGEN

Jetzt ist der Moment gekommen, zu dem wir uns in unserer Familie von den Stühlen erheben, die Gläser in die Luft schwingen und einen Trinkspruch aussprechen, der von Herzen kommt und unseren Gefühlen und Gedanken freien Lauf lässt.

Ich stehe nun vor Euch, habe mein Glas in der Hand und nehme mir einen Moment, um mich zu sammeln.

Viele fragen sich bestimmt, warum ich gerade jetzt im Alter von 47 ein Buch über mein Leben geschrieben habe. Das ist einfach zu beantworten. Ein Gefühl sagte mir, dass es an der Zeit ist, den vielen Geschichten und Emotionen, die in meinem Herzen wohnen, Raum zu geben. Deshalb machte ich mich auf die Reise in meine Vergangenheit.

Es war kein einfacher Weg, aber vielleicht musste der Weg, den ich gegangen bin, so verlaufen, um meinen Kindern der Vater, meiner Frau der Mann und meinen Freunden der Freund sein zu können, der ich immer sein wollte.

Und da man diese Wege nie allein geht, möchte ich Danke sagen. Danke Papa, für den gemeinsamen Weg und die unfassbaren Lebensmomente, die wir hatten. Danke für Deine Kraft und Deine Liebe, mit der Du meinen Rücken gestärkt und mein Herz mit unbändiger Zuversicht gefüllt hast. Danke für jeden Streit und dafür, dass wir ihn vor dem Schlafengehen immer beigelegt haben. Ich freue mich auf ein Wiedersehen in der nächsten Ebene, auch wenn ich mir mit der Reise dorthin noch ganz viel Zeit lassen möchte.

Danke Mama, dass Du mich geboren hast und danke für die Fähigkeit, so intensiv lieben zu können. Ich bewundere Deine Lebenskraft, Deinen Willen und Deinen Sinn für schöne Dinge.

Danke Sascha, dass Du mich gerettet hast, als ich ins Eis eingebrochen bin, und dafür, dass Du mir in der Kindheit ein großes Vorbild warst. Dein phantasievoller und besonderer Humor begleitet mich täglich.

Danke Ilja, Tamara und Tonja für Eure Liebe und Geborgenheit, Euer Vertrauen und Eure Kraft in guten wie in schlechten Lebenskurven. Ihr habt mich wiedergeboren.

Danke an meine Freunde, Freundinnen und Weggefährten, die sich jetzt angesprochen fühlen. Ihr seid besonders, inspirierend, wichtig und unersetzbar für mich. Ich danke Euch für den unfassbaren, gemeinsamen Weg, der hinter uns liegt und der in der Zukunft auf uns wartet. Ich bin für Euch da und Ihr könnt auf mich zählen!

Eine Familie ist eine Familie ist eine Familie. Ich liebe Euch, Nora, Leni und Lior. Ihr seid mein Himmel und meine Erde. Nora, Du bist die beste Mama, die ich mir vorstellen kann. Danke Dir für diese beiden wundervollen Wesen und die bezaubernde Reise durch unsere eigene Realität. Du bist klug, talentiert und wunderschön. Ich liebe und bewundere Dich.

Leni und Lior, ich wünsche mir von ganzem Herzen, dass

Ihr an Euch glaubt, wie ich es tue und dass Ihr Eure Liebe im Leben findet, die Euch erfüllt. Ich weiß, Ihr könnt alles erreichen, was Ihr Euch wünscht, was Euch glücklich macht, und ich werde Euch solange ich lebe dabei unterstützen.

Wer Kinder hat, weiß wie großartig es ist, Großeltern zu haben, die nicht nur von den eigenen Kindern geliebt werden, sondern für sie auch ein liebevoller und sicherer Hafen sind. Liebe Angela, lieber Lothar, danke, für Eure Kraft und Liebe und dass Ihr mir die Tür zu Eurer Familienbande geöffnet habt!

Wenn Beruf und Privates zusammenwächst und dabei eine erfolgreiche Symbiose entsteht, dann ist das für mich paradiesisch! Danke an mein Team von Spielkind und PR Emami für den gemeinsam Rock 'n' Roll und Euren Glauben an mich seit über 20 Jahren.

Danke an Andreas Püschel und Sabine Jürgens und an das ganze Team der Fischer Verlage für Euer Vertrauen, Euer Wissen und Euer Können, welches Ihr mir zur Verfügung gestellt habt.

Ich blicke heute ruhig in die Zukunft und bin weiter auf dem Weg dahin.

Und alles ergibt einen Sinn.